KB120493

중국방직 건설공사 **이사회** 회의록

이 도서는 2009년도 정부(교육과학기술부)의 재원으로 한국연구재단의 지원을 받아 출판되었음(NRF-2009-362-A00002).

중국관행자료총서 01

★

董事會會議記錄

중국방직 건설공사

이사회 회의록

편저 | 김지환

學古房

저자 **김지환(金志煥)**

- 고려대학교 사학과 졸업
- 동대학교 대학원 석사, 박사 졸업
- 중국 푸단대학 역사학박사
- 고려대, 명지대, 서울예술대 강사
- 일본 동경대학 객원연구원
- 고려대 중국학연구소, 평화연구소 연구교수
- 고려대 아세아문제연구소 HK연구교수
- 인천대 인문학연구소 교수
- 현재 인천대 중국학술원 교수

- 저서

『전후중국경제사(1945-1949)』, 고려대학교출판부, 2009.
『棉紡之戰』, 上海辭書出版社, 2006.
『中國國民政府의 工業政策』, 신서원출판사, 2005.
『中國紡織建設公司研究』, 復旦大學出版社, 2006.

중국관행자료총서 01

중국방직건설공사이사회회의록

초판 인쇄 2014년 5월 15일
초판 발행 2014년 5월 30일

중국관행연구총서 · 중국관행자료총서 편찬위원회

위 원 장 | 장정아
부위원장 | 안치영
위 원 | 장정아, 김지환, 박경석, 송승석

편 저 | 김지환
펴 낸 이 | 하운근
펴 낸 곳 | 學古房

주 소 | 서울시 은평구 대조동 213-5 우편번호 122-843
전 화 | (02)353-9907 편집부(02)353-9908
팩 스 | (02)386-8308
홈페이지 | http://hakgobang.co.kr/
전자우편 | hakgobang@naver.com, hakgobang@chol.com
등록번호 | 제311-1994-000001호

ISBN 978-89-6071-395-6 94910
978-89-6071-320-8 (세트)

값 : 25,000원

이 도서의 국립중앙도서관 출판시도서목록(CIP)은 서지정보유통지원시스템 홈페이지(http://seoji.nl.go.kr)와 국가자료공동목록시스템(http://www.nl.go.kr/kolisnet)에서 이용하실 수 있습니다. (CIP제어번호: CIP2014014572)

■ 파본은 교환해 드립니다.

『중국관행자료총서』 간행에 즈음하여

한국의 중국연구가 한 단계 심화되기 위해서는 무엇보다 중국사회 전반에 강하게 지속되고 있는 역사와 전통의 무게에 대한 학문적 · 실증적 연구로부터 출발해야 할 것이다. 역사의 무게가 현재의 삶을 무겁게 규정하고 있고, '현재'를 역사의 일부로 인식하는 한편 자신의 존재를 역사의 연속선상에서 발견하고자 하는 경향이 그 어떤 역사체보다 강한 중국이고 보면, 역사와 분리된 오늘의 중국은 상상하기 어렵다. 따라서 중국문화의 중층성에 대한 이해로부터 현대 중국을 이해하고 중국연구의 지평을 심화 · 확대하는 연구방향을 모색해야 할 것이다.

근현대 중국 사회 · 경제관행의 조사 및 연구는 중국의 과거와 현재를 모두 잘 살펴볼 수 있는 실사구시적 연구이다. 그리고 이는 추상적 담론이 아니라 중국인의 일상생활을 지속적이고 안정적으로 제어하는 무형의 사회운영시스템인 관행을 통하여 중국사회의 통시적 변화와 지속을 조망한다는 점에서, 인문학적 중국연구와 사회과학적 중국연구의 독자성과 통합성을 조화시켜 중국연구의 새로운 지평을 열 수 있는 최적의 소재라 할 수 있을 것이다. 중층적 역사과정을 통해 형성된 문화적 · 사회적 · 종교적 · 경제적 규범인 사회 · 경제관행 그 자체에 역사성과 시대성이 내재해 있으며, 관행은 인간의 삶이 시대와 사회의 변화에

역동적으로 대응하는 양상을 반영하고 있다. 이 점에서 이러한 연구는 적절하고도 실용적인 중국연구라 할 것이다.

『중국관행자료총서』는 중국연구의 새로운 패러다임을 세우기 위한 토대 작업으로 기획되었다. 객관적이고 과학적인 실증 분석이 새로운 이론을 세우는 출발점임은 명확하다. 특히 관행연구는 광범위한 자료의 수집과 분석이 결여된다면 결코 성과를 거둘 수 없는 분야이다. 향후 우리 사업단은 이 분야의 여러 연구 주제와 관련된 자료총서를 지속적으로 발간할 것이며, 이를 통하여 그 성과가 차곡차곡 쌓여 가기를 충심으로 기원한다.

2014년 5월
인천대학교 중국학술원
HK중국관행연구사업단
단장 장정아

저자 서문

〈중국방직건설공사이사회회의록〉

– 본서의 사료적 가치와 연구사적 의의

1. 중국현대사에서 중국방직건설공사 연구의 학술적 의의

中國紡織建設公司(약칭 中紡公司)는 이차대전 종전 직후 중국에 있던 일본자본의 敵産방직기업을 접수하여 설립한 국영기업으로서, 당시 단일기업으로서 세계 최대의 규모를 가지고 있었다. 중국방직건설공사는 1945년 12월 4일 정식으로 성립되었으며, 1946년 1월 2일 총공사가 상해에서 영업을 개시하였고, 뒤이어 청도, 천진, 심양 등지에 분공사가 설립되었다. 적산기업의 접수 시에 고정자산 총액은 7억 달러에 달하였으며, 면방직창, 모방직창, 마방직창, 견사방직창, 염색창, 침직창 등 58개 공장을 거느리고 있었다. 이 가운데 면방직업이 주력업종으로서 상해에 18개의 면방직사창을 보유하고 있었으며, 기타 지역에도 20개 사창이 있었다. 방추수는 총 177만 추, 직기는 3만 9천 대를 보유하였다. 중국방직건설공사의 설립에는 소위 4대가족이라 불리는 행정원장 송자문이 결정적인 역할을 하였기 때문에, 동공사의 평가는 송자문과 그가 시행한 경제정책에 대한 역사적 평가와 불가분의 관계를 가지고 있다. 행정원장 송자문은 국민정부 경제부장이었던 옹문호를 중국방직건설공사의 동사장으로 임명하였으며, 속운장을 총경리로 임명하여 기업의 경영을 위탁하였다.

중국방직건설공사의 연구는 관료자본의 연구 범주 내에서 획일적으로 규정되어 왔다고 해도 과언이 아니다. 1840년 아편전쟁 이후 중국은 반봉건, 반식민지사회로 전락하였으며, 이후 중국은 자주독립의 국민국가 수립과 근대화를 양대 과제로 인식하게 되었다. 남경국민정부는 중국에서 자본주의적 발전의 실험을 통해 적지 않은 성과를 거두었으나, 장개석, 송자문 등 4대가족의 축재와 부패로 말미암아 결국 중국공산당 영도 하의 중화인민공화국의 수립에 이르게 된다는 내용이 중국현대사의 기본축을 형성해 왔다고 할 수 있다.

이와같이 중국방직건설공사는 전통적인 연구 속에서 4대가족 관료자본의 대표적이며 전형적인 기업으로 평가되어 왔으며, 4대가족 관료자본론이 중국역사에 미친 부정적 영향을 설명하고 서술하기 위한 주요한 매개가 바로 중국방직건설공사였던 것이다. 이러한 이유에서, 중국방직건설공사의 설립을 4대가족이 자신들의 경제적인 축재를 달성하기 위한 목적으로 해석하고, 경영의 측면에서도 민족공업의 정상적이고 순조로운 발전을 저해한 독점적 국영기업으로서 역사적 평가를 내리고 서술해 왔던 것이다. 따라서 중국방직건설공사에 대한 역사 서술과 평가는 관료자본과 국가자본, 나아가 중국현대사의 전개를 해명하기 위한 매우 중요한 주제가 아닐 수 없다.

2. 4대가족 관료자본론 비판

중국을 중심으로 기존 중국역사학 분야에서 4대가족 관료자본론에 대한 연구 동향은 크게 개혁개방 이전과 그 이후, 즉 1980년대 이후로 나누어 살펴볼 수 있다. 장개석 국민정부의 패퇴 및 중화인민공화국의 수립 이후 중국현대사의 연구는 주로 중국공산당 승리의 동인과 국민정부 정책의 결함을 밝혀내고 이를 해석하는데 중점이 두어져 왔다. 특히 이러한 과정에서 국민정부의 정치, 군사, 외교, 경제정책의 모든 요소들이 분석의 대상이 되었으며, 장개석, 송자문, 공상희, 진과부, 진립부 등 4대가족은 정부 정책의 입안과정에 주도적 역할을 하였음에 비추어 정책의 실패와 국민정부 패퇴의 책임으로부터 자유로울 수 없었다. 이러한 이유에서 중국정부의 정책 입안 및 실행 과정에서 4대가족을 가장 핵심에 위치시키고 여기에 매판적, 봉건적 성격을 부여하는 일은 이미 1949년 이전부터 간단없이 진행되어 왔다.

관료자본, 혹은 관료자본론이란 무엇인가. 전통적인 관점에서는 "제국주의와 봉건주의가 상호 결합하여 국가정권을 직접 이용하는 국가독점자본주의이며, 국가정권과 긴밀히 결합하여 매판성, 봉건성과 독점성을 기본적 특징으로 한다"라고 규정되어 왔다. 그렇다면 관료자본이란 용어는 언제 출현하였을까? 일찍이 1923년 瞿秋白이 『前鋒』이라는 잡지에 발표한 「중국자산계급의 발전」이라는 문장 속에서 처음으로 관료자본이라는 용어를 사용하였다. 이후 1929년 李達이 『中國産業革命概況』에서, 1930년 일본학자 橘朴도 『中國社會的發達階段』에서 이 용어를 사용한 바 있다. 그러나 여기에서는 주로 양무운동시기나 북양군벌정부시기의 관판기업 등을 가리킨 것이다. 따라서 국민정부시기 관료자본의 형성과 발전은 무엇보다도 중일전쟁시기에 초점을 맞추지 않으면 안될 것이다.

1945년 이차대전 종전 전야에 모택동은 중국공산당 정치보고에서 『論

聯合政府』를 발표하였는데, 여기서 관료자본을 비판하면서 이를 대지주, 대은행가, 대매판의 자본이라고 규정하였다. 1946년 1월 16일 전국 정치협상회의에 참가한 중공대표단은 관료자본의 타파를 역설하였다. 이 때 중국공산당 측에서 사용한 관료자본이란 역시 주로 관료 사인자본 및 사인 경제활동의 영역을 가리킨 것이라 할 수 있다.

이러한 가운데 국공내전이 격화되면서 관료자본의 함의는 관료 사인자본뿐만 아니라 국민정부가 통제하는 교통, 공광기업 및 금융기구 등 모든 기업을 포함하는 것으로 확대되었다. 1947년 중국공산당의 이론가인 진백달은 장개석, 송자문, 공상희, 진과부 및 진립부를 중국의 4대 가족으로 규정하고, 중국의 관료자본이란 바로 제국주의와 봉건주의의 이익을 대변하여 정치상 권력을 장악한 인물이 권력이라는 강제적 수단을 동원하여 농민 및 소생산자를 약탈하는 동시에, 민족공업을 억압하고 금융자본을 독점하는 것이라 비판하였다. 그는 1946년 10월 『中國四大家族』을 출간하였으며, 1949년 4월 국공 양당의 화평회담에서 중국공산당 대표들은 남경국민정부 통치시기 모든 관료자본기업 및 재산을 몰수하여 국가 소유로 할 것을 요구하였다. 중화인민공화국 수립 이후 진백달은 국민정부의 수뇌부를 4대가족으로 규정하여 공격함으로써 중화인민공화국 수립의 이론적 토대를 마련하였다는 공로로 당내 최고의 이론가라는 칭호를 받게 되었다.

그러나 진백달의 교조적이고 비학술적인 용어와 규정은 문화대혁명에서도 마찬가지 행태를 그대로 노출하였다. 진백달은 임표와 함께 모택동사상 교육과 일인숭배의 강화를 위해 군부에서의 교육을 강화하는 동시에, 일반의 모택동 일인숭배 사상에 대한 비판과 일인통치에 대한 비판을 반혁명세력으로 몰아 반우파투쟁을 사실상 지휘하였다. 이와 함께 진백달은 당내 공안계통을 장악하여 이들을 이론화시키는 동시에 모택동 일인숭배 사상을 이론화하는데 앞장섰다. 진백달은 수많은 지식인의 정당한 비판을 주자파로 규정하는 동시에, 중앙의 실용주의파 숙청에 이론적 토대를 제공하였다. 이러한 진백달의 4대가족 관료자본론이 개혁개방 이전인 1980년대 이전에는 정통적인 이론으로 중국역사학계에서 그대로 인정되고 있었던 것이다.

그러나 관료자본론에 대한 전통적인 역사 해석은 4인방의 몰락과 중국의 개혁개방에 발맞추어 실증적인 학풍이 전개되면서 큰 변화를 겪게 되었다. 중국에서는 개혁개방 이후 관료자본에 대한 종래의 전통적인 연구와 평가에 대한 이견이 제기되기 시작하였다. 특히 1985년 중경에서 개최된 '대후방경제학술회의'에서 중일전쟁시기 관료자본 및 국가자본에 대한 새로운 평가가 제기된 이후 사실상 이후 역사연구에서 주류를 형성하게 되었다고 해도 과언이 아니다. 주요한 골자는, 관료자본이라는 용어의 비과학성과 모호성에 대한 지적과 함께 국가자본이라는 용어의 보편적 사용을 제창하였다는 사실이다. 관료자본은 통속 명칭으로서 과학적 개념이 아니며 부적절한 경제용어라는데 의견이 일치하였다. 특히 관료자본에는 국가자본과 사인자본의 개념이 혼재되어 있으며, 관료자본은 엄격한 의미에서 대부분 사인자본의 민족자본으로 규정할 수 있다는 대체적인 합의에 도달하였다.

주목할 점은 이와 같은 역사 인식 및 해석에서의 변화가 다시 중일전쟁시기에까지 영향을 미쳤다는 사실이다. 중일전쟁시기의 국가자본에 대한 역사적 평가에서도 종래 연구의 부정 일변도는 역사적 사실에 부합되지 않으며, 국가자본은 후방의 공업, 농업 및 경제건설에 기여하여 항전의 물질적 기초를 지지하였다는 긍정적인 평가가 제기된 것이다. 이러한 합의의 구체적 연구로서 중일전쟁시기 대후방지역에서의 경제 발전과 그 근거로서 국민정부의 경제정책이 주목되면서, 역사 해석과 평가에서 새로운 관점이 제시되고, 그 연장선상에서 국가자본의 순기능이 부각된 것이다. 이러한 과정에서 기존 관료자본에 대한 일방적 비판은 역사적 사실과 부합하지 않으며, 국가자본은 항일전쟁의 물적 기초를 형성하기 위한 주요한 토대를 제공하였다는데 인식을 같이 하였다. 이와같은 평가는 기존에 송자문을 비롯하여 4대가족으로 대표되는 관료자본론에 대한 역사적 평가와는 상이한 성격을 가지고 있음을 알 수 있다.

3. 국공내전시기 관료자본론과 중국방직건설공사

이상에서 언급한 바와 같이 국민정부시기나 중일전쟁시기에 출현한 새로운 역사적 관점의 변화에도 불구하고 1945-1949년 간, 즉 국공내전시기의 관료자본, 국가자본에 대한 평가에서는 의미있는 문제 제기나 변화를 찾아보기 어려웠던 것이 사실이다. 이 시기의 정치, 경제 제반 정책은 국민정부의 패퇴 및 중화인민공화국의 성립과 불가분의 관계에 있으며, 따라서 그만큼 정치적으로 민감한 시기라 할 수 있다. 중일전쟁시기의 관료자본, 국가자본에 대한 평가가 이전의 부정 일변도로부터 벗어날 수 있었던 주요한 근거는 무엇보다도 제2차 국공합작이라는 정치적 조건을 전제로 하였다는 점을 부정할 수 없다. 이러한 사실은 그만큼 이 문제가 정치적으로 민감하다는 사실을 반증하는 사례이기도 하다. 이러한 이유에서 국공내전시기(1945-1949) 관료자본, 국가자본의 대표적 기업인 중국방직건설공사에 대한 평가에서 종래 큰 변화를 찾아볼 수 없었던 것이 사실이었다.

이러한 가운데 이차대전 종전 이후 국가자본에 대한 새로운 평가가 제기되었는데, 대표적인 연구가 바로 『中國紡織建設公司研究』(金志煥, 復旦大學出版社, 2006)라고 할 수 있다. 『中國紡織建設公司研究』는 기존의 정치적 조건에 근거한 전통적 관점에 이의를 제기하고, 경제사의 기초 위에서 기업의 설립 목적과 역할, 경영을 추적하여 역사적 작용을 객관적으로 평가함으로써 내전시기 국가자본에 대한 새로운 평가를 여는 단초를 제시하였다고 할 수 있다. 중국 역사학 분야에서는 『中國紡織建設公司研究』를 현재까지 국공내전시기 관료자본, 국가자본에 대한 연구 가운데 가장 정합성있으며 완성도 높은 연구로 평가하고 있으며, 특히 전통적인 학설에 반론을 가하고 새로운 관점을 제시한 창의성을 평가하고 있다. 이 책은 일본의 역사학계에서도 주목받고 있다. 중국현대사의 대표적인 학자인 久保亨이나 奥村哲 역시 이 책을 통독한 이후 높이 평가한 바 있다.

"중국의 저명한 復旦大學出版社에서 출판된 『中國紡織建設公司研究』는 1940년대 전후 중국경제를 분석하여 1940년대까지 역사 연구 영역을 확장하였습니다. 특히 연구성과가 중국어로 출판되면서 일본학계를 비롯한 해외학계에서도 주목받게 되었습니다. 2009년 중화인민공화국 건국 60주년을 기념하여 현대중국시리즈의 출판을 준비한 동경대학 사회과학연구소 현대중국연구 프로젝트에서도 본서를 윤독했으며, 일본의 대표적인 중국경제사가 久保亨 교수와 奥村哲 교수 역시 본서를 읽고 비로소 관료자본의 분석 시각이 1949년 중화인민공화국까지 포괄한 본격적인 경제사 연구가 이뤄지고 있음을 알았다고 평한 바 있습니다."

1945년 이차대전 종전 이후 중국경제에 관한 전론적 연구가 매우 드문 현상을 감안할 때, 국민정부의 적산접수에 관한 연구는 상대적으로 풍부한 편이라 할 수 있다. 이들 연구의 주요한 논점은 주로 접수의 부정적 측면을 강조하는 것이다. 예를 들면, 중국공산당을 배제한 국민정부의 독단적 접수는 결국 정치적으로 국공내전의 원인을 제공하였을 뿐만 아니라, 관료의 부패와 재정적 수탈을 근거로 이루어진 적산의 접수는 민족공업의 발전에 파멸적 결과를 초래하였으며, 나아가 관료자본의 팽창과 독점의 계기가 되었음을 강조하는 내용이다. 종래의 전통적인 연구 속에서 적산기업의 접수와 이를 통해 설립된 중국방직건설공사는 4대가족의 전형기업으로서 평가되어 왔으며, 주로 중방공사 설립과 경영의 정치적 성질, 즉 독점성, 특권성, 매판성과 함께 4대가족의 경제적 축재 및 국민정부의 내전 경비 조달 등을 성립의 동기로 강조해 왔다.

그러나 지나치게 중방공사의 정치, 군사 및 재정 목적을 강조한다면 이차대전 종전 직후 중국방직건설공사를 통해 시행한 일용필수품의 저가 투매정책 등은 어떻게 설명할 수 있을 것인가. 이것은 바로 재정 목적이 반드시 중방공사의 핵심 기능과 목적이 아닐 수 있음을 의미하는 것이라 생각된다. 이와같은 기존 연구의 편면성은 바로 중방공사 성립의 경제적 조건을 홀시하였으며, 국민정부의 전체 경제정책 가운데 중국방직건설공사가 차지하는 위치와 작용을 간과하였기 때문에 나타난 결과라고 할 수 있다.

4. 중국방직건설공사 설립의 경제적 조건

중국방직건설공사의 설립 및 활동에 대한 평가는 마땅히 이차대전 종전 직후 중국경제의 현상과 조건으로부터 출발하지 않으면 안된다. 이 회사는 국영기업으로서 국민정부의 경제통제정책과 불가분의 관계를 가지고 있었다는 점에 유의해야 할 것이며, 따라서 역사적 평가 역시 국민정부 경제정책의 일부라는 관점에서 이루어지지 않으면 안된다. 이와같은 분석을 결여할 경우 자칫 정치적 관점의 관료자본론으로 빠지고 마는 것이다.

일찍이 중일전쟁시기부터 국민정부는 방직공업을 비롯한 경공업의 민영 방침을 천명해 왔다. 예를 들면, 1943년 8월의 공업건설강령과 1944년 11월 6일의 제1기 〈경제건설원칙〉, 1945년 5월 국민당 제6차 전국대표대회에서의 〈공업건설강령 실시원칙〉, 동년 7월 8일 국민참정회에서 경제부장 옹문호의 〈경제건설원칙〉 등이 그 예이다.

중국방직업계는 크게 대후방 방직업과 윤함구(전후 수복구)로 나눌 수 있는데 각각 상이한 이해와 입장을 가지고 있었다. 국민정부와 함께 천이하여 전시 후방경제의 물적기초를 담당한 대후방 방직자본가는 정책의 수립과정에서 정치적 정당성을 확보하고 있는 상태였다. 반면, 항전시기 화상사창연합회 등 면업자본가의 주력군은 그대로 윤함구에 거주하여 대후방으로의 이전(內遷)에 참가하지 않았다. 이로 인한 정치적 정당성의 결여로 말미암아 종전 이후 이들은 정부 정책에 간여할 수 있는 집단적 결속력을 상실하고 말았던 것이다.

1945년 8월 28일, 후방 각 사창 대표는 전국면방직공업동업공회연합회를 결성하였으며, 발기인대회에서 적산기업을 후방에서 항전에 참여한 기업에 우선적으로 배분해 주도록 요청하였다. 비록 전국면방직공업동업공회연합회가 전국성의 동업공회임을 표방하기는 하였으나, 실질적으로는 후방 방직공업의 이해를 대변하고 있었다. 따라서 적산기업의 배분 과정에서 후방 기업 및 자본가들의 이해를 우선적으로 고려할 것임은 충분히 예상할 수 있는 일이었다.

이차대전의 종전에도 불구하고 전쟁이 남긴 경제적 후유증은 매우 심대하였다. 8년전쟁 이후 중국경제는 이미 엄중한 어려움에 빠져 있었으며, 중국정부로서는 신속히 경제건설에 착수하여 생산력의 회복을 통해 민생의 구제에 진력하지 않으면 안되었다. 특히 식량과 면사포, 연료 등 일용필수품의 수급은 매우 불안정하였으며, 이는 다시 물가 상승의 주요한 원인이 되었다.

물자 부족과 함께, 화폐의 태환문제는 물가 상승의 주요한 요인으로 작용하였다. 이차대전 종전 후 인구가 부단히 상해로 집중되었으며, 이와 함께 법폐도 대량으로 유입되었다. 생산설비의 파괴는 공업 생산의 절대 부족을 초래하였으며, 여기에 대량의 법폐가 유입되면서 상해지역에서는 투기와 사재기 현상이 극성을 부렸다. 1945년 초부터 위폐의 태환율에는 큰 변화가 발생하게 되는데, 1945년 2, 3월 간 승리의 정세가 점차 명료화됨에 따라 법폐에 대한 윤함구 주민의 신뢰도가 갈수록 높아지게 되었다. 이에 따라 법폐로 태환하는 사람이 점차 증가하게 되자, 법폐에 대한 위폐의 가치 하락은 가속화되었다. 2, 3월의 태환율은 대체로 위폐 500원이 법폐 100원으로 교환되었으나, 항전 승리의 소식이 전해진 이후 사람들이 위폐 사용의 금지를 두려워하여 다투어 시장에서 법폐를 구매하자 태환율은 120−140 대 1로 변화되었다. 9월 27일 국민정부는 〈僞中央儲備銀行鈔票收換辦法〉을 공포하여 위폐의 태환율을 200 대 1로 결정하였다. 법폐의 구매력이 높아짐에 따라 상해시민들은 다투어 시장에서 일용품을 구매하여 화폐의 가치를 보존하고자 하였으며, 이에 따라 물가가 폭등하였다. 이에 상해시정부는 물가 상승을 억제하기 위해 모든 물가를 9월 12일 전보다 높게 책정할 수 없도록 강제하였으나, 시장에서 명령은 아무런 효력도 발휘하지 못하였다. 특히 10월과 11월의 물가 상승은 가히 가공할 정도였으며, 노동자들은 생산현장으로의 복귀와 노임 문제로 연일 거리로 쏟아져 나왔다.

1945년 하반기 상해 도매물가지수

(1937.1.6 = 100)

연도	총지수	식량	섬유	연료	금속	건축재료	잡항
1945년7월	20,943	20,918	14,820	26,690	62,040	24,793	13,826
8월	43,200	44,055	39,283	34,950	114,889	36,765	21,393
9월	34,598	35,552	30,994	24,330	49,706	36,393	19,967
10월	37,863	35,080	42,837	88,970	59,246	54,411	32,594
11월	99,252	91,380	126,762	434,700	70,617	110,349	65,479
12월	88,544	77,357	112,094	648,200	84,170	146,060	61,617

장개석과 송자문은 상해자본가와의 협조가 불가결하다고 판단하여 두월생을 통해 이들의 투기와 사재기의 자제 및 일용필수품의 저가 투매를 요청하였다. 국민정부는 면업자본가 및 5대백화공사의 협조를 통해 면사포의 투매정책을 개시하였다. 물가 상승과 통화팽창은 전후 경제건설과 정치적 안정을 심각하게 위협하였으며, 이를 해결하기 위해서는 산업의 신속한 복구가 불가결하였다. 11월 27일 행정원 제722차 회의에서 송자문은 중국방직건설공사의 설립안을 제출하여 이를 통과시켜, 적산사창의 국영경영을 선언하였다. 이후 국민정부는 중방공사를 통해 본격적으로 면사포의 투매를 비롯한 면업통제정책에 나서게 되었다.

5. 이차대전 종전 직후 물가 급등과 노동운동

이차대전 종전으로 중국은 일본제국주의의 침략으로부터 벗어날 수 있게 되었지만, 이제는 일용필수품의 부족, 물가 급등과 통화팽창 등 새로운 경제적 어려움에 직면하였다. 수많은 적산기업은 폐쇄되었으며, 여기에서 일하던 수십만 명의 노동자들은 스스로를 '승리실업자'라고 자조하였다. 식량의 부족으로 기근이 일상화되었으며, 의복의 부족은 상상을 초월할 정도였다. 이러한 상황 하에서 1945년 겨울이 되자 아사자와 동사자로 상해의 공동묘지에는 하루에도 수십 구의 운구가 끊이지 않았다.

상해 주요 상품의 도매물가 변동표

(1945년 9월 및 11월, 단위: 元)

상품명	단위	9월 11일	11월 22일
黃金	兩	26,000	83,000
쌀	擔	3, 100	10,085
밀가루	包	600	3,600
黃豆	擔	1,200	5,000
포미	擔	450	3,200
담배	箱	95,000	890,000
인조사	擔	39,000	600,000
두유	擔	4,450	25,000
기계사	擔	120,000	1, 100,000
20번수면사	件	65,000	550,000
고형비누	箱	2,200	13,000
설탕	磅	2,000	22,500

한편, 대량의 법폐가 국민정부통치구(國統區)로부터 상해로 밀려들었으며, 이러한 유휴자본은 화폐 가치를 보존하기 위해 황금과 미달러, 일용필수품의 구매와 투기, 사재기 등에 뛰어들었다. 이는 다시 일용필

수품의 부족을 가속화시켜 물가의 상승을 부추기는 악순환이 계속되었다. 더욱이 1945년 9월 27일 국민정부 재정부가 위폐(中儲券)의 법폐에 대한 태환율을 200 대 1로 선포한 이후, 위폐의 사용 금지를 우려한 시민들이 법폐와 일용품의 구매를 통해 가치를 보존하고자 하면서 상해의 물가는 말 그대로 폭등하였다.

상해 주요 상품의 소매물가 변동표

(1945년 9~11월, 단위: 元)

품명	단위	9월 13일	11월 21일	11월 27일
석탄	擔	285	2,562	3,082
땔감	擔	300	2,571	2,679
소금	斤	7	55	56
설탕	斤	108	975	832
면포	尺	60	510	483
담배	10支	8	75	60
고형비누	块	21	150	140
채소	斤	12	12	14
생선	斤	50	248	294
국수	斤	17	77	75

10월 말, 재정부장 유홍균은 상해의 물가가 폭등한 원인을 첫째, 후방으로부터 상해로 몰려든 사람들로 인한 수요의 급속한 증가, 둘째, 공장의 폐쇄 및 정업, 셋째, 우편, 전기요금 등 공공요금의 상승, 넷째, 물자 수송의 어려움 등으로 설명하였다. 생산설비 복구의 지체와 물가의 폭등은 실업의 증가 및 노동운동의 확산을 야기하였다. 물가의 상승으로 인한 생활비의 증가로 말미암아 상해에서는 연일 노동운동이 끊이지 않았다. 1945년 8월 18일 中華毛織廠의 노동자 384명이 쟁의에 돌입한 이후 9월 10일, 9월 21일, 10월 29일 연이어 시위에 나서며 복

직을 요구하였는데, 상해경찰분국이 출동하고서야 겨우 진정될 수 있었다. 宏康毛織廠의 노동자들도 10월 13일, 14일, 15일, 16일, 27일 연이어 시위에 참여하였으며, 上海紗廠의 노동자들도 10월 10일부터 쟁의에 돌입하여 전체 노동자의 복직을 요구하였다. 이에 經濟部特派員辦公處가 직접 노동자 대표와 담판을 벌인 후 최종적으로 가능한 신속히 복직시키기로 합의하고 나서야 겨우 해결될 수 있었다.

1945년 9월 27일, 淞滬警備司令部는 모든 파업과 노동쟁의 및 이를 선동하는 행위를 법에 의거하여 처벌할 것임을 선포하였다. 그러나 이러한 선포는 아무런 효력도 발휘하지 못하였다. 10월 10일 裕豊紗廠 제1, 2, 3, 4, 5, 6창의 700여 노동자들이 전체 복직을 요구하며 쟁의에 돌입하였다. 그리하여 경제부대표 桂季桓이 공회대표 章祝三과 협의를 거쳐 "노동자들이 먼저 등기하도록 한 이후, 상해시당부와 사회국 및 총공회 대표가 함께 추첨을 통해 공장에서 필요로 하는 인원만큼을 고용하기로" 합의하였다. 10월 15일에도 日華紡織 3, 4廠 393명의 노동자가 해산비[1]의 증액과 노임 문제로 쟁의에 돌입하였다. 이밖에 大康紗廠, 內外綿, 公大四廠, 同興二廠 등에서 모두 복직 문제로 크고 작은 쟁의가 발생하였다.

이와 같이 노동자의 실업문제가 심각한 사회문제로 등장하였으나 공장에서는 이들을 복직시킬 수 있는 수용능력을 가지고 있지 못하였다. 이에 국민정부 사회부는 실업노동자의 구제를 위해 〈收復區失業工人臨時救濟辦法綱要〉를 반포하였으며, 상해시 각 유관기관 및 단체와

1) 노동자가 해고되거나 일시 정직된 이후 이들을 귀향시키기 위해 지급하는 여비 등의 위로금.

회동한 후 '上海市失業工人臨時救濟委員會'를 구성하여 1945년 10월 1일 정식으로 업무를 개시하였다. 위원회는 모두 17명으로서, 사회부 대표 2명, 경제부 대표 1명, 재정부 대표 1명, 교통부 대표 1명, 양식부 대표 1명, 제3방면군 총사령부 대표 1명, 상해시사회국대표 1명, 상해시경찰국 대표 1명, 상해시당부 대표 1명, 상해시청년단 대표 1명, 상해시총공회 대표 2명, 상해시상회대표 2명, 선후구제총서 상해분서 대표 1명, 송호경비사령부 대표 1명으로 구성되었으며, 실업노동자의 조사 및 구제업무를 담당하였다.

10월 5일 상해시정부는 실업공인임시구제회의를 개최하고 "일본군이 투항하기 이전에 스스로 이직한 실업노동자를 우선적으로 구제하며, 일자리를 주선해 주도록 노력한다. 이와 함께 수복구 공장의 생산설비 복구 이후에 노임은 표준임금을 결정한 이후 시정부가 공포하여 실행한다"라고 결정하였다. 10월 23일 사회부장 谷正綱은 상해의 실업문제가 매우 심각하다는 사실을 중앙에 보고하고, 실업의 원인은 접수공장이 아직 복구에 착수하지 못했기 때문이라고 지적하면서 다음과 같은 방법을 건의하였다.

1) 아직 접수하지 않은 공장의 노동자에게는 월급 3개월분을 해산비로 지급한다.
2) 이미 접수하였지만 아직 생산현장에 복귀하지 못한 노동자들에게도 월급 3개월분을 보조한다.
3) 이미 접수한 공장의 노동자에게도 월급 3개월분을 지급하고 복직시킨다.

물가의 폭등으로 생계가 어려워지면서 노동운동의 확산과 과격화가 우려되는 가운데 상해시실업공인임시구제위원회는 실업노동자에게 매월 식량 6斗에 해당되는 현금을 3개월 동안 지급하였다. 1945년 10월부터 11월 30일까지 2개월 동안 지급된 구제금은 모두 751,224,281원에 달하였다.

상해시 실업구제금 통계표

(1945년 11월 30일까지)

구제내용	해당공장	노동자수	구제금액
구제위원회 직접구제	74	8,597	48,487,255
경제부의 보조비	78	44,958	408,561,125
해군부의 보조비	4	5,467	73,804,500
공장의 자체 출연	166	31,499	220,326,025
총계	323	90,640	751,224,281

그러나 실업노동자의 문제를 해결하기 위해서는 근본적으로 공업 생산력을 신속히 회복시키고 생산설비의 복구를 서둘러 일자리를 창출하는 길 밖에 없었다. 실제로 1945년 8월부터 12월까지 발생한 441건의 노동운동의 원인을 분석해 보면, 가장 많은 항목이 바로 해고로 인한 분규로서 모두 141건에 달하였다. 다음으로 많은 원인이 해고되거나 일시 정직된 노동자에게 지급하는 여비나 해산비와 관련된 내용으로 총 95건에 달하였다. 세 번째가 복직의 요구로 모두 86건에 달하였다. 세 항목을 합친 것이 전체의 73%에 이르렀다. 이렇게 볼 때, 이 시기에 노동운동의 주요한 원인은 바로 고용(해고) 문제에 있었으며, 전후 공장의 폐쇄와 복직의 지체가 주요한 원인이었음을 잘 알 수 있다. 따라서 국민정부의 입장에서도 구제비의 지급은 결코 근본적인 해결방법이 될 수 없었으며, 전후 공업의 복원과 생산력의 회복만이 근본적인 해결책임을 잘 인식하고 있었다. 이러한 의미에서 적산공장의 신속한 접수와

처리는 이와 직접적으로 관계된 매우 중요한 문제였음에 틀림없다.

일찍이 국민정부의 기관지적 성격을 가진 『中央日報』는 전후 경제복원의 특질에 대해 다음과 같이 주장하였다. 즉 "전후 경제건설은 복구 업무의 목표이다. 만일 우리들이 경제복원정책을 시행하면서 단지 소극적인 구제업무에 치우치게 된다면 우리들이 투입하는 물력과 인력이 소모되어 전후 생산건설사업과 전혀 무관하게 된다. 그렇게 된다면 우리들은 복구업무를 완수할 수 없을 뿐 아니라 근본적인 구제정책의 목적 역시 달성할 수 없게 될 것이다."

이와 같은 인식에서, 행정원장 송자문은 적산사창의 폐쇄가 엄중한 실업문제를 양산하였음을 친히 목도한 이후 적극적이고도 신속한 생산설비의 복구를 지시하였다. 10월 13일, 송자문은 적산의 접수인원들에게 장기간에 걸친 적산사창의 폐쇄가 엄중한 실업문제를 양산할 뿐만 아니라 사회질서에 심각한 악영향을 미칠 수 있음을 우려하면서, "이미 접수한 공장은 기계와 물자를 신속히 정돈하고, 아직 접수하지 않은 것은 신속히 접수하며, 접수한 이후 정리를 마친 기업은 신속히 생산을 회복하도록" 지시하였다. 경제부장 옹문호 역시 상해가 중국공업의 중심지라는 중요성에 비추어 각 사창의 설비를 우선적으로 가동하여 생산을 회복할 수 있도록 지시하였다.

국민정부가 항전시기부터 공언해 왔던 방직공업의 민영화에 대한 정책의 변화와 이로 인한 중국방직건설공사의 성립은 종전 이후 중국 사회, 경제의 현상과 밀접한 연관을 가지고 있다. 즉 1945년 9월 27일 국민정부가 儲備銀行券의 교환 방침을 결정한 이후 물가는 급격히 상승하고 통화팽창과 연일 계속되는 노동운동, 그리고 이로 인한 상인들의 투기, 사재기 등의 행위는 심각한 사회문제로 대두되었다. 이러한 문제는 전후 신속한 산업 복구를 저해하였으며, 나아가 사회 안정과 국민정부의 정치적 안정을 심각하게 위협하였다. 따라서 중국방직건설공사는 적산사창의 접수를 통해 생산활동을 증가시켜 신속한 생산설비의 복구를 달성하고, 나아가 실업의 사회적 압력을 완화하기 위한 목적으로부터 성립된 것이다.

6. 적산 처리와 접수 상황

일찍이 1943년 12월, 국민정부는 〈적산처리조례〉를 반포하고, 적산처리위원회를 설립하여 일본의 패망 이후 적산의 접수에 대비하도록 하였다. 이후 1945년 초, 자원위원회는 〈淪陷區工鑛事業整理原則 및 處理方法〉을 입안하여 일본의 패망 이후 적산공광기업을 몰수하여 계획경제를 실행함으로써 중국의 공업화를 가속화시킨다는 계획을 입안하였다. 같은해 8월 1일, 國民政府 經濟部는 〈收復區工鑛事業整理委員會組織規定〉 및 〈收復區特派員辦公處의 조직규정〉을 공포하고, 규정에 따라 特派員辦公處가 일곱 지역으로 나누어 설치되었다. 즉 1)蘇浙皖區, 2)湘鄂贛區, 3)粵桂閩區, 4)冀熱察綏區, 5)魯豫晉區, 6)東北區, 7)臺灣區로 나누어 각 관공처의 책임 하에 적산공광기업 및 유관사업을 접수 및 정리하도록 규정하였다.

장개석은 8월 15일 당일 즉시 각 성시의 책임자를 임명하고, 이들의 책임 하에 신속하게 지방행정과 질서를 회복시키도록 지시하였다. 즉 남경에는 馬超俊, 上海 錢大鈞, 北平 熊斌, 天津 張廷諤, 青島 李先良, 濟南 何思源, 保定 孫連仲, 太原 閻錫山, 察綏 傅作義, 熱河 劉多荃,

開封 劉茂恩, 武漢 王東原, 長沙 吳奇偉, 廣州 陳策, 杭州 黃紹竑, 南昌 晋浩森, 安慶 李品仙, 鎮江 王懋功, 廣州灣 登龍光 등이 임명되었다.

8월 21일, 호남성 芷江에서 중국육군총사령부 참모장과 일본의 중국파견군 참모부장이 8월 25일 이후 중국군대가 남경, 북평, 상해 등지에 진주하기로 합의하였다. 그런데 이후 적산을 접수하는 과정에서 국민정부와 공산당 사이에 국부적인 충돌이 발생하자, 장개석은 중앙정부가 모든 적산을 접수할 것임을 선언함과 동시에 공산당의 독자적인 접수를 금지하였다. 그러나 중국공산당 제18집단군 총지휘관 주덕은 중국공산당 세력 범위 내에서의 접수 권리를 주장하였다. 8월 21일 행정원 제709차 회의는 〈收復區重要工鑛事業處理辦法〉을 통과시키고 국민정부의 현지 행정기관 및 임시기구가 일체의 적산을 선행하여 접수하도록 규정하였다. 8월 29일, 경제부는 〈收復區敵國資産處理辦法〉을 공포하고 적국이 중국에서 보유하고 있던 일체의 公私 사업자산 및 권익을 일괄 접수한다고 선포하였다.

9월 15일, 중국육군 총사령 하응흠는 〈日本財産處置辦法〉 3항을 다음과 같이 반포하였다. 즉 첫째, 중국 혹은 연합국의 재산 가운데 일본의 관병에 의해 점유된 것은 즉시 정부에 제출해야 하며, 아울러 이들 재산이 누구에게 매도되었는지 혹은 조차되었는지 보고해야 한다. 둘째, 일본 관병의 소유나 현재 사용되고 있는 건축물과 모든 문서 및 당안자료 등의 이출이나 훼손을 금지한다. 셋째, 일본 관병이나 혹은 일본교민의 소유인 은행, 상점, 공장 등은 개인 혹은 단체의 소유를 불문하고 모두 목록을 만들어 이들 재산의 조목과 소재지를 설명해야 한다.

중앙정부의 통일적 지휘와 통제가 갖추어지지 않은 상태에서 시행되는 접수의 혼란과 폐해는 충분히 예상할 수 있는 일이었다. 따라서 이를 예방하기 위한 취지에서 국민정부는 일찍이 1945년 8월 23일 각 부서 및 유관 성시정부 등 모든 중앙 및 지방 각급 행정기관이 파견하여 접수공작에 참여한 사람들은 모두 중국육군 총사령의 통일적 지휘 및 감독을 받도록 지시하였다. 같은날 경제부장 옹문호는 성명을 발표하고 모든 공광사업은 정식으로 접수하기 이전에 반드시 그 자산과 설비를 보존해야 하며, 사사로이 이관하거나 변동이 있어서는 안된다고 명령하였다. 더욱이 옹문호는 만일 고의로 혼란을 초래할 경우 반드시 엄중한 조사를 거쳐 법에 따라 처리할 것임을 경고하였다.

이러한 지시와 경고에도 불구하고, 이차대전 종전 직후 적산 접수 및 그 처리 과정은 매우 복잡하였으며 지극히 문란하였다. 이는 수많은 당시의 자료들과 회고록에서 잘 나타나고 있다. 이러한 이유는 종전 직후 행정원이 현지의 행정기관 및 임시기구 등의 선행적 접수를 허용하였기 때문에, 접수 초기에 아무런 체계나 통일성 없이 각 군정기관이 다투어 적산의 접수에 착수하였기 때문이다. 상해의 적산은 적어도 10여 개에 달하는 상이한 기관의 명의 하에 접수되었다. 예를 들면 軍統局, 中統局, 三民主義青年團 地下組織, 經濟部特派員辦公處, 軍政部特派員辦公處, 糧食部特派員駐滬辦公處, 上海市政府, 交通部, 招商局, 海關, 海關 등이 각각 자신의 독자적 계통에 따라 접수하였으며, 이는 자연히 극도의 무질서를 수반하였다.

예를 들면, 상해 황포강에 정박되어 있던 일본함선의 접수를 위해 동시에 세 기관으로부터 명령이 하달되었는데, 하나는 해군이고, 또 하나는 군정부특파원 판공처이며, 또 다른 하나는 招商局이었는데, 명령은 모두 같은 시간에 함선을 접수하도록 되어 있었다. 군통부가 한간의 주택 정문에 폐쇄의 집행통고를 붙여 놓으면, 삼청단 관계자들이 뒷문으로 집안의 가산들을 모두 실어가 버리는 형편이었다. 특정 기관이 먼저 접수에 착수하면 다른 기관의 접수권리를 부정하였으며, 이러한 이유에서 적산의 접수문제를 두고 종종 분쟁이 일어나 중경으로 가서 소송을 제기해야 하는 일마저 발생하였다. 따라서 당시의 언론은 "접수기관의 일원화가 절실하다. 특정 산업은 반드시 한 기관이 접수하도록 규정해야 하며, 동시에 몇 개의 기관이 접수에 나서는 일은 절대 막아야 한다"라고 보도하였다.

더욱이 적산의 접수 과정에서 수많은 탐오와 병폐가 발생하였다. 상해시장 吳國楨은 회고록에서 "접수기관들은 그야말로 정복자와 같았다. 접수된 재산에는 적산뿐만 아니고 중국인의 재산도 종종 포함되어 있었다"라고 회고하였다. 접수인원에 대한 상해시민들의 인상은 매우 부정적이었는데, 이는 수복구에서 유행하던 노래 가사 가운데 "중앙정부가 수복할 것을 오랫동안 갈망해 왔는데, 중앙정부가 오고 나서 더욱 심한 재앙을 맞게 되었다"라는 내용으로부터 잘 알 수 있다. 이는 상해시민들의 원성을 그대로 반영하고 있다고 생각된다.

이밖에 접수한 적산공장의 물자를 기록한 장부는 모두 접수대원들이 도착한 이후 기한을 정해 작성한 것이다. 당시 일본인들은 패전의 상황에서 물자 현황을 기록한 장부를 작성하였는데, 통상적으로 창고 안에 있던 물자의 실제 수량은 장부 상의 수치보다 훨씬 많았다. 일본인들은 이렇게 함으로써 자연히 탐오한 접수인원들의 욕심에 부응하였던 것이다. 10월 말 상해시민들은 중경 등 후방 지역으로부터 파견되어 온 접수대원들을 풍자하여 '중경손님(重慶客)'이라는 신조어를 만들어 냈다. 당시 상해의 접수공작에 참여한 米慶雲은 "항전 전, 상해사람들은 사천사람들을 '川耗子(사천쥐)'라고 놀렸는데, 이들은 시골 출신으로 어수룩하여 도처에서 사기 당하기 일쑤였다. 그런데 현재는 '중경인'의 영예를 얻게 되었다. 상해인들에게 양식을 주고 춤을 추게하는 주인이 된 것이다. 이들이 이렇게 떠받들어지는 이유는 바로 '중경인'이기 때문이다"라고 회고하였다.

그러면 이와 같은 혼란 상황은 어떠한 이유로 발생하게 되었으며, 실제로 그러했는지 살펴보도록 하자. 일찍이 경제부소절환구특파원판공처의 張茲闓는 회고록에서 이와 같은 현상을 근본적으로 부정하였다. 그는 "나는 일찍이 어떠한 문서에서도 접수의 횡포라는 사실을 접한 적이 없다. 이러한 말이 흘러다니는 것은 나도 들은 적이 있다. 그러나 이것도 공개적으로 언급된 적은 없으며 시정잡배들의 유언비어에 불과했다고 생각된다. 그 당시 정부에 불만을 가지고 있던 자들의 유언비어가 매우 많았다. 이는 아마도 좌경분자나 혹은 한간의 혐의가 있는 자들이 고의로 유포시킨 것이라 생각된다"라고 회고하였다.

장자개의 부인에도 불구하고 당시 신문은 "불과 20여 일 만에 북경과 상해 일대의 민심은 모두 정부로부터 떠나갔다"라고 보도하였다. 장자개의 주장에는 일정한 이유가 있다고 생각된다. 왜냐하면 經濟部蘇浙皖區特派員辦公處는 9월 19일이 되어서야 비로소 적산공장의 접수에 착수하였기 때문이다. 이는 송자문이 입법원에 보고한 자료를 통해서도 입증된다. 즉 1947년 3월 1일 송자문은 입법원에 "적산의 접수와 처리의 과정 중에서 확실히 적지않은 방면에서 일탈행위가 발생하였다. 행정원 적위산업처리기관이 성립된 이후 접수가 비로소 질서를 회복하기 시작하였다"라고 보고한 것으로부터, 사실상 8월 15일 직후 일정 기간 동안은 행정원을 중심으로 한 체계적인 접수가 이루어지지 않았으며, 통일성을 갖추지 못한 수많은 현지기관에 의해 무질서가 자행되었음을 짐작할 수 있다. 또 다른 접수인원은 "승리 후 일 개월 동안 정부의 어떤 조치도 찾아볼 수 없었다. 우리의 예상보다 승리가 빨랐으며, 정부는 갑자기 맞이한 승리로 미처 준비가 부족하여 사전에 충분한 대비가 없었다. 그리하여 9월 21일에 이르러서야 비로소 경제부특파원이 접수를 시작하게 된 것이다"라고 회고하였다.

항전 후기 국민정부의 당, 정, 군, 특수기관 등은 모두 상해에 지하공작단과 인원을 운영하고 있었으며, 이들은 왕정위정권의 조직 및 한간의 재산을 이미 파악해 두었다. 따라서 1945년 8월 15일, 일본이 투항을 선포한 즉시 상해 전역에서 적산 및 逆產을 접수하기 시작하였다. 이것이 바로 당시 상해에서 말하는 '무자비한 접수의 참극'을 연출한 것이다.

이밖에 수복구 공광업의 접수공작은 원래 매우 복잡한 요소를 가지고 있었다. 왜냐하면 수복구의 각종 공광업은 복잡한 소유 및 경영방식을 가지고 있었기 때문이다. 즉 어떤 공장은 원래 중국의 국영사업이던 것이 적에 의해 몰수된 것이고, 어떤 것은 일본인에 의해 설립된 것이며, 어떤 것은 일본인이 설립한 기업에 중국인들이 주식이나 일부 자본을 투자한 것도 있었다. 어떤 것은 중국인 개인 혹은 공사의 소유였으나 적에 의해 강점된 것도 있었고, 어떤 것은 민영이지만 일본인이 일부 자본을 주식으로 투자한 것도 있었으며, 어떤 것은 중국에 있던 외국인의 산업이 일본에 병탄된 것도 있었다.

이상과 같이 종전 직후 상해, 북경, 청도, 천진 등 대도시에서 자행된 접수인원들의 횡포는 국민정부의 수복을 열망하던 수많은 시민들의 기대를 이반하였다. 물론 일본의 항복이 국민정부의 예상보다 빨리 찾아왔으며, 따라서 실제로 국민정부에 의한 체계적인 접수는 9월 중순 이후에서야 비로소 이루어질 수 있었다. 그럼에도 불구하고 이러한 접수 과정에서 나타난 시민들의 민심 이반은 생각보다 심각했다. 이는 당시 신문에서 "舊土를 수복하면서 절대로 민심을 잃지 말아야 한다. 정부에서 파견된 접수인원들은 정복자로서 수복구로 돌아와 승리의 시위를 하는 것이 아님을 명심해야 한다"라고 접수의 폐해로 인한 민심이반을 경고한 사실로부터도 잘 알 수 있다.

7. 적산 국영화정책의 목적

이차대전 종전 직후 국민정부가 당면한 최대의 문제는 무엇보다도 신속한 생산설비의 복구와 생산력의 회복을 통해 전후 경제건설에 매진하는 일이었다. 더욱이 중국공업 가운데 가장 큰 비중을 차지하고 있던 방직공업의 경우, 적산사창, 즉 재화일본방직공장의 접수와 처리는 전후 경제건설의 과정에서 핵심적인 문제로 부상하였다. 일본공장의 선진적 설비를 신속히 복구하여 생산에 투입하는 것은 전후 실업의 해소를 비롯하여 일용필수품의 공급과 물가 안정을 위해 시급한 과제가 아닐 수 없었다.

이차대전 종전 직후 적산사창의 폐쇄와 생산활동의 중지는 격렬한 노동운동을 야기하였다. 1945년 9월 2일, 일본이 〈무조건투항서〉에 서명한 이후 상해의 재화일본방직공장은 대부분 영업 정지와 공장의 폐쇄를 선언하였으며, 이는 대량의 실업을 야기하였다. 9월 중순 신문은 "일본 투항 이후 상해시의 120개 일본공장 가운데 정식으로 정업을 선포한 것이 80%에 이른다. 상해시의 실업노동자는 이미 50만 명 이상에 달하였다…남녀노동자들은 거리나 혹은 공장 부근에 모여 있으며, 상해시 곳곳에 삼삼오오 모여 있는 실업노동자를 볼 수 있다. 9월 21일 일부 노동자들은 국민당 상해시당부에 정업과 실업의 신속한 해결을 촉구하였다"라고 보도하였다.

종전 직후 재정부장 兪鴻鈞은 기자간담회에서 "상해의 가장 큰 난제는 노동자의 실업문제이다. 노동운동은 공장의 폐쇄 및 실업과 밀접한 관계를 가지고 있다"라고 토로하였다. 접수 초기 각종 접수기관은 적산공장을 폐쇄하고 창고의 원료와 제품, 기타 물자의 이동을 엄격히 금지하였기 때문에 자연히 생산활동도 지속할 수 없었던 것이다. 접수대원이 적산사창을 처리하는 방법은 먼저 공장을 봉쇄한 이후 정업을 명령하고 각 공장으로 하여금 노동자에게 해산비를 지급하도록 하였다. 공장은 일반적으로 3개월분의 노임을 지급하였는데, 매월의 노임은 쌀 1담에도 미치지 못하였다. 더욱이 노동자 한 가족이 쌀 3담으로 3개월간을 지탱할 수 없었을 뿐만 아니라, 전후 물가 폭등으로 말미암아 쌀값은 계속 폭등하였다. 그리하여 노동자들은 매일같이 사회국과 經濟部特派員辦公處로 몰려와 실업의 구제 및 복직을 요구하였다. 이러한 의미에서 적산사창의 신속한 접수와 복공은 실업문제를 근본적으로 해결할 수 있는 관건이 아닐 수 없었다.

이러한 견지에서 9월 18일 제3방면군사령부는 육군총사령 하응흠의 지시에 따라 다음날인 19일부터 경제부특파원인 張茲闓와 회동하여 상해의 일본사창들을 접수하기 시작하였다. 말하자면 8월 15일부터 9월 18일까지 적산사창의 접수는 아무런 체계와 통일성이 없었으며, 책임의식도 투철하지 않았다고 할 수 있다. 방직업계의 대표적인 기간물인 『紡織週刊』은 적산사창의 접수에 대해 "경제부는 1945년 9월 하순부터 접수를 시작하였다. 따라서 8월 중순 이후 9월까지의 한 달 동안 상황은 매우 혼란스러웠으며, 기계설비와 원료 등은 훼손되거나 소실되어 그 피해가 매우 컸다. 뿐만 아니라 일본인들이 정부에 보고하기 이전에 물자들을 노동자들의 해산비로 지급하거나 혹은 사사로이 빼내어 판매한 수량도 상당히 많았다"라고 기록하였다.

1945년 9월 20일, 경제부특파원판공처는 육군총사령부의 명령을 받들어 상해지역 일본사창의 접수에 착수하였다. 당일 오전 10시, 경제부 특파원 장자개 및 전문위원 王子建, 陸紹運, 章劍慧, 桂季桓, 吳聞天, 顧鼎吉, 張家祉, 汪經鎔, 張慰慈, 郭可詵, 焦雨亭, 李泰雲, 汪泰經, 許邦友 등이 社會部司長 陸京士, 상해시정부 參事 曲萬森, 상해시당부 工商科長 張振遠 등과 접수문제를 논의하였다. 그리고 곧 바로 적산사창 가운데 가장 규모가 큰 내외면사창 총공사로 함께 가서 日本在華紡績聯合會 회장인 勝田俊治 및 각 사창의 책임자들의 영접을 받은 이후, 이들과 함께 접수에 관한 사항을 논의하였다.

특파원들은 공장 책임자들에게 각 공장 및 분창 혹은 영업소 등 일체의 건물, 기계설비, 재료, 현금, 장부, 당안 등의 상세한 목록을 작성하여 제출하도록 지시하였다. 동시에 모든 자산을 책임지고 보관할 것과 훼손하거나 은닉, 판매, 이전 등의 행위를 일체 금지하였다. 이와 같은 업무를 마치고 다시 다른 공장으로 이동하였다. 접수과정에서 陸紹雲 등은 內外綿, 豊田, 東亞紗廠 및 각 부속공장의 접수 및 정리를 주도하였으며, 章劍慧는 日華, 同興, 大康, 恒豊, 振華紗廠 등을 주도적으로 접수하였으며, 顧鼎吉은 公大, 裕豊紗廠 등을, 桂季桓은 上海, 明豊紗廠을 접수하였다.

처음에는 접수를 위한 준비가 여러모로 미비한 이유에서, 경제부는 임시로 상해의 민간공정사와 기술자, 대학교수 등을 동원하여 접수업무에 협조하도록 하였다. 뿐만 아니라 접수업무를 원활하게 진행시키기 위해 이미 공장을 떠나 홍구에 집결해 있던 일본인 가운데 숙련된 기술자들을 불러 접수업무를 보조하도록 하였다. 접수공작의 가장 중요한 작업은 접수한 물자의 장부기록과 원래 일본인들이 가지고 있던 원시장부와 오차가 없는지 일일이 대조하는 작업이었다.

한편, 1945년 11월 12일 국민정부는 중경에서 紡織事業管理委員會를 성립시키고 束雲章을 위원장으로, 李升伯, 吳味經, 楊錫仁, 尹任先 등을 위원으로 임명하였다. 위원회의 주요한 임무는 "적산사창 및 그 부속자산을 접수하고, 이를 정리하여 신속히 생산활동에 착수할 수 있도록" 하는 것이었다. 이어 11월 21일 방직사업관리위원회 제1차회의에서 속운장은 이미 접수한 적산사창을 모두 위원회의 관할 하로 이전하여 경영할 방침을 시사하였다. 이어 11월 26일, 최고경제위원회에서 행정원장 송자문은 "인민의 경제활동과 직접적으로 관련된 사업에는 그 발전을 위해 정부가 적극 관여할 뜻임"을 밝혔다. 바로 다음날 행정원 제722차 회의에서 송자문은 적산사창을 국영화함과 동시에 이를 위해 中國紡織建設公司의 성립을 선포하였다. 이와 함께 방관회의 속운장을 중방공사의 총경리로, 李升伯, 吳味經을 부총경리로, 楊錫仁, 尹任先 등을 이사로 임명하였다. 이는 방직사업관리위원회와 중방공사의 지도부를 동일인으로 구성함으로써 기존 국영기업에서 나타난 행정수속의 비효율성, 조직의 방만함과 관리체계의 번잡함 등을 일소하고 신속한 업무의 처리와 작업효율의 제고를 추구한 것이라 할 수 있다.

중방공사의 설립 목적에 대해 송자문은 기자간담회에서 "일본 투항 시 적산사창은 모두 350여만 추의 방추를 보유하고 있었다. 정부는 이들을 신속히 복구시켜야 했으며 지체할 시간이 없었다"라고 밝혔다. 송자문은 『大公報』 기자와의 회견에서도 "정부는 국민의 衣食住行에 대해 반드시 책임을 져야 한다. 지금과 같이 물가가 폭등하는 시기에, 정부가 방직설비를 장악함으로써 면사포의 가격을 통제할 수 있다"라는 의사를 표명하였다.

1946년 초, 중국국민당 제6계 중앙집행위원회 제2차 전체회의에서 의결된 〈재정금융경제보고의 결의안〉에서도 적산사창의 국영화에 대한 목적이 잘 나타나 있다. 즉 결의안은 "정부가 최선을 다해 물가를 안정시키고 난 연후에 비로소 건설에 착수할 수 있게 되는 것이다. … 따라서 현재의 급무는 물가의 안정이다. … 상해 등 지역의 적산사창들은 폐쇄되어 있고, 후방 사창은 생산을 중지하고 있어, 이것이 노동자의 실업과 사회불안을 야기하고 있다. 생산의 증대를 위해 현재 특히 민생공업의 발전에 주력하고 있으며, 접수한 공업기구는 신속히 복구해야 한다. 이를 위해 국영사업의 효율에 주목한 것이다"라고 선언하였다.

1945년 12월 7일, 국민참정회의에서 경제부장 옹문호도 적산사창을 국영화한 목적에 대해 "정부는 방직공업의 신속한 복원과 생산력의 증대를 위해 국영사창을 설립하였다"라고 분명히 밝혔다. 1946년 4월 2일, 방직사업관리위원회가 경제부에 보낸 문건 가운데에도 적산사창의 국영화에 대한 목적이 잘 나타나 있다. 즉 "정부는 시급히 방직공업의 발전을 도모하지 않을 수 없었다. 정부가 대량의 면사와 면포를 장악해야만 보편적인 의류의 부족을 해소함으로써 물가의 상승을 통제할 수 있으며, 이를 통해 민생의 어려움을 해소할 수 있게 되는 것이다. 국영사창의 주요한 임무는 물가 상승의 억제에 있다"라고 밝혔다. 즉 이로부터 적산사창의 국영화는 바로 전후 물가의 통제에 있었음을 잘 알 수 있으며, 이는 결국 일용필수품의 공급을 통제함으로써 물가를 안정시키고, 나아가 생산설비의 신속한 복구를 통해 실업을 해소함으로써 노동운동을 종식시킬 수 있는 첩경임에 틀림없었다.

1945년 12월 13일, 행정원은 방직사업관리위원회에 "적산사창 및 그 부속공장, 그리고 면화, 면사, 면포 등 일체의 원료 및 물자를 위원회의 규정에 따라 신속하게 접수하도록" 지시하였다. 동시에 행정원은 적위산업처리국에도 "상해의 적산사창 및 부속공장의 모든 면제품들을 방관회로 이관하도록" 지시하였다. 위원회는 중방공사로 하여금 적산사창의 이관에 대한 실무공작을 지시하였다. 이에 따라 12월 29일, 속운장은 경제부특파원 및 기타 기관과의 협의를 거쳐 적산사창의 신속한 접수 및 복공, 생산의 증가를 통해 전국 인민에 대한 면제품의 수요에 부응할 것을 선언하였다.

8. 적산사창의 접수와 국영기업의 설립

방직사업관리위원회가 설립되기 이전에 상해의 적산사창은 이미 소절환구 경제부특파원판공처에 의해 일부 접수된 상태였다. 국영사창의 설립 이후 특파원판공처는 수 차례의 협상을 거쳐 모든 적산사창을 방직사업관리위원회 예하의 중방공사로 이관하기로 결정하였다. 1946년 1월 5일, 특파원판공처는 內外綿, 豊田, 日華, 同興, 公大紗廠 등 20여 사창, 방추 총 83만 추, 직기 총 16,000여 대의 이관을 결정하였다. 1월 13일 오전 10시, 특파원판공처와 중방공사는 상해의 한구로 130호에서 회합하여 이관과 접수에 관한 제반 수속 및 절차에 관해 논의한 이후, 접수 및 이관의 방식을 다음과 같이 결정하였다.

1) 1월 16일부터 정식으로 접수를 개시한다. 이관 시에는 일본인들이 작성한 장부 목록을 근거로 한다.
2) 1월 16일부터 모든 적산공장은 국영사창에서 파견한 공장장의 관할 하에 둔다.
3) 접수공작은 5개조로 나누어 실시한다. 제1조는 건축물 및 부동산, 제2조는 기계, 제3조는 물류, 제4조는 회계장부 및 문서, 제5조는 창고의 접수를 담당한다.
4) 공장의 생산활동은 정상적으로 진행하며, 기계를 멈추어서는 안 된다.

중방공사는 1월 16일부터 접수를 개시하여 모두 20개 단위를 접수하였는데, 이 가운데 면방직공장이 19개, 염색공장이 1개 있었다. 중방공사 총경리 속운장은 첫째, 접수물자 가운데 특파원판공처가 이관한 장부목록과 착오가 없는지 확인할 것, 둘째, 특파원판공처가 이관한 장부목록 이외에도 일본인 경영 시기의 원시장부와도 대조하도록 지시하였다. 접수한 19개 면방직공장의 방추는 총 933,232추에 달하였는데, 이 가운데 생산 중인 것이 250,444추로서 조업률은 26.84%에 불과하였다.

직기는 총 16,016대 가운데 생산 중인 것이 5,936대로 조업률이 37.06%에 불과하였다. 제2차 접수는 1월 25일에 시행되었으며, 모두 17개 공장이 접수되었으며, 제3차 접수는 2월 6일에 이루어졌다. 이를 통해 모두 52개 공장이 접수되었다.

중방공사는 성립 이후 생산력의 신속한 회복을 도모하기 위한 취지에서 특별히 업무의 통일성을 추구하였다. 1946년 1월 16일 속운장은 공장장 및 접수인원 연석회의를 개최한 자리에서 "한 공장의 조치가 종종 다른 공장에 영향을 미쳐 쟁의가 발생할 소지가 있다. 그러므로 각 개별 공장에서 전체와 관련된 사항을 결정할 경우, 예를 들면, 노동자의 대우나 임금 등의 문제는 반드시 총공사의 통일적 계획에 맞추어 실행해야 하며, 임의대로 시행해서는 안된다"라고 지시하였다. 이밖에 이전의 회사인장을 일체 사용하지 못하도록 금지시키고, 대외적으로 '中國紡織建設公司'의 명의를 사용하도록 하였다. 1월 18일 중방공사 창장연석회의는 각 공장에서 생산된 제품에 이전의 '경제부접수'라는 인장을 '中國紡織建設公司出品'으로 고치기로 의결하였다. 2월 26일의 제5차 창장연석회의에서는 공장 명칭의 개칭 문제가 제기되었는데, 여기에서 두 가지 방안이 제출되었다. 하나는 수자의 순서대로, 즉 중방공사 상해제1창, 제2창, 제3창 등으로 공장의 이름을 개칭하는 것이고, 다른 하나는 단독의 명칭을 사용하도록 하는 것인데, 표결 결과 수자순 배열이 19명, 후자가 17명으로 나와 수자로 공장의 명칭을 붙여 사용하기로 결정하였다.

중방공사는 상해에 총공사를 두었으며, 그밖에 천진, 청도, 동북에서도 적산사창을 접수하여 분공사를 개설하였다. 천진분공사의 설립 과정을 살펴보면, 1945년 10월 국민정부 천진시장 張廷諤, 부시장 杜建時가 天津市工廠聯合會와 당지의 적산사창 접수에 관하여 논의한 이후 일본 영사관으로부터 일본사창의 명부 등을 넘겨받아 공창연합회의 주몽소, 장택생, 마사상, 이혜남, 마경간 등의 협조를 구해 이를 접수하였다. 접수가 완료된 이후에는 '工廠聯合會接收委員會'라는 인장을 찍은 나무로 건물과 물자를 봉쇄하였다. 이후 1945년 11월 말, 경제부 천진특파원판공처가 다시 이를 접수하였다. 마침내 1945년 12월 20일, 중방공사 천진분공사가 설립되어 楊亦周와 王瑞基가 각각 경리와 부경리로 임명되었다. 이미 12월 10일 양역주는 직원들을 이끌고 천진에 도착한 이후 경제부특파원판공처에 합류하여 적산사창의 접수 공작에 참여하였다. 12월 25일, 특파원판공처는 접수한 禮豊, 公大, 天津, 上海, 雙喜, 大康紗廠 등의 적산사창을 중방공사 천진분공사에 이관하였다.

청도의 경우도 국민정부 접수인원이 도착하기 이전에 청도시장 李先良이 이미 적산사창을 접수하여 사람을 파견하여 관리하고 있었다. 동시에 청도시정부는 물자의 손실을 방지하고 실업을 구제한다는 견지에서 계속해서 생산을 감독하였다. 이후 중방공사 총경리 속운장이 范澄川을 파견하여 청도의 적산사창을 접수하도록 하고, 이를 바탕으로 중방공사 청도분공사를 설립하도록 하였다. 이에 1946년 1월 15일, 범징천은 80명의 직원을 이끌고 청도로 가서, 1월 25일부터 경제부특파원판공처와 적산사창의 이관 업무를 협의한 이후 5월에 이르러서야 적산사창을 모두 접수할 수 있었다.

1945년 8월부터 12월까지 청도의 적산사창이 보유하고 있던 방추 가운데 4분의 1 정도만이 생산활동에 참여하고 있었는데, 접수 이후 1946

년 7월 현재 각 공장의 평균 생산율은 이미 80% 이상에 달하였다. 즉 방추 24만 추, 직포기 5천여 대가 생산활동에 참여하여 매월 면포 약 10만여 필을 생산하였다. 1946년과 47년 두 해 동안 8개 사창이 모두 영업에 참여하였으며 이밖에 2개의 인염창, 2개의 침직창 등을 합병하고 정리하여 생산에 참여하도록 하였다. 각 공장의 노동자는 5천 명에서 2만여 명으로 증가하였으니 그만큼 일자리를 창출하여 실업 노동자를 구제한 것이다. 접수된 사창의 자산은 공장건물, 기계설비, 원료 및 제품을 포함하여 모두 750여억 원에 달하였다.

중방공사 상해, 청도, 천진, 동북분공사의 기계설비 일람

(1947년)

지역	공장수	방추수(추)	직기(대)
상해	18	887,364	17,548
청도	8	324,076	7,073
천진	7	323,832	8,640
동북	5	223,208	5,330
합계	38	1,758,480	38,591

이밖에 동북지구는 일본이 투항할 당시 방추 56만 추와 직기 1만여 대를 보유하고 있었다. 1946년 6월 초, 중방공사는 총공정사 桂季桓으로 하여금 동북의 적산사창을 접수하도록 지시하였다. 그러나 동북의 정세가 내전으로 말미암아 불안정하였으며, 접수한 공장에서도 생산이 순조롭게 이루어지지 못하였다. 더욱이 각 사창의 기계 가운데 이미 약탈당하거나 훼손된 것이 70% 이상에 달하였다. 이러한 가운데, 7월 중순에 이르러 교통이 다소 회복되자 비로소 적극적으로 접수에 착수할 수 있었다. 1946년 8월 1일 桂季桓은 北平에 도달하여 경제부동북구특파원 孫越崎와 회합하여 적산사창의 접수 문제를 논의하였다. 8월 9일

특파원판공처는 계계환에게 遼陽, 營口 및 錦州의 사창을 이관하였으나, 대다수는 생산이 중지된 상태였다. 桂季桓은 속운장의 지시에 따라 9월 중순 심양에 東北辦事處를 설립하고 모든 업무를 자신이 맡아 처리하였다. 이후 10월 6일 중방공사 동북분공사가 정식으로 설립되어, 계계환이 경리로 취임하였다. 1947년 1월부터 속속 적산사창을 접수하는 동시에 적극적으로 정리 및 복공작업을 병행하여, 1947년 4월 현재 동북분공사의 방추 설비는 이미 14만여 추에 달하였다.

9. 물가 통제와 공산품의 투매정책

일찍이 1945년 10월 12일, 행정원장 송자문은 상해 등의 물가 폭등과 통화팽창의 심각성을 인식하고 연일 관계장관회의를 개최하여 물가 상승의 억제, 실업의 해소, 노동운동의 방지 등 제 문제를 논의하였다. 그럼에도 불구하고 10월 말에 이르러 상해의 물가가 폭등하였으며, 특히 면제품 등 일용필수품의 상승률은 가공할 정도였다. 예를 들면, 10월 4일 20번수 1건의 면사 가격은 17만 원이었는데, 10월 30일에는 무려 57만 원으로 급등하였으며, 32번수 면사는 30만 원에서 100만 원으로 폭등하였다.

이와 같이 물가가 급등하자 11월 3일 송자문은 물가의 상승을 억제하기 위해 적산사창이 보유하고 있던 면사와 면포를 저렴한 가격에 대량으로 투매하도록 지시하였다. 이에 따라 上海區敵産處理審議委員會는 면제품의 대량 투매를 의결하는 동시에, 다음과 같은 구체적인 방법을 결정하였다.

1) 新新, 先施, 永安, 代新, 中國國貨公司 등 5대 백화공사를 통해 면제품을 대리 판매한다.

2) 陰丹士林布, 白細斜文布는 남자 일인당 구입량을 5碼로 한정하며, 여자는 3碼로 한정한다.
3) 白絨布, 白布, 黑華嘰는 일인당 구입량을 半疋로 한정한다.
4) 소매 가격은 시가보다 20% 저렴하게 판매하며, 도매 가격은 소매 가격보다 17% 저렴하게 판매한다.
5) 영업시간은 오전 10시부터 오후 5시까지로 정한다.

이후 적산처리심의위원회는 5대 백화공사에 1만 필의 면포를 공여하기로 결정하였으며, 소매 가격은 陰丹士林 1碼에 1,200원, 藍鳳細斜, 藍鳳細布, 龍頭細布는 1碼에 500원, 絨布는 1碼에 600원으로 책정하였다. 이후 국민정부 경제부특파원판공처는 상해구적산처리심의위원회의 결정에 따라 적산 포필을 11월 19일부터 오대 백화공사에 위탁하여 2차 판매를 개시하였다. 11월 30일에는 3차 판매를 시작하였는데, 이때는 5대공사 이외에 大滬, 上海, 友信, 寶大祥, 協大祥公司 등도 참여하였다.

1945년 12월 14일, 행정원은 상해지역의 적산사창이 보유하고 있는 면화, 면사, 면포를 모두 방직사업관리위원회로 이관하도록 지시하였다. 다음해 1월 행정원은 국영사창으로 하여금 면사와 면포를 저렴한 가격에 투매하여 면사포의 가격 상승을 억제하도록 지시하는 동시에, 가격의 안정을 위해 면제품의 수출을 금지하였다. 이에 따라 1월 9일, 江海關은 행정원의 명령을 받들어 면사포 수출의 금지를 선언하고 당일부터 실시할 것을 선포하였다. 1월 5일, 방직사업관리위원회 위원장 겸 중방공사 총경리 속운장은 기자와의 간담회에서 이후 상해 적산사창의 면사 및 면화 등 원료품들은 모두 국영사창으로 이관될 것이며,

이를 원료로 사용한 면포를 생산하여 다시 투매할 뜻을 밝혔다.

1946년 초, 국영사창이 이관받은 적산사창의 면제품은 대체로 다음과 같은 내원을 가지고 있었다. (1)군정부 특파원판공처가 이관한 왕정위 정권 시대 면업통제위원회의 장부 및 제품, (2)군정부 상해 피복창이 이관한 면제품 및 장부, (3)중방공사가 접수한 적산사창의 면제품, (4)산업처리국이 이관한 면제품, (5)정식으로 접수되지 않았으나 중방공사가 인원을 파견하여 장부에서 누락된 것을 찾아내어 이관한 면제품 등이었다.

1월 7일부터 국영사창은 이관받은 적산사창의 면제품을 투매하기 시작하였는데, 가격은 42번수 藍鳳牌가 매포 138만 원, 32번수가 110만 원, 20번수가 75만 원이었는데, 이는 시가보다 훨씬 저렴한 가격이었다. 상해지역 이외에도 국영사창은 천진, 청도, 동북분공사를 통해 적산사창으로부터 접수한 면제품을 투매하여 현지의 물가 상승을 억제하는데 적지 않은 성과를 거두었다.

1946년 1월 8일, 상해의 중국은행에서 행정원장 송자문이 적산심의회를 친히 주재하며 국영사창으로 하여금 동계용 면포를 계속 투매하여 시장의 수요에 맞추도록 지시하였다. 이와 함께 물가 상승의 억제 방법을 논의한 이후 창고 안에 남아있는 적산사창의 면포 20만 필을 국영사창을 통해 투매하기로 결정하였다. 다음날, 송자문은 중방공사 이감사연석회의를 친히 주재하며, 국영사창의 면제품 투매상황과 업무계획을 보고받았다. 이 자리에서 송자문은 면사포 등의 가격 상승이 민생에 미치는 영향이 크다는 사실을 지적하면서, 중방공사가 현재 보유하고 있는 면제품을 계속 투매하도록 지시하였다. 오후 4시에 송자문은 다시 속운장을 접견하고 면사포 투매 및 적산사창의 정리 및 복공의 문제에 관해 보고를 받았다.

이와 같이 행정원장 송자문은 상해의 물가 안정에 지대한 관심을 가지고 있었으며, 그 역할을 국영사창에 부여하고 있음을 잘 알 수 있다. 중방공사의 창설이 사실상 송자문의 주도 하에서 결정되었음에 비추어 동공사의 주요한 임무가 바로 물가의 안정과 밀접한 관계를 가지고 있음을 짐작할 수 있다. 그러나 1946년 초부터 국영사창이 투매를 통해 면제품의 가격 안정에 적극 나서자, 일반 민영사창은 이와 같은 저가 투매정책에 큰 불만을 가지게 되었다.

민영사창의 반발로부터 살펴볼 때, 정부의 투매정책은 적어도 1946년에 들어 일정한 효과를 거두고 있음을 알 수 있다. 그러나 면사포 가격에 대한 정부의 통제정책이 효과를 거두면 거둘수록 이는 근본적으로 방직자본가들의 이해와는 상충되는 것이었다. 실제로 전후 물가의 급등은 방직공업의 주요한 수익 원천이었다. 1946년 당시 면업관계 기간물은 이 문제에 대해 "중국 사창들의 경영은 주로 물가의 급등에 의지하여 폭리를 챙기고 있다. 사람들은 만일 물가가 3개월만 안정된다면 무엇보다도 사창이 가장 먼저 문을 닫아야 할 것이라고 입을 모은다"라고 하여 이를 잘 설명하고 있다.

비록 국민정부의 면제품에 대한 가격 통제는 전후 일용필수품의 가격 안정과 통화팽창의 저지를 위해 실행의 타당성과 합리성을 가지고 있었지만, 민영 방직자본가들의 입장에서 볼 때는 만물의 가격 상승 속에서 면제품의 가격만이 효과적으로 통제되는 사실에 불만을 갖지 않을 수 없었던 것이다. 정부의 정책적 효과가 나타나 면제품 가격이 상대적으로 안정되었음에도 불구하고 이와 같은 효과가 면제품의 원료인 면화에서는 동등하게 나타나지 못했던 것이다.

예를 들면, 1947년도의 주요 상품 시가 지수를 1946년 1월 7일을 100으로 하여 1947년 10월 현재의 지수를 살펴보면, 42번수 남봉패 면사는 2041, 20번수 남봉패 면사는 2749, 12파운드 용두세포는 1,925를 기록하였다. 비록 면사포의 가격 상승이 놀라울 정도이기는 하였으나 면화의 상승에는 미치지 못하였다. 즉 浦東火機 면화는 7,217, 쌀은 8,825, 석탄은 5,212를 기록하였다. 이와 같은 경제적 불만은 종종 국민정부의 경제정책에 대한 비판을 넘어 경제자유의 요구 및 정치적 문제로까지 확대되었다. 더욱이 이와 같은 불만이 보편적이고 조직적으로 확산되면서 국민정부의 계급적 기초라 할 수 있는 자본가들의 지지는 정권으로부터 급속히 이탈되고 있었다.

10. 〈중국방직건설공사이사회회의록〉의 사료적 가치와 연구사적 의의

이상에서 살펴본 바와 같이 국공내전시기의 관료자본 연구는 〈중국방직건설공사연구〉의 출간 이후 비로소 의미있는 진전이 개시되었다고 볼 수 있다. 그러나 아직까지 1945−1949년 간의 관료자본 및 국가자본에 대한 해석, 평가 및 이에 대한 역사적 서술이 전면적으로 변화되었다고 볼 수는 없다. 말하자면 전통적인 4대가족 관료자본론에 대한 異論이 바야흐로 제기되었으며, 이러한 연구의 진전을 위해서는 보다 실증적인 연구가 뒷받침되어야 한다는 의미가 될 것이다. 이와 같은 논의를 보다 진전시키기 위해서는 국공내전시기 관료자본의 대표기업으로 규정된 중국방직건설공사의 연구와 해석이 한층 진전되어야 한다는 사실은 말할 나위도 없다.

그럼에도 불구하고, 관련 연구의 양적, 질적 한계로 말미암아 전후 생산설비의 복구 문제와 적산 처리 과정에서 드러난 자본가의 동향, 전후 경제통제정책, 통화 팽창의 와중에서 공업의 위치와 역할 등 수 많은 문제들이 여전히 연구의 공백으로 남겨져 있는 형편이다. 이러한 이유 가운데 하나는 이 시기의 연구에 대한 중국연구자들의 정치적 민감성과 편향성으로부터 기인하는 바도 적지 않다. 그러나 보다 근본적인 원인은 연구를 위한 일차사료의 부재에서 찾을 수 있다. 실증적인 역사연구는 당연히 사료의 확보가 전제되어야 하며, 관료자본에 대한 학술적 논쟁 역시 사료의 부재와 불가분의 관계에 있다.

〈중국방직건설공사이사회회의록〉은 이차대전 종전과 중국방직건설공사의 성립 직후 1946년 1월 16일 제1차 회의로부터 1948년 9월 15일 제125차 회의에 이르기까지 중국방직건설공사이사회의 회의기록을 수집하여 집성한 자료집이다. 단 제57차와 75차 회의기록은 찾을 수 없어 결본으로 남아 있다. 주지하다시피 현재까지 중국기업의 이사회 회의기록 전체가 공개된 적이 없었으며, 〈중국방직건설공사이사회회의록〉이 최초의 사례로 기록될 것이다. 본서는 종래 공개되지 못한채 도서관, 당안관 속에 깊숙이 묻혀 있던 중국방직건설공사 이사회 회의기록을 각 회차별로 오랜기간에 걸쳐 수집하고 정리하여 출판한 것이다.

본서는 중국현대사의 연구를 위해 매우 중요한 사료적 가치를 가지고 있다. 무엇보다도 종래 연구가 크게 진전되지 못한채 남아있던 국공내전시기의 관료자본론과 국가자본의 존재 양태 및 역사적 평가를 위해 중요한 단서를 제공해 줄 수 있을 것이다. 〈중국방직건설공사이사회회의록〉은 공사 내부의 권력구조 및 정책 결정과정, 나아가 공사의 경영을 둘러싼 국가권력과 중방공사 이사회와의 상호 관련성 혹은 독자성을 살펴볼 수도 있다. 이를 통해 경영방침과 실제 시행된 정책, 즉 노동자의 모집과 훈련, 교육, 나아가 노동운동, 복지, 원료의 구매와 제품의 판매, 가격의 결정, 시장과의 관계에 이르기까지 광범위한 문제에 대한 획기적인 연구가 진행될 수 있기를 기대한다.

목 차

第一次各廠接收人員聯席會報記錄

三十五年一月十六日(1946年1月16日)

(甲)各廠接收人員報告

1. 出席報告者：

   內外棉 1 2 5 6 7 9　豐田 1 2　日華 3 4 5 6 7　同興 1 2

   大豐　大康 1 2 3　恆豐

   上海 3 4 5　公大 1　明豐　內外棉加工 1 2

2. 缺席未有報告者：

   日華 8　裕豐

(乙)各廠接收人員提出之問題逐項討論如下：

1. 大豐紗廠有職員六人巡捕十餘人請求留用。

   決議：遵照總經理指示之原則辦理。

2. 恆豐紗廠接收人提：關於復工委員會各廠原用之图章表格帳冊是否繼續使用。

   決議：以往图章一律不用，對外改用中國紡建設公司接收某某紗廠負責人之私章。如向總公司會計處領款時，應由接收負責人及負責會計人會盖私章送工務處核轉會計處核發。如向業務處領用原料時，應由接收負責人及主管原料人會盖私章送業務處核發。表格賬冊仍暫就現有者使用。

3. 滬東滬西各廠所用物料大部向上海三廠提取，在接收期間物料應否暫停提取。

   決議：如各廠急需之物料應經工務処核准後仍可向上海三廠領用。

4. 上海四廠平涼路815及823號倉庫兩座，原為民產，被日廠佔據。現經敵產處理局決議發還。各該倉庫內所存之回絲應如何處置。

   決議：由廠方先行查明回絲種類數量報請業務處設法移調或銷售

5. 上海3、4、5廠工人工資較其他日廠為低請求調整，應否加以攷慮。
總經理指示：應通盤籌劃辦理。

6. 內外棉加工1、2廠工人要求：(1)發年賞二月 (2)發工衣兩套 (3) 舊曆年放假五天工資按照一元四角基数計标照給。請本公司於十九日前答復。
總經理指示：應通盤研究。

7. 恆豐紗廠提：各廠出納人員應否□□。
決議：各廠人員除聘請者外均需□保，對於經管銀錢及物資人員尤須覓具□保。

8. 下次開會時間地點請討論決定。
決議：明日下午四時在江西路總公司會客室舉行第二次會報。
坿束總經理訓話要旨。

束總經理訓話要旨：

今日諸君開始接收，備極辛勞，殊為感慰。關於上海三四五等廠所提及之工資調整問題，余意本公司各廠如須調整亦必須與民營廠切取聯繫，並請由社會局等會商決定庶使同類工廠有同等待遇。如是則因待遇不平而起之工潮，亦可因之不復發生今後有関工人之間接福利，尤應多予注意。惟此事亦須與民營工廠採取一致步驟，俾免有所歧異。

辦理工廠人員務須領導同仁對於技術業務悉心研究，以求改善。國人辦理之工廠往往用人較多而工作效率反鮮，此皆管理未盡認真及不注意研究改善所致。日人個別之工作能力未必較國人為強惟以其組織嚴密聯繫緊凑，其整個團体之工作效率遂時駕國人所經營之工廠之上。故余盼諸君在接受之際能將日廠原來之組織詳情暨七七前迄目前止之工務日報收集全套，一式兩份，以一份呈閱俾憑研究而資借鏡。

再者本公司所屬各廠並非單純之棉紡廠，尚有染整機器暨蔴毛紡等廠。一廠之措施每有影响於他廠而引起糾紛。故各廠如有関涉全体性之措施，例如員工之名義待遇等等，須俟總公司之通盤籌劃或專案申請許可，而不宜自行規定。又如員工伙食費，各廠亦應一律。以目前物價情形言，除煤水由廠供給外，職員每人每月伙食費不淂超過九千元，勤務每人每月伙食費不淂超過五千元。如物價变動，伙食費用可再整個調整。余對於各廠之自由由發展固所深願，但為整個公司前途計不能不如此辦理，諸君注意之。

第二次各廠接收人員聯席會報記錄

三十五年一月十七日(1946年1月17日)

(甲)束總經理指示：

1. 嗣後開會須有正式通知，未能出席者應申述理由。
2. 各廠各称應速擬定。
3. 接收竣事後即將正式派定職務，各廠技師及主任以上人員應絕對報請總公司核定派用。至其他人員亦應開具名單送總公司審核備查。
4. 各廠人事課主任由總公司統籌核派。人事課主任除受廠長指揮外並應與總公司主管人事人員切取聯繫。
5. 各廠工程師等最高級職員，如其工作能力個性等總公司認為有調派至他廠以資調劑之必要時，應由工務處與各該廠詳加故慮，隨時妥為調整。
6. 本公司各廠為政府所經營，一切辦事手續務求嚴密完備，但須處理迅速，力避一般公務人員拖延之習慣。
7. 本公司規模龐大，故各廠必須恪守章則注意組織，否則將散漫不堪。我人並須於遵守規則之中求其灵活，即一廠內各小單位亦應嚴守規律，由各守法之單位配合運動以求灵活。
8. 各廠均為政府所經營，故所有人員均應奉公守法，主管人員尤須以身作則，對於同人私德希望多予注意。廉潔兩字更應貫徹至下屬人員，公私事務應分別清楚。如辦理不善，受政府之申斥事尚小，受社會之譴責事寔大。因各廠日後均將轉為民營，故目前政府經營是否妥善更為众目共賞之事。余特拜託諸君審慎辦理並先致謝意。

(乙)李副總經理指示：

中國建設之成敗或可以本公司經營之成敗為代表。束總經理指示各點語重心長，想諸君有所深悟。關於紀律之內求其靈活一點余特補充数語。本公司用人當尊重各廠意見，但際此各廠擬具名單之時希望所擬用人員再慎重故慮，親戚故旧應避免任用。外界對於本公司各廠之觀感首在注意用人如何。各廠現有之日籍技師對於各廠措施頗多耳語。故諸君之任務應有成績表現□不致再被戰敗之日人所輕視。適當之職位必須任用適當之人，如此律可守，則其他規則亦均可守。將使外界人士觀感一新，而我人所計劃之開足四百萬紗錠可因工作人選之淂當而易於實現，用人之適當與否，本公司成敗在此一舉，請諸君注意。

(丙)各廠接收人員報告

1. 出席報告者：
內外 5 6 7 9　日華 3 4 5 6 7　同興 2　大豐　大康 1 2　恒豐　上海 3 4 5
裕豐　公大 1　明豐　內外加工 1 2　公大 3
2. 缺席未有報告者：
內外 1 2　豐田 1 2　同興 1　日華 8

(丁)各廠接收人員提出之問題逐項討論如下：

1. 旧歷年關各廠工人應否發給年終獎金。
決議：年終獎金照給擬按自經濟部特派員辦公處接收開工時起迄旧歷年底止，各廠工人到工日數所淂工資之總和乘25%計祘，每一工人所淂之獎金大約自一萬元至三萬元。此項辦法請總經理核實後再與民營廠洽辦。
奉批：可照議決辦理，但須先與民營廠商洽，最好彼此一致。
2. 各廠備用金額應如何規定。
決議：一萬紗錠或四百台布機均為二十萬元線錠與紗錠同。
奉批：各廠備用金存廠抑存銀行。如其存放於各商業銀行似不甚妥，因總公司奉政府令所有往來款項均須與中央行往來。各廠如任意存放其他各行有背法令。如存在場內為數太多又不免風險。應再妥商另定辦法。
3. 上海三廠提：最近上海四五兩廠調整工資時三廠未有調整，工人紛紛要求際此接受之時可否予以追加，請討論。
決議：應將上海四五兩廠調整工資情形查明後再行討論決定。

第三次各廠接收人員聯席會報記錄

三十五年一月十八日(1946年1月18日)

(甲)各廠接收人員報告

1. 出席者：
   內外５６７９　豐田１２　日華３４５６７　同興１２　大豐　大康１２　恒豐
   上海３４５　裕豐　公大１　明豐　內外加工１２　公大３
2. 缺席者：
   內外１２　日華８

(乙)各廠接收人員提出之問提逐項討論如下：

1. 舊曆年關各廠應否放假，其日期及工資如何規定。
   決議：除夕為廠禮拜春節放假三天，各廠並應照下列措辞出具佈告：『二月一日為本場例假，二月二日、三日、四日為春節，放假三天，五日起照常上工。各工友如二月五日、六日、七日三天完全上工者，則春節期內之三天工資完全照給，如五六七日內有一天不到工者少給一工，二天不到工者少給二工，餘類推。特此佈告。
   本廠 (印)　一月三十一日』
2. 各廠例假(廠礼拜)日期以往為每月之一日、八日、十六日、廿四日，今後需否變更。
   決議：自舊歷年開工時起各廠照普通禮拜日為例假日，工資仍照一、八、十六、廿四發給。
   奉批：暫不必改变。
3. 各廠備用金一項，昨奉總經理批，應再妥商另定。究應如何規定請再討論。
   決議：備用金之用途為用以發給工人之零星工資及購買柴米菜蔬暨其

他庶務方面之臨時用途。各廠存廠之備用現金擬規定每開一萬錠或四百台布機其最高庫存額不淂超過十萬元。但每一單位最高庫存額不淂超過四十萬元。

4. 各廠名稱應否即予更改。

決議：各廠土地道契財產等尚有問題，暫以不更改名称為原則。且目前接受之廠僅有一批，擬俟所有各廠全部接收後再行統籌命名。

5. 各廠商標如何加蓋公司名称。

決議：過去各廠商標原加印「經濟部接管」字樣可予取銷，改加盖「中國紡織建設公司出品」字樣，因商標大小頗有不同，由各廠自行刻印辦理，並自舊歷年開工時起實施。

6. 工人年終獎金何時發給。

年終獎金以陰曆十二月廿五日(國曆一月廿七日)為計祘終止日期，其餘廿六、廿七、廿八、廿九四天按照廿五日工資計祘。各廠一律於陰曆十二月廿七日(國曆一月廿九日)開始發給。

7. 各廠職員薪水如何發給。

決議：去職者照經濟部特派員辦公處辦法發至陽曆一月底止。留職者自本月一日起照本公司規定辦法辦理。其已預支者作為暫借將來多扣少補。

8. 舊歷年關各廠職員應否發給年終獎金。

決議：職員年終獎金照給。擬規定自經濟部於卅四年陽曆九月廿一日接管時起至本年一月廿日止，職員在職滿足回個月者另給薪津一個月作為年終獎金。其在職時期不滿四個月者按此例照祘。如在經濟部接管下調任兩廠以上工作者其在職時期淂合併計祘。

在本公司接受時去職者其年終獎金應按其原支薪津照上述辦法照祘發給。

第四次各廠接收人員聯席會報記錄

三十五年一月二十一日(1946年1月21日)

(甲)束總經理指示

1. 各廠與公司應視同一體，仝人福利事宜須有通盤籌劃。目前公司同仁及其眷屬宿舍極感不敷，應將各廠宿舍另行調整，騰出空屋俾便公司仝仁及其眷屬分配至各廠寄宿。關於此事刻正由公司各處處長組織仝仁福利委員會並將請各廠廠長參加研究調配嗣後第一步工作將調查各廠可供住宿之房屋數量，然後依據職員之職位分配房屋以資公允。務希各廠遵照協助進行。
2. 關於人事問題總公司亦將成立一委員會處理其事。各廠技師主任以上人員應絕對由總公司核派，其他人員應報請總公司核備。人事課主任亦由總公司統籌核派。余於第二次會報時已慎重提及，務盼諸君注意照辦。蓋以公司範圍龐大，如有脫節則一切業務將無法推動，此後對於公司之各項指示及章則均盼各廠絕對尊重。
3. 各廠於一星期內希望能增開紗錠十萬錠，布機二千台，藉使紗布產量淂以增加。各廠增開數字商定如次：

廠　　名	增開紗錠數	增開布機数
內外棉1 2	一五，〇〇〇錠	四〇〇台
豐田1 2	一〇，〇〇〇	八〇
日華3 4	五，〇〇〇	一〇〇
內外棉5	一〇，〇〇〇	——
內外棉6 7	四，〇〇〇	五〇
上海5	五，〇〇〇	一〇〇
上海3	———	二〇〇
上海4	三，〇〇〇	——
大康1 2	五，〇〇〇	一〇〇

恆豐	三，〇〇〇	八〇
同興	四，〇〇〇	二〇〇
公大1	五，〇〇〇	——
裕豐	五，〇〇〇	五〇
大豐	四，〇〇〇	——
日華5 6 7	正在積極籌備開工	
合　計	七八，〇〇〇錠	一三六〇台

(乙)各廠接收人員報告：

1. 出席者：
   內外 1 2 5 6 7　豐田 1 2　日華 3 4 5 6 7 8 9　同興 1 2　大豐　大康 1 2
   恆豐　上海 3 4 5　裕豐　公大 1　明豐　內外加工 1 2　公大 3
2. 缺席者：無

(丙) 討論事項：

1. 工務處駱副處長報告：關於工人年終獎金問題經與民營廠洽商結果，僉以為獎金百分數仍以按照工人職務分成三級，即：A級給予30%，B級25%，C級20%。又工友工作滿一個月者另發給十二磅陰丹士林布一大三尺，此項辦法業經社會局同意，並經報奉總經理認可。各廠應如何實施請討論。

   決議：

   (一)本公司各工廠亦照前項洽商結果辦理，工人等級以經濟部特派員辦公處規定者為准，惟各廠之工帳書記、報單書記及總女頭目均應列為A級工友，供膳宿者應以其全薪為計祘基數。

   (二)工人年終獎金應按自經濟部特派員辦公處接收開工時起迄舊曆年底止，各廠工人到工日數所淂工資之總和各按規定等級分別乘以30%，25%，20%計祘，並以陽曆一月廿一日(即陰曆十二月十九日)為計祘終止日期，其餘陽曆一月二十二日至三十一日(即陰曆十二月二十日至二十九日)各天工資均按照一月二十一日工資推𥻘。

(三)為便利工人領取獎金後購置年貨起見，一月廿四日各廠照常上工，並於是日午後發給獎金。一月廿五日改為例假。一月廿九日開始發布。

(四)關於工友年終獎金之詳細發給辦法及報表格式，由工務處迟即擬就，油印分發各廠應用。

2. 舊歷新年民營廠放假二天，本公司各廠應否同樣辦理。

決議：與民營廠同樣辦理。各廠佈告措辞應修正如次：

『二月一日為本廠例假，二月二日、三日為春節放假二天，四日起照常上工。各工友如二月四日、五日二天完全上工者則春節期內之二天工資完全照給，如四、五兩日內有一天不到工者少給一工，兩天不到工者少給兩工。特此佈告。

本廠　(印)　　一月三十一日』

3. 本公司尚未接收各廠，其工人年終獎金應否發給。

決議：

(一)本公司準備接收而目前尚未接收之各廠其工人年終獎金照給。由各廠原有負責人及經濟部特派員辦公處復工委員會財務組負責人會準備向本公司會計处領款後代發。

(二)本公司不準備接收之各廠概不處理

4. 本公司所接各廠內原用友雇員(　　)此輩多握有工人階級之實權。今後可否擇優升為職員。

決議：在滬東滬西兩區由本公司分別設立補習學校，由各廠勸導工人入校進修。如受訓期滿攷試及格淂提升為職員。

5. 總務處提本公司雇員待遇規則是否適用於各廠請討論。

決議：本公司之雇員與各廠之雇員名称雖同而性質實異。此項待遇規則不適用於各廠。

6. 公大三廠提：該廠定一月二十五日開工，工人以失業已久請各借二萬元可否，故慮。

決議：此事牽動較大，不能故慮。惟自開工日起迄舊曆年底止此数天工資可於復工時一併發給。

7. 上海三廠及恆豐廠其工資較其他各廠為低，可否准予追加調整。

決議：在復工委員會所擬工資標準範圍內並參攷其他各廠目前情形報

請總公司核准後始可調整。

8. 下次開會時間地點請討論決定。

決議：一月廿六日(星期六)下午四時在本會會客室舉行第五次會報。

第五次各廠接收人員聯席會報記錄

三十五年一月二十六日(1946年1月26日)

(甲)各廠接收人員報告

1. 出席報告者

   內外棉１２５６７９　豐田１２　日華３４５６７８　同與１２　大豐　大康１２

   恆豐　上海３４５　裕豐　公大１　明豐　內外棉加工１２　公大３　一達　中華　華張

   美華　與華　惠美　桂川　公大４　上海６　華與　東亞　日華上海１２　永與

2. 未有接收者

   中和　宏康

3. 缺席者無

(乙)工務處指示事項：

1. 關於工人罷工期間之工資原則上應予照扣，惟如何扣除擬請示。總經理後再行決定。
2. 各廠開工錠数應按實報告不滑以多報少，請各廠負責人再行詳確查明。
3. 各廠負責人對於備用金之支付請嚴予核定。
4. 關於第一項所提之工人罷工期間應扣工資一事項，各廠報告已有照發者，嗣後各廠如有特殊事項，務請先報告工務處。
5. 原棉已較充裕請各廠將能開錠機侭一個月內開齊。於二個月內一律加開夜工。
6. 各廠人事應從速擬就送工務處呈核。
7. 職員年終獎金在職滿四個月者另給薪津一個月。如不滿四個月者，三個月十六天亦作四個月計，三個月一天作三個半月計，餘類推。

8. 本公司工廠經管標準細則係在重慶時所訂。其中或有尚須修正之處，請各廠於二星期內詳加研究故慮，於二月十五日開會時提出討論以資修正而作準绳。
9. 各廠所擬增開錠数希望能於一星期內照開。本公司將於旧曆年底至各廠調查作為攷績之一。目前原料已足，失業工人□紛紛請求工作，故此點盼各廠特別注意。

(丙)各廠接收人員提出之問題逐項討論如下：

1. 豐田廠提：增開紗錠可以照辦。惟目前抬致工人殊為困難。細紗間工人登記者祗有三十餘人，織布工人亦有同様困難。故缺少工人或將影响增開錠数。究應如何補救請討論。

   決議：由各廠擬定招工辦法，速送工務處核定，即日施行。
2. 遵照軍委會及魏德邁將軍指示九日人有統治權者應予革職。現日人任各廠有統治權之職位者尚多，應否一律予以解職。

   決議：日籍人員中有曾任經理董事及廠長職位者悉予解職。
3. 大康1、2廠提：工廠組織工程師下設技師，技師下為技術員。可否在工程師與技師间增設副工程師一職□技師與技術員間增設攷工員一職。但工廠員額總數以不超過規定額為限。請討論公決。

   決議：(1)擬祇增設副工程師一職。

   (2)為增強下層工作效能起見擬祇增設攷工員一職。

   (3)增設副工程師或增設攷工員由各廠依照事實需要自行斟酌辦理。

   以上三項決議請總經理擇一決定。

   奉批：暫時不設。俟修訂規程時彙案研究後提董事會裁決。
4. 各廠擬依照習慣於旧曆年除夕初一及初三各添酒席。每桌以一萬五千元為限。請討論。

   決議：擬可照添，每天添一頓。但以原來供給伙食之員工為限。職員每桌一萬五千元，工人每桌一萬元為限。

   奉論：可行。
5. 上海五廠內外棉九廠等提：職員在職滿四個月者原定發年終獎金一個月，而工人年終獎金最高可淂 3090，約合回十餘天，反較職員為優。

可否將職員獎金予以提高。請討論。

決議：職員在職滿四個月者其年終獎金擬可提高為兩個月，餘類推。仍請示總經理核定。

奉論：應照原定辦法辦理。

6. 裕豐紗廠提：楊樹浦宿舍有軍隊擬遷入，應如何阻止。請討論。

決議：將湯恩伯司令手令攝影懸掛各廠以資阻止。

奉論：請章兆植副總稽核與三方面軍接洽制止。

7. 公大四廠提：織廠工人要求復工，如加開夜工，其時間應如何規定。

決議：上午八時至下午六時半為日班，下午六時半至翌晨五時為夜班。每班工作十小時。

(丁)各廠接收人員提出之問題應行請示者如次：

1. 華與廠提：目前各廠正在增開紗錠，工人陸續復工。十二月廿五日起到工之工人除按照規定百分數發給年賞外可否亦發給特別年賞每人一萬元及陰丹士林布一天五尺。

奉批：照最近與工會議決辦法辦理(即十二月廿五日起到工之工人不發特別年賞及陰丹士林布)

2. 內外棉五廠提：新進同事應否照原有同事𣲖法發給年終獎金。

奉論：新同事一律不發年終獎金。

3. 內外棉一二廠提：各廠門警責任重大，但所定工資較普通工人為低，可否略予提高。

奉批：俟一般工資調整時酌量予以適當調整。

4. 裕豐、日華三、四廠等提：各廠職員薪水及年終獎金以薪額未定無從核發，可否按照復工委員會薪給標準作為暫借提早發給。

奉論：照復工委員會薪給標準發給年終獎金。

5. 日華三、四、八等廠提：各廠以離城太遠交通不便，可否斟酌需要情形由本公司統籌交通工具。

奉批：由公司統籌交通工具。

6. 裕豐廠提：民營廠職員每年有發給制服兩套之規定，本公司所屬各廠應否同樣辦理。

奉批：可行。

7. 日華5、6、7廠提：日籍職員薪津應如何規定□年賞可否與國人同様辦理。

   奉批：薪津俟一般職員薪津規定時同時予以規定，年賞照一般職員例。

8. 日華5、6、7廠提：日籍職員之眷属現均在虹口集中營，可否准予遷入廠內居住。

   奉批：緩議。

9. 上海四廠提：舊年關民營廠對於警察局、郵差、電話、電報局等均致送小費，本公司各廠可否照民營廠辦理□並請核定致送費用數目。

   奉批：由滬東滬西各廠分別協議致□，但每場總額不渇超過卅萬元。

10. 上海四廠提：旧曆年底銀行封關各廠備用金可否加倍先領。

    奉批：可行。

11. 上海三廠提：各廠原有職員遣散者渇二個月薪津之遣散費對於辭職職員可否亦照遣散者處理□

    奉諭：辭職者不發遣散費。

第六次各廠接收人員聯席會報記錄

三十五年二月六日(1946年2月6日)

(甲)東總經理指示：

1. 為積極增加生產起見，各廠应扵二月底以前開足紗錠六十萬錠，布机一萬二千台，如能加開夜班更佳。至三月底必須開足日夜班，務請各廠用勇往直前之精神達成此項目標。
2. 加開夜班，每班工作時間以十小時為宜，至其起訖鐘點可依照上次會報決議，並加以研究。惟各廠放工鐘點務須一律。
3. 各廠職員如發生自行跳廠行為，应予革職，但事先呈請公司核准者例外。希各廠負責人及公司秘書處注意。
4. 目前接收之日本產業單位雖並不十分完整，惟一廠之內無論為自交自接，抑換人交接，均应根据實際情形，詳細點收，其有缺少或增多之處，湏予注明，不淂疏漏。應由各廠負責人及公司有關單位，嚴密注意，監收人是否尽職。總公司亦应詳予攷核。
5. 各廠每日所開紗絛錠數、布机台數、暨其出品情形，应逐日詳細填報，俾憑攷核。目前工作效能似嫌過低，各廠除應注意保持日廠固有之成績外，並應提高其生產效能。
6. 毛紡織廠之產品是否適合市場需要，應由總公司密切注意。至其生產效能，並應規定標準加以攷核。各廠每日生產情形，亦須逐日詳報，蔴紡廠绢紡廠亦然。
7. 各廠所開錠數及生產情形，應接實填報，其有以多報少而显示其工作效能者，此種悪習，自不應有，工務處應注意澈查。
8. 各廠名稱應予更改。余意各廠如以數字排列順次題各亦屬可取。惟究应以数目題名抑另行逐一單獨命名，為集思廣益起見，仍請諸君研究討論，或用表決方法決定之。

(乙)吳副總經理指示:

1. 目前紗布產品供不应求，各廠花紗布存貨數量盼即查報，如無準確數字，則近似數字亦可。俾使配銷業務有所準据。
2. 各廠出品，其種類規格可暫依七七事變前日廠之種類規格為標準。如目前各廠以机器原料关係而尚未能依照七七事變前日廠之種類辦理者，則可先紡织最普通暢銷之產品，例如二十支紗，十二磅細机布等是。
3. 關於布疋，請速加緊生產，因本公司布疋除供給民用外，並須供應軍用，且其數量既鉅，需要尤急。目前除在接受敵偽布疋及本公司存貨中檢供外，不敷甚鉅，故各廠除應增開紗錠外，並盼速加開布機。至扵新出品之規格，務須合乎標準，因市上對於本公司布疋，有新貨老貨之分，新貨規格不及老貨，各廠亟應依照日廠以往之規格辦理，籍维商標之信譽。
4. 原棉問題，雖無十分把握尚可勉予筹劃供应，惟各廠
收貨人員間有對於棉花品質不堪諳熟致所收之貨不合原定之標準者有之，使公司蒙受損失，嗣後各廠對於收貨人員之驗貨技術，應多予注意。
5. 各廠零數布疋花色繁多，總量亦不為少，應由各廠查明列表，呈報總公司，俾使銷售。□花雜料，亦希開列清單，以資扦樣標售。
6. 復工指導委員會接管時之產品可作為本公司之產品，其一切產品之盈虧亦可作為本公司之盈虧。惟復工指導委員會所接受之敵偽經管時之產品，其售價應撥歸敵伪產業處理局查復工指導委員會接管時之產品，其商標上有『V』字，敵偽經管時之產品則並無『V』字。原有所區别，惟目前各廠發貨時未有分明，致帳務處理殊感困難，嗣望各廠對此兩種產品帳務上應劃分清楚。

(丙)討論事項：

1. 各廠各稱應依數字排列，順次題名，抑另行單獨命名，請討論。
經表決結果：贊成按數字排列題名者十九人，贊成單獨命名者十七人，決定按照數字排列。至各廠名稱，擬更改如次：

擬改名称	原來名称
中國紡織建設公司上海第一紡織廠	內外棉一二
中國紡織建設公司上海第二紡織廠	內外棉五
中國紡織建設公司上海第三紡織廠	內外棉六七
中國紡織建設公司上海第四紡織廠	內外棉九
中國紡織建設公司上海第五紡織廠	豐田一二
中國紡織建設公司上海第六紡織廠	日華三四
中國紡織建設公司上海第七紡織廠	日華五六七
中國紡織建設公司上海第八紡織廠	日華八
中國紡織建設公司上海第九紡織廠	同興一
中國紡織建設公司上海第十紡織廠	同興二
中國紡織建設公司上海第十一紡織廠	大豐
中國紡織建設公司上海第十二紡織廠	大康一二
中國紡織建設公司上海第十四紡織廠	上海三
中國紡織建設公司上海第十五紡織廠	上海四
中國紡織建設公司上海第十六紡織廠	上海五
中國紡織建設公司上海第十七紡織廠	裕豐
中國紡織建設公司上海第十八紡織廠	明豐
中國紡織建設公司上海第十九紡織廠	公大一
中國紡織建設公司上海第二十紡織廠	恒豐
中國紡織建設公司上海第一印染廠	內外棉加工一二
中國紡織建設公司上海第二印染廠	中華
中國紡織建設公司上海第三印染廠	興華
中國紡織建設公司上海第四印染廠	美華
中國紡織建設公司上海第五印染廠	華張
中國紡織建設公司上海第六印染廠	一達
中國紡織建設公司上海第一毛紡織場	公大四
中國紡織建設公司上海第二毛紡織場	中和
中國紡織建設公司上海第三毛紡織場	永興
中國紡織建設公司上海第四毛紡織場	上海六
中國紡織建設公司上海第五毛紡織場	宏康

中國紡織建設公司上海第六毛紡織場	華興
中國紡織建設公司上海第一絹紡廠	公大三
中國紡織建設公司上海第一機械廠	遠東
中國紡織建設公司上海第二機械廠	內外棉八，振華，有新，日本機械五，東亞

2. 二月底以前各廠應開足紗錠總數六十萬錠，布機一萬二千台，如何分配增加請討論。

   決議：

   (1) 各廠現共開紗錠三一七七二〇錠，二月底以前共可加開一九八九六〇錠，合計五一六六八〇錠，距規定數六十萬錠計不足八三三二〇錠。

   (2) 各廠現共開布機六六二七台，二月底以前共可加開三五六三台，合計一〇一九〇台，距規定數一萬二千台計不足一八一〇台。

   (3) 以上不足之紗錠八三三二〇錠，布機一八一〇台，擬先以加開夜班補足產量。

   (4) 各廠二月底以前增開紗錠數及布機數另詳增表一二。

   奉批：二月底增開錠數仍望能達到六十萬錠，布機一萬二千台。

3. 大康一二廠提：甲廠物資有存於乙廠者，甲廠賬面上有此數字，但無乙廠任何憑据，致無法清賬，究應如何處理，請討論。

   決議：可至對方核對賬目，並取淂憑据，如此項物資無法收回時，可報由總公司轉賬。

4. 各廠事務人員辦公時間應如何規定。

   決議：遵照東總經理之指示，事務人員應与技術人員共同甘苦。擬規定事務人員辦公時間為上午七時至十二時，下午一時半至五十半，並由公司秘書處將所定之辦工時間通知各廠，務求一律。

5. 華興、日華八廠等提：各廠廠規(包括請假、分娩、疾病等問題)暨工人獎懲辦法應如何明確規定。

   決議：由工務處擬具辦法呈請總經理核定後，函送有關機關備案實行。

6. 豐田一二廠提：夜班工人工資應否稍予提高，夜工職員應否另加津貼。

   決議：請工務處先調查民營廠實際情形，於下次會報中提出討論。

坿表：一、二月底以前各廠能開紗錠數統計表

廠　　名	現開錠數	二月底前能增開錠數	二月底開總錠數
內外棉一二	40，000	23，500	63，500
內外棉五	24，400	16，000	40，400
內外棉六七	26，000	2，000	28，000
內外棉九	24，388	1，826	26，214
豐田一二	28，204	11，522	39，726
日華三四	30，000	20，000	50，000
日華五六七	----------	15，000	15，000
日華八	----------	10，000	10，000
同興二	25，344	14，656	40，000
大豐	----------	5，000	5，000
大康一二	30，000	15，000	45，000
恆豐	9，200	5，000	14，200
上海三	----------	-----------	-----------
上海四	24，000	6，000	30，000
上海五	17，360	12，640	30，000
裕豐	12，000	20，000	32，000
公大一	25，600	20，000	45，600
明豐	1，224	816	2，040
合計	317，720	198，960	516，680

附表二：二月底以前各廠能開布機台數統計表

廠　　名	現開布機台數	二月底能增開台數	二月底開總台數
內外棉一二	1，020	808	1，828
內外棉六七	600	100	700
內外棉九	895	----	895
豐田一二	702	228	930
日華三四	480	250	730
同興二	1，070	180	1，250
大康一二	461	250	711
恆奉	85	215	300
上海三	730	70	800
上海五	70	200	270
裕豐	504	602	1，106
公大一	-------	100	100
明豐	10(织毯)	10(织毯)	20
上海一二	-------	250	250
日華八	-------	300	300
合計	6，627	3，563	10，190

第七次各廠接收人員聯席會報記錄

三十五年二月十三日(1946年2月13日)

(甲)出席者： 束主任委員　劉文騰　朱仙舫　陸紹雲
高公度　黃雲騤　惠志道　嚴仲簡　王子宿
陳維稷　陳賢凢　朱洪健　唐玉書　劉稻秋
王毓傑　方玉卿　唐煒章　李向雲　黃季冕
陳輝山　許學昌　吳欣奇　秦德芳　孫文勝
龔蔭山　張昂千　沈哲民　鄭彥之　王君明
顧鉅仁　吾葆真　傅銘九　趙砥士　吳毓初
壽賢襄　吳德明　劉益遠　章兆植　駱仰止
蔣迪先　錢健庵　曾國一　嵇秋成　張方佐
程養和　李錫釗

(乙)缺席： 錢子超　吳襄芸　黃樸奇

(丙)束主任委員指示：

各廠工人問題應集中總公司解決，如各廠擅自辦理，其發生之各種後果應由各廠自行負責。對於工人待遇自不應刻薄，惟社會秩序亦須遵守。本公司各廠之工人待遇一方固須與民營廠切取聯繫，一方亦必須顧及其他國營事業。總而言之，玆事体大，本公司正苦心孤詣組織勞工福利委員會辦理此事。各廠對於工人問題應俁速報告總公司，聽候總公司命令解決，且不可固一二廠之自由行動而牽動大局，盼各廠慎重注意。

(丁)工務處指示事項：

1. 公大一廠在布廠復工以前多餘之紗全做盤頭，並以六萬八千紗錠全部開足為目的。

2. 日華五、六、七廠及日華八廠復工工作應加速進行。
3. 各廠應全體籌備恢復雙班。
4. 雙班工時問題決以廢止深夜工為目的，各廠之有完全工房者儘先停止深夜工，有空地缺工者斟酌情形在公司經濟許可範圍內量為添建。
5. 為加錠復工須添職員請先向工務處接洽。
6. 各廠復工計劃書未到齊，請速詳細規劃送工務處彙核(如職工訓練、建築、整理、機械添配等急待統籌)

(戊)各廠接收人員提出之問題逐項討論如下：

1. 各廠單班工作時間應如何劃一辦理。
   決議：上午七時至十二時，下午十二時半至五時半，實際工作時間不淂少於十小時(中午十二時至十二半為用膳時間)。
2. 各廠雙班工作時間第五次會報時議決為上午八時至下午六時半為日班，下午六時半至翌晨五時為夜班，惟各廠環境不同，對於放工時間恐有問題，按民營廠雙班時間規定為：上午六時至下午四時半為日班，下午七時半至翌晨六時為夜班，施行以來尚稱便利，應否照民營廠辦法規定，抑仍維持原議請討論。
   經表決結果：贊同成照民營廠辦理者多數，決定雙班工作時間改為：上午六時至下午四時半為日班，下午其實半至翌晨六時為夜班，每班除實際工作十小時外另用膳時間半小時由各廠自行斟酌排定。至市郊各廠其有情形特殊，有需將工作時間予以變通者經公司核准後淂可變通。
3. 公司秘書處提：奉總經理諭，本公司先後接收各廠迭，據報告廠房多有年久失修或被拆毀者，紛紛請求雇工修葺以利生產。關於此項項修整工程費用為數頗鋸，擬請各廠將應須修理工程詳細情形及費用約計概數於本月十五日以前列表報告逕送秘書處以便彙案，提請本月十八日第五次董事會核辦。
   決議：由各廠儘速造具報告。
4. 各廠廢料應如何出清請討論。
   公司業務處說明：對於各廠廢料已按各廠報告數字彙總決定分類洽

售，因數量較多不易迅即售清，現正售破籽業務處亦急望出清各廠一切廢料。因美棉及美棉布均陸續到滬，亦盼各廠能稍騰出一部分倉庫容納也。

5. 豐田紗廠提：各廠煤屑垃圾應如何處理，請討論。
   決議：煤屑垃圾由各廠自行處理。將處理情形隨時陳報總公司。
6. 內外棉六、七廠提：甲廠工人能否住乙廠廠房，請討論。
   決議：甲廠工人如目前業已住於乙廠，廠房暫以不變動為原則，但嗣後各廠新報之工人應住於各該廠廠房，俾便管理。
7. 夜班職工津貼應如何規定。
   決議：夜班職工津貼由工務處擬定具體辦法提出，下次會報討論。
8. 大康紗廠提：工人工資尚未達到原訂之工資標準者，可否准在規定範圍內予以調整。及各種工人名稱殊為複雜，有若干名稱在工資標準表上所未列者。因而核定工資亦殊困難。究應如何處理，請討論案。
   主任委員指示：各廠同類工作之工人應取一致之名稱。在其工作範圍內按照資格核定工資。但向以論貨秝給工資者仍應改為論貨。各廠應商定一致辦法一律辦理。至目前所定工資尚未達到標準者，自可在規定範圍內酌予提加。

第八次各廠接收人員聯席會報記錄

三十五年二月二十日(1946年2月20日)

(甲)出席者： 劉文騰　章兆植　陳維稷　朱仙舫　顧鉅仁
嚴仲簡　張昂千　陳賢凡　劉稻秋　陳輝山
李向雲　方玉卿　曹國一　龔蔭三　錢健庵
黃雲騤　許學昌　趙砥士　黃季冕　沈哲民
吳欣奇　吾葆真　李錫釗　王毓傑　唐偉章
錢子超　惠志道　吳德明　孫文勝　吳毓初
吳襄雲　王子宿　陸芙塘　嵇秋成　張似旅
陸紹雲　高公度　駱仰止　鄭彥之　秦德芳
劉益遠　王君明　張方佐　程養和

(乙)缺席者： 傅銘九　壽賢襄　黃樸奇　朱洪健

(丙)各廠接收人員提出之問題逐項討論如下：

1. 各廠書記工及機目應如何擇優遷升為職員，請討論。

決議：書記工及機目由總公司分別審核資格，經考試及格後書記工得升為事務助理員，機目得升為技術助理員。均自最低級薪起敘，並仍擔任原來之工作至應具資格規定如次：

A：事務方面應具備下列三項資格(1)現任書記並在本廠繼續工作滿三年以上者(2)文理通順，珠祘純熟兼能筆祘者(3)身體強健，品行端正，無不良嗜好者。

B：技術方面應具備下列三項資格(1)有工廠十年以上之技術經驗並曾任本廠三年以上之機目者(2)略識文字粗能計祘者(3)身體強健，品行端正，無不良嗜好者。

上項所稱機目，例如紗廠之清花鋼絲、粗紗細紗併撚搖紗皮輥等機目，布廠之準備漿紗部機等機目，外部之電氣機械等機目，以其他呈經工務處核准之各部份機目。

2. 本公司所屬各廠職員每年發給制服兩套前經於第五次會報中討論通過，並奉批：「可行」。至此項制服質料應如何規定，請討論。

決議：擬請發給每人中山裝制服兩套，質料用本公司所產布疋，並請公司洽定裁縫統籌辦理。

3. 物價飛漲，各廠員工膳食費照原定標準不敷甚鉅，究應如何調整，請討論。

決議：關於員工膳食費本公司庶務課亦曾簽請調整，奉論應與廠方重行一致規定不能太高等。因查在座各廠長對於膳食一項不及各廠總務主任之熟悉，似可由總公司秘書處召集各廠總務處主任根據最近實際情形商定膳費新標準。簽請核定各廠並應將本月十八、十九、二十三天之膳費開支情形用書面報告總公司俾作討論之參攷。

第九次各廠接收人員聯席會報記錄

三十五年二月二十七日(1946年2月27日)

(甲)出席者：東主任委員會　劉文騰　王予宿　黃季冕
吳襄雲　趙砥士　陳輝山　嵇秋成
龔蔭三　吳德明　惠志道　吳毓初
王毓傑　黃雲騤　李向雲　劉益遠
顧鉅仁　沈哲民　張方佐　張昂千
方玉卿　嚴仲簡　吾葆真　吳欣奇
唐玉書　陸芙塘　陳賢凡　許學昌
傅銘九　錢健庵　秦德芳　鄭彥之
壽賢襄　高公度　章兆植　駱仰止
唐偉章　劉稻秋　陳維稷　李錫釗
朱洪健　王君明　孫文勝　朱仙舫
程養和

(乙)缺席者：陸紹雲　錢子超　黃樸奇

(丙)主任委員指示：

1. 本會所接收各廠民營乎國營乎，此為以後之事。但目前為國營，國營須有國營之精神，即為國家效力，為事業服務。灌注全副精神從事於此俾事業有所成就。而各廠負責人應以身作則，工作時間非有要公應勿離廠，尤須早到遲退，示範同仁。語云「其身正不令而行，其身不正雖令不從」，願諸君勉之。目前接管情形尚嫌未上軌道，雖工潮百出，有以致之，但各廠自身精神似亦不無渙散。
2. 各廠同仁不能兼職，余屢已面告諸君，但據報目前仍有二三職員兼職者，應希即日自行辭去兼職，查本公司待遇較之其他機構尚稱不薄，至因物價飛漲而同仁生活未能舒適，此乃一般均然。

諸希原諒，尤盼各級同仁除應得之薪津外勿稍存額外希望。此時此際吾人應赤膽忠心為國效勞而不涉絲毫私念。

3. 據報各廠進花出紗時有需索情事，余曾派員喬裝商人前往提貨，果屬實情。可見各廠對於倉丁門房門警等管理未臻嚴格，應即注意整頓。或謂進花出紗需索小費係習慣使然，余認為此項需索是否公開，是否合理，是否一般紗廠均有此事實。應由稽核、工務、業務三處會同調查研究。如屬正當應將收入歸公，如係陋規應即廢止。
4. 近聞有二三場內發生「黑市工人」之說，此種名稱余未之前聞。應由巡迴督導團稽核處會同澈查，並將「黑市工人」之意義查明報核。在座諸廠長對於此事或亦不盡洞悉，惟各廠人事課主任應負此責，希望各廠負責人對於人事課工作情形更多予注意。
5. 第六次會報時余曾希望各廠在二月底以前能開足紗錠六十萬錠，三月底以前開足日夜雙班。但以現狀观之，成績似不若預期之佳。目前各廠日班不過開三十九萬錠，較接收時之二十五萬八千錠僅增十三萬餘錠。日夜班合計不過開五十五萬錠，尚不及原預訂日班開足六十萬錠之數。查本公司接收時已有二十五萬八千錠，如以加開夜班增一倍計，已有五十一萬六千錠。而目前日夜班共開五十五萬錠，僅增三萬餘錠，故成績並不見佳。仍希各廠對於增開紗錠一項再多多努力，我人作事已不能如安步當車時代之優哉遊哉，而須有勇往直前之精神。最近紗布漲價雖由百物軋漲所致，但諸君實亦應負一小部分責任。如各廠紗錠迅速增開，增加生產，則紗價或可較廉，亦可影響其他物價使之降低。故務盼各廠加緊生產，俾使紗價降低，而全國生活指數或亦可迫使下降。
6. 毛紡織廠及製蔴廠成績低弱，製蔴廠數月產品二小時內即已售罄。毛紡織廠接收五萬錠而目前開工者僅有數千錠，故毛、蔴、絹紡廠工作應速推進，應由工務處擬定計劃與各廠聯繫積極推進。
7. 各廠產品之成本已由會計、工務兩處擬定計祘方法。余並已規定棉紗成本應於三月十五日前祘出，毛呢成本淂寬限兩星期祘出。此項工作正在積極推進，盼各廠切實合作辦理。又關於工作標準，總公司應速擬定，俾各廠有所準绳。
8. 各廠實開紗錠數仍有以多報少或以少報多者，致無法確知工作效能。

吾人辦理工業者應以報道翔實為天責，因科學均屬真理而機器亦從不騙人，為何人要欺騙。希在座同仁有則改之無則加勉。

9. 各廠廠務日報有遲一二天甚至三天送出者，殊屬非是。希各廠長督促製表人員必須當天製就送出，並應指定專人辦理，即怠工期間亦應照制工務處。應通知各廠將經辦人之姓名報告總公司。嗣後如報表不能如期送達時，余將以此人是問。如廠內其他部門與此人聯繫不密，則希廠長予以處罰。蓋有一廠不盡責、不准時呈送表報，則總公司之總表即無法編製。

10. 各廠簽呈及致總公司之函件，往往或逕送各處，或先送秘書處，殊不一致，極感紛乱。甚至有若干函件未經余過目。嗣後應由秘書處規定辦法，凢各廠來文應一律先送秘書處，其有關業務者於發文號碼上編一業字，有關工務者於發文號碼上編一工字，餘類推。秘書處收到來文後先行呈閱，由余批閱後再發交各處核辦。

11. 各廠技師主任以上人員應有總公司核派其他人員。應報請總公司核備。余於第二次及第四次會報時已一再提及各廠人員諸君雖可保存任用，但如資歷不當或能力低弱余淂隨時調用察看或予以罷免。

12. 本日吳欣奇君所提在滬東滬西兩區各合辦一醫院頗有意義，蓋醫學分科甚精，各廠自聘一二醫生未必各科均所擅長，合組醫院則醫生及設備均可較完備。惟照目前情形可否照辦，希諸君討論。

(丁)各廠接收人員提出之問題逐項討論如下：

1. 本公司各廠職員每人發給中山裝制服兩套，質料用本公司所產布疋，業經上次會報決定奉准辦理。現採有布樣多種，究以何者為宜，請討論決定。

   討論結果：制服兩套，一套擬用第十紡織廠(同興二廠)所產之灰色棉帆布，一套擬用第一絹紡廠(公大三廠)所產之絲嗶吱。(坿樣)

2. 第一紡織廠(内外棉一二廠)提：請於滬東滬西兩區就原有空廠各設一分科治療之醫療所，聘請專門醫生負責辦理，關於各廠衛生由該醫療所負責人規劃，可否□請討論。

   討論結果：請工務處參故辦理

3. 第一紡織廠提：各廠門警厨役等所負責任甚重，但工資遠較一般工人為低，可否調整，請討論。

討論結果：各廠門警、厨役、車夫、茶房等工資應請工務處與工資標準表同時決定公佈前定，底薪太低似應略為提高。

4. 每月盤存表其月終日之夜班應否計入，請討論。

討論結果:每月盤存至月終日之日班為止，月終日之夜班歸入下月計祘。

5. 各廠向公司申請各事，例如職員薪級，工友撫卹，暨其他請示公司各公文往往被延擱至一星期甚至數星期者，可否請公司主管各處迅速處理。

討論結果： 擬請公司主管各處對於今後各廠請示公文侭速辦理。

6. 職員夜班點心費應如何規定。

討論結果：討工務、秘書兩處擬定，呈請總經理核准。

7. 第四紡織廠(內外棉九廠)提：工廠禮拜改與普通禮拜相同，後每月發工資日期可否仍照一、八、十六、廿四發給。

討論結果： 請工務處研究決定。

第十次各廠接收人員聯席會報記錄

三十五年三月六日(1946年3月6日)

(甲)出席者：東主任委員　吳副總經理　劉文騰　黃季冕
李向雲　黃雲騤　吳毓初　顧鉅仁　龔蔭山
王子宿　陳輝山　嚴仲簡　王毓傺　方玉卿
傅銘九　朱仙舫　惠志道　龔滌八　劉益遠
吾葆真　王君明　張昂千　吳欣奇　李錫釗
吳襄雲　唐煥章　孫文勝　朱洪健　劉稻秋
陳維稷　鄭彥之　張方佐　徐維謹　陸紹雲
壽賢襄　錢子超　章兆植　駱仰止　程養和

(乙)缺席者：高公度　黃樸奇　許學昌

(丙)主任委員指示：

1. 吾人此次接管各廠為最後一次之接收工作，故各種手續務求完備，各種问題務須查究清楚。各廠點收事宜應以日人原移交清冊為藍本，在「接管日資紡織工廠應行注意事項」內明白規定，故諸君點收之結果如有較原清冊增多者，應於點收清冊內註明，如有較原清冊缺少者，應即澈查缺少原因，並於點收清冊內詳細註明，請經濟部特派員辦公處移交人盖章以明責任。蓋日人原移交清冊經濟部有案可稽，如吾人之點收清冊較原冊為少，則將來追究此缺少之物資其責任殊為重大，故吾人務須按照原冊點收並澈底清查其原交原接人員尤應核對清楚不容絲毫含混，各廠所存原清冊限明日送交本會，俾便根據審核當審核。
竣事由會照錄副本後仍祡遠各廠至各廠點收時是否根抝日人原冊請作簡扼報告。(報告內容請參閱丁項)
2. 各廠目前所開錠數其日班較接收時僅增十四五萬錠，進度似嫌達緩，應即努力增開，如再延滞則用電將有問題。蓋電力公司供應電力有限而工廠復工則日有增加，本公司各廠如不捷足先滑則此項電力將為他廠所用，嗣後即欲增錠亦已難以為力。抛調查所知目前白書用電較夜間尤感不敷，故務盼各廠一面速即開足日班以争電源，一面加緊增開夜班以增產量。余盼各廠於三月底前開足日夜班共一百二十萬錠並增開布機，其分配情形玆特與諸君商定如次：

廠名	三月底前應開日夜班紗錠總額	三月底前應開日夜班布機總數
內外棉一二	一〇五〇〇〇錠	三二〇〇台
內外棉五	九〇〇〇〇	———
內外棉六七	五六〇〇〇	一四〇〇
內外棉九	五二〇〇〇	一七八〇
豐田一二	八八〇〇〇	一八〇〇
日華三四	九〇〇〇〇	一六〇〇
日華五六七	七〇〇〇〇	———
日華八	四〇〇〇〇	八〇〇
同興二	七〇〇〇〇	二五〇〇
大豐	三〇〇〇〇	———
大康一二	九二〇〇〇	一四四〇
上海三	三〇〇〇〇	一六〇〇
上海四	六〇〇〇〇	———
00042		
上海五	八二〇〇〇	一六〇〇
裕豐	七〇〇〇〇	二二〇〇
明豐	一〇〇〇〇	四〇
公大一	九〇〇〇〇	四〇〇
恆豐	三五〇〇〇	七〇〇
合计	一一六〇〇〇錠	二一〇六〇台

註：

(甲)上列紗錠開足之條件如次：(1)內外棉六、七廠須於三月廿日前開足(2)大豐廠須有電力供應(3)大康一二廠須於一星期內開足(4)上海三廠須馬達接竣(5)公大一廠須調配盤頭。以上(2)(4)(5)三項由工務處負責限期辦妥並具報。

(乙)上海五廠如有配件可開足一六○○台布機，由工務處通盤籌劃限期辦妥。

(丙)各廠增開紗錠布機進度表請參閱坿件。

3. 各廠生產效能低弱棉紗品質低劣，平均為二十四支。目前生產數量僅有点三，按日廠設備情形則点四亦属可能。以目前日夜班所開六十五萬錠計，每日應可產紗六百五十包，但現僅產四百七十餘包，因此成本增高，查成本既高品質又低，如市價轉變本公司各廠將無法生存。希諸君深省並速予改進。
4. 各印染廠如染料不敷應速報告工務處，俾便統籌向美國訂購，各廠效率亦須提高。
5. 歷次會報決定各案多未實行，公司有關各處應速遵照辦理。

(丁)各廠點收情形由各廠長扼要報告如次：

1. 內外棉一、二廠：係根據日人原清冊點收
2. 內外棉五廠：係根據日人原清冊點收。
3. 內外棉六七廠：係根據日人原清冊點收，惟機料部份因有一百餘頁未能逐件清點，僅抽查十分之一。
   主任委員指示： 抽查過少應予重點。
4. 內外棉九廠：係根據日人原清冊點收，機件較原清冊所載為多。
5. 豐田一、二廠：趙廠長未出席，由曹琰代表，不甚清楚，留待趙廠長補報。
   主任委員指示：應再催詢。
6. 日華三四廠：日人原清冊不全，有日冊之部份已照點，未有日冊之部份無法點清。
   主任委員指示：無日冊之部份須追究。
7. 日華五、六、七廠：係根據日人原清冊點收。

8. 日華八廠：係根據日人原清冊點收，其較原清冊增多部份已另冊填明。
9. 同興二廠：係根據日人原清冊點收。
10. 大豐廠：因到職未久，明日查明後再行報告。
主任委員指示：應催詢。
11. 大康一二廠：係根據日人原清冊點收，惟留廠之原清冊較送特派員辦公處之原清冊缺少數頁。
主任委員指示：缺少頁數須根拠特派員辦公處所存者補齊並清查。
12. 上海三廠：日人原清冊不全，點收時與清冊所載頗有出入，惟缺少者均有日人證明書證明，係属誤填。
主任委員指示：應將上項情形函請特派員辦公處查照。
13. 上海四廠：係根據日人原清冊點收，惟機料部份有多有少。
主任委員指示：缺少者應囑日人證明。
14. 上海五廠：廠中未留有日人原清冊，由本人向復工指導委員會借㝵原清冊一份，根拠點收機件較原清冊所載為多。
主任委員指示：應將原清冊借抄一份。
15. 裕豐廠：係根拠日人原清冊點收，惟機器零亂不堪無法細點。本人係原交原接，關於機器零亂不堪前已由日人蓋章證明並呈報特派員辦公處有案。
16. 明豐廠：係根拠日人原清冊點收，略有出入，已將增多或缺少部份另立專冊並有日人盖章。
主任委員指示：應將此專冊呈會並備文陳明。
17. 公大一廠：係根拠日人原清冊點收，惟加工場機器未有開箱，特派員辦公處接收時即已註明。
18. 恆豐廠：因到職未久，俟查明再行報告。
主任委員指示：應催詢。
19. 內外棉加工一、二廠：係根拠日人原清冊。
20. 中華印染廠：係根拠日人原清冊點收，惟帳目上有汽油一千三百餘加侖付出後並無收條，另汽車兩輛移交人未有交出，又地產無根拠，應囑日人補契。
主任委員指示：汽車及汽油應飭移交人黃立辦清手續。
21. 華張染織廠：係根拠日人原清冊點收，惟顏料部份有多有少均已註明。

主任委員指示：缺少者應查明責任。

22. 美華印染廠：係根抛日人原清冊點收。

23. 興華印染廠：係根抛日人原清冊點收，惟缺少顏料四筒。

主任委員指示：缺少者應查明責任並辦理證明手續。

24. 惠美染織廠：係根抛日人原清冊點收，惟少炭三噸。

主任委員指示：所少煤炭查明原因在清冊內坿註。

25. 桂川染織廠：係根抛日人原清冊點收。

26. 一達染織廠：缺席

主任委員指示：再詢

27. 公大四廠：係根抛日人原清冊點收，較原清冊所載增多燒毛機數部。

主任委員指示：公大四廠原清冊係散頁未有裝訂，應由移交人張訓恭整理裝訂並應與特派員辦公處所存者核對。

28. 中和毛紡織廠：係根抛日人原清冊點收，較原冊或多或少均有日人證明。

29. 永興毛織廠：係根抛日人原清冊點收，惟原清冊甚零亂且未有蓋章。

主任委員指示：永興原清冊應速向特派員辦公處核對並借抄全份澈底清查。

30. 上海六廠：係根抛日人原清冊點收。

31. 宏康毛織廠：係根抛日人原清冊點收，並無缺少，惟租屋契約現存特派員辦公處。

主任委員指示：各廠所有之租契地契道契應函請特派員辦公處移交本會保管，又宏康之原清冊係副本，應攜至特派員辦公處核對。

32. 華興毛織廠：公出，未報告。

主任委員指示：再詢。

33. 東亞製蔴廠：係根抛日人原清冊點收，有多有少，均已由日人證明。

34. 日華製蔴公司：係根抛日人原清冊點收，惟內中所存機器前已由特派員辦公處准許怡和紗廠拆去，目前僅存十分之一坿屬品。

35. 上海一二廠： 係根抛日人原清冊點收，有多有少均已由日人證明。

36. 公大三廠：係根抛日人原清冊點收，其增多各件均已註明。

37. 同興一廠：日人原清冊不全，以往點收時增出甚多，經造具點收清冊後由我日雙方盖章。

38. 朱洪健：各機器廠未有日人原清冊。

主任委員指示：應請特派員辦公處移送各機器廠之原清冊，又各廠交未之原清冊無論為正本或副本，均應先與特派員辦公處所存者核對後再開始審核，再入總公司之帳冊，契拠、有價證券等均應函請特派員辦公處移交本會。

(戊)各廠接收人員提出之問題逐項討論如下：

1. 各廠目前所收致之原棉不尽合乎標準，以致隔離常須更動，工作困難，希望業務處嗣後按照標準配給原料。
吳副總經理指示：以余理想，各廠需要何種品質之原料即照撥何種品質之原料，惟事實並非如此單純。目前各廠如需要一吋以上之原棉可以照給，惟一吋以下之原棉則供不應求，現正極力採購。八分之七吋之原棉除國產美棉外巴西棉伝絨短，適於紡織二十支左右之紗，亦正盡量採購，惟以市伝言一吋以上之棉花其伝格與八分之七吋者相差無幾，因
是多購一吋以上之棉，以其品質較優也。而各廠目前所發生之困難恐在嫌棉絨過長，此不淂已之事實。俟短絨原料充裕時，當可鮮決此種困難，又嗣後各廠所需原棉除開列支數外，並希開列長度俾便業務處可憑長度配給原棉。
東主任委員會指示：目前原棉未能俱備各種品質時，各廠原用一吋之原棉者即繼續以一吋之原棉供應。(即以長度同類之棉花供應，不可或長或短致工作難做)俟原棉各種品質較齊備時，再任憑各廠選用，其次照吳副總經理所言，各廠所需原棉應開列長度而不宜衹開支數。
2. 各廠書記工資原規定為一元兩角至一元七角，似嫌太低，應如何調整，請討論。
討論結果：各廠書記工資擬調整為一元五角至二元一角，其原已超過此項標準者呈經工務處核准，其由廠供應之午膳擬按照規定扣米八合(米伝照分類指數食物項所示數目計祘)
3. 夜班職員照民營廠規定均有夜飯費，本公司各廠夜班職員其夜飯費津貼應如何規定，請討論。
討論結果：查工人夜飯費規定為每人每夜一角五分，職員夜飯費每人

每夜擬津貼四角，夜飯費之計祘方法如次：

夜飯費= 0.40 ×生活指數

奉批： 職員夜飯費可減為三角。

4. 論貨工能率如不能不超過最高標準時，則其工資應如何計祘，請討論。

討論結果：論貨工能率如不能不超過最高標準時，其所淂工資不淂超過標準工資之20%。

5. 日夜班起迄時間在第五、第七兩次會報中迭經討論表決，惟各廠實施時仍有困難，究應如何規定請再討論。

討論結果：日夜班起迄時間份夏季與冬季兩種，用膳時間半小時。各廠一律自本年四月起施行，在三月底以前仍維持現狀。

坿件：三月底前各廠增開紗錠及布機數進度表

廠名	三月七日應開		三月十五日應開		三月廿二日應開		三月卅一日應開	
	紗錠	織機	紗錠	織機	紗錠	織機	紗錠	織機
各廠總計	680,808	15,273	864,018	17,534	1,018,764	19,382	1,160,000	21,060
上海第一紡織廠(內外一二)	66,000	2,420	79,000	2,680	92,000	2,940	105,000	3,200
上海第二紡織廠(內外五)	60,000		70,000		80,000		90,000	
上海第三紡織廠(內外六七)	42,000	1,414	49,000	1,400	56,000	1,400	56,000	1,400
上海第四紡織廠(內外九)	45,500	1,343	52,000	1,780	52,000	1,780	52,000	1,780
上海第五紡織廠(豐田一二)	50,712	1,761	88,000	1,800	88,000	1,800	88,000	1,800
上海第六紡織廠(日華三四)	62,544	1,059	71,696	1,240	80,848	1,420	90,000	1,600
上海第七紡織廠(日華五六七)	17,200		34,800		52,400		70,000	
上海第八紡織廠(日華八)	8,800	115	19,200	344	29,600	572	40,000	800
上海第十紡織廠(同興二)	62,304	2,147	65,000	2,260	67,500	2,380	70,000	2,500
上海第十一紡織廠(大豐)			5,000		18,000		30,000	
上海第十二紡織廠(大康一二)	86,028	1,440	88,000	1,440	90,000	1,440	92,000	1,440
上海第十四紡織廠(上海三)		1,200	5,000	1,350	18,000	1,480	30,000	1,600
上海第十五紡織廠(上海四)	27,648		38,432		49,216		60,000	
上海第十六紡織廠(上海五)	41,248	738	55,000	1,040	70,000	1,320	82,000	1,600
上海第十七紡織廠(裕豐)	44,800	1,416	53,200	1,700	61,600	2,000	70,000	2,200
上海第十八紡織廠(明豐)	2,040	10	4,690	20	7,600	30	10,000	40
上海第十九紡織廠(公大一)	51,904		66,000	100	78,000	280	90,000	400
上海第二十紡織廠(恆豐)	10,080	210	20,000	380	28,000	540	35,000	700

第十一次各廠接收人員聯席會報記錄

三十五年三月十三日(1946年3月13日)

(甲)出席者：東主任委員　吳副總經理　劉文騰　陸紹雲　王君明
鄭彥之　顧鉅仁　嵇秋成　龔蔭三　黃樸奇
張昂千　王子宿　黃雲騤　傅銘九　劉稻秋
陳賢凡　黃季冕　陳輝山　壽賢襄　張方佐
沈哲民　泰德芳　方玉卿　王毓傑　唐偉章
范本烇　張應元　胡西黙　高公度　龔滌凡
嚴仲簡　劉益達　趙砥士　吳襄雲　李向雲
陳維稷　李錫釗　吳毓初　吳欣奇　朱洪健
孫文勝　惠志道　吾葆真　陸芙塘　錢子超
朱仙舫　章兆植　駱仰止　程養和

(乙)缺席者：許學昌

(丙)主任委員指示(未記錄)

(丁)吳副總經理指示：

1. 各方採購蔴袋者頗多，善後救濟總署亦擬向本公司訂購五十萬隻。目前第一製蔴廠產量每日僅有兩千隻，供不應求。嗣後每日至少應產五千隻，所需原料由業務處統籌供應。至生產成本應設法減低，並速查明目前實際成本。
2. 打包用蔴布需要甚大，製蔴廠應注意增產。
3. 美商擬向本公司訂購絹紡並送來需要之貨樣，希絹紡廠照樣製造以換取外滙。
4. 各廠所產盤頭紗應儘先供給本公司各廠自用，如有多餘即通知總公司出售。

(戊)各廠接收人員提出之問題逐項討論如下：

1. 善後救濟總署最近供應羊毛七百噸，又本公司另購淂駝毛一萬磅，各廠應如何分配應用，請討論。

討論結果：(1)善後救濟總署之羊毛包括多種品質但已堆置混亂，擬重編包號逐包扦樣，憑樣鑑定品質後再行分配各廠。前項扦樣及鑑定工作由總公司派員主持辦理，並由第一毛紡織廠派職員二人，第四毛紡織廠派華藉、日籍人員各一人，第六毛紡織廠派職員一人擔任編號及扦樣工作，另由第一毛紡織廠派工人二十人擔任抬包等工作。

扦樣之職員及工人由第一絹紡廠之卡車每日接之各一次，汽油由總公司負擔。職員午膳每日每人淂報支一千元。

(2)前項七百噸羊毛如分配各廠，約供日班六個月之用或日夜班四個月之用。

(3)駝毛一萬磅交由第六毛紡織廠紡成卅二支紗後供第五毛紡織廠織女式呢用。

(4)各廠所存廢料如牛毛、狗毛、山羊毛、下腳毛、廢棉絮等請業務處出清。

2. 第十七紡織廠提：最近食用品市價波動甚劇，各廠伙食費用請暫以米及豬肉、雞蛋市價為準隨時自行調整勿加限制，當否，請討論。

討論結果：為避免物價波動，關於員工伙食費之規定有下列二種意見。

(1)照第十七紡織廠提，食米無論員工，每日概為七合菜殺，職員每人每日以豬肉半斤與雞蛋四個之市價比數，工役每人每日以豬肉六兩與雞蛋三個之市價比數隨時自行調整。

(2)員工之每月伙食費一律按一市担米價計沵，米價以每月一日、十一日、廿一日之頭號米市價為準。

以上兩種意見請 總經理擇一核定施行。

奉批：(A)職員以三次平均數一担米價八折計沵

(B)工人以三次平均數一担米價六折計沵

3. 第一紡織廠提：各廠工作照普通禮拜制後，其工資發給日期及結沵辦法應如何劃一規定，請討論。

討論結果：各廠工人工資照普通禮拜制發給，自星期一至星期日為一週，上週工資於下週之星期四至星期六間發給。月底月初之一週跨界兩個月者各按其在本月份之日數照本月份之生活指數分別計秝。星期日之工資按照該星期日所在月份之生活指數計秝。

4. 第一次紡織廠提：此次勞資雙方協定改訂之基本工資與本公司所定之經營標準頗有抵觸之處，究應如何辦理，請討論。

   討論結果：請工務處召集小組會議研究基本工資與本公司所訂之經營標準有何不合之處，並調整之。

5. 第十六紡織廠提：為提高工友知識技能起見，擬設立工人教育補習班，訂具計劃草案當否，請討論。

   討論結果：先交工務處管訓課研究再提出討論。

6. 夜班職員夜飯津貼經上次會報討論後奉准規定為每夜津貼三角，並按「夜飯費=0.30×生活指數」計秝，此項生活指數應按職員薪津之生活指數抑按工人工資之生活指數，請討論。

   討論結果：主任委員指示： 應按職員薪津之生活指數計秝。

第十二次各廠接收人員聯席會報記錄

三十五年三月二十日(1946年3月20日)

(甲)出席者：李副主任委員　劉文騰　黃雲騤　顧鋸仁　龔蔭三
郭立茂　符其志　陸紹雲　傅銘九　方玉卿
秦德芳　趙砥士　黃季冕　沈哲民　陳賢凡
張昂千　劉益達　陳輝山　王毓傑　朱洪健
朱仙舫　高公度　吳德明　吳欣奇　龔條凡
嚴仲簡　嵇秋成　范本烇　陸芙塘　唐偉章
孫文勝　張方佐　吾葆真　吳毓初　劉稻秋
章兆植　鄭彥之　壽賢襄　李向雲　吳襄雲
陸維稷　錢子超　程養和

(乙)缺席者：王子宿

(丙)李副主任委員指示(未記錄)

(丁)各廠接收人員提出之問題逐項討論如下：

1. 巡迴督導團提：各廠留用日籍重要技術人員為數無多，深恐將來工作效率難以維持原狀。擬請各廠在可能範圍內盡量留用原曾在廠服務之日籍技術人員，並委以固定職務，指派實際工作依照原日方案辦理籍以提高工作效率。必要時亦可指留名額以維廠務，當否，請討論。
李副主任委員指示：如何利用日籍技術人員應由陸紹雲、李錫釗、鄭彥之、博銘九、吳欣奇五君會同研究並草擬具体計劃呈核。嗣後在工務處管訓課內應有人專職管理有關日籍技術人員事宜。
以往各廠祗將留用之日人呈報，而辭職及擅離職守者均未具報，殊屬非是。留用之日籍技術人員可使担任限於下列兩項工作：(甲)保全(乙)試驗 日人有一習慣即辦事認真，故余希望在座諸君贊成李團長之意見。

2. 巡迴督導團提：各廠會庫廠房頗多漏水，擬請各廠廠長酌情提前修理，可否，請討論。

李副主任委員指示：九有關公務上促進生產及倉儲上保全原棉成品之修理工作均應提前辦理，其急如星火之修葺事宜可逕請工務處與稽核處核定以爭取時間。

3. 論月工資請假期內照扣工資。但未有停工者應如何昇賞，請討論。

討論結果：對於論月工資十五天不停工者，擬賞一工。一個月不停工者擬賞二工。請總經理核定後施行。

奉批：照辦

4. 各廠星期日工作時間應如何規定，請討論。

討論結果：各廠星期日擬較規定工作時間提早兩小時放工。

奉批：照辦

5. 各廠於必要延長工作時，其延長期間之工資應如何計environmental。

討論結果：延長工作一小時擬按二小時計environmental工資，但以必要延長者為限。

奉批：照辦

6. 各廠論月工資之發給日期應如何規定。

討論結果：擬定為每月二日、十七日分兩期發給。

奉批：照辦

7. 第八紡織廠提：各廠對於工人之賞罰辦法似應通盤籌劃擬定一較為完備之規則，函請社會局備案後施行，當否，請討論。

討論結果：由管訓課擬訂草案於下星期二發交各廠先予詳細研究再於下次會報中提出討論。

奉批：可

8. 第一毛紡織廠提：木匠因須自備工具關係請增工資一角，可否照准，請討論。

討論結果：木匠自備工具係習慣使然，且泥水匠、白鉄匠亦均自備工具，所請增加工資一角擬不准。

奉批：是

9. 夜工巡丁夜飯費如何規定。

討論結果：擬與工人同，即每人每夜一角五分。

奉批： 照辦

10. 第十九紡織廠提：二月十七日至三月三日之不停工賞應規定若干。
(原係兩星期賞一工，新定辦法係每星期賞一工)
討論結果：自二月十六日之二月廿四日賞半工，二月廿五日至三月三日賞一工。
奉批： 照辦

第十三次各廠接收人員聯席會報記錄

卅五年四月五日(1946年4月5日)

(甲)出席者: 束主任委員 吳副總經理 劉文騰 黃雲騤 壽賢襄
王子宿 秦德芳 龔蔭三 陸紹雲 許維謹
陳維稷 傅銘九 方玉卿 劉益遠 章兆植
張應元 胡西黙 孫文勝 惠志道 顧鉅仁
范本煃 沈哲民 符其志 鄭彥之 陸芙塘
黃樸奇 許學昌 陳賢凡 李向雲 王君明
趙砥士 吳襄雲 吾葆真 朱仙舫 張似旅
張方佐 鄭立茂 黃季冕 劉稻秋 吳德明
吳欣奇 龔滌凡 高公度 唐偉章 章昂千
陳輝山 嵇秋成 錢子超 嚴仲簡 王毓傑
程養和

(乙)缺席者：李錫釗 朱洪健

(丙)主任委員會指示：

1. 前日有各廠同仁代表四十餘人在此接見約談三小時許，所談者為同仁待遇問題。今晨並有十餘廠同仁呈請按時答復，余已有答復，交由工務處轉交各廠廠長。

我人均知本公司為國營事業，本公司之職員應勿忘自身為公務員，應守公務員之紀律。關於待遇問題已備受各方之指摘，不料同仁尚覺不滿，此事如公之社會將不為世人所諒解。在政府任事決不如在工商界之單純，現院部長官均在滬濱，諸同仁不妨轉托本會或本公司之高級職員前往多多接觸，當可知余已尽最大之努力，故對於各廠同仁之要求，除每月十五日發薪一點可以同意外，其餘無法照准。余已尽愛護同仁之責，各同仁應亦知自愛。希諸君回廠後轉達此意並予開導。再者，我人任事應以國家利益為前提，並非祇為個人名利，我人身受國祿須自問已為國報效幾多勞力。余甚慊然，竟發竟此次策動提出要求者內有一尚未開工之某廠同仁，國力維艱，諸同仁能竭誠為國服務則余將焚香祝禱。

2. 煤價已漲至每噸十八萬元，嗣後印染廠能否生存希公務、業務兩處詳加研究，印染廠所計示之成本遺漏甚多，例如折回及總公司開支等均未列入，故產品是否夠本頗有問題。
3. 目前所可產紗支與市銷未盡配合，例如廿支紗需要最殷，而本公司各廠則嫌產量不足，此外另有何種紗支適合銷路應由工務、業務兩處切寔研究，對於布疋之產銷亦應切實配合。
4. 各廠財產均屬於國家，應倍加愛護，消防事宜尤應特別注意。
5. 各廠會計課所屬人員應由總公司統籌核派，如由各廠保存簽請錄用者，亦應先經會計處面試合格後始准任用。
6. 有若干廠未按規定日期盤存者，嗣後應按期盤存。
7. 廠務日報仍有未按期呈報者，各廠辦理統計人員之姓名亦仍有未報公司備查者廠，與公司聯繫仍嫌不夠緊湊，再者統計數字報道頗多不實，甚至有與盤存數字完全不符者，應速改進。
8. 各廠棧務情形希多予注意，商人與本公司交易嘖有煩言，因原棉進棧紗布出倉棧務人員每有留難情事，此種習慣惡劣之至，有意刁難目的何在。希業務處轉告各主顧，如有行為不端之管理棧務人員請予檢舉，全當嚴懲不貸。
9. 各廠至三月底止，前曾規定日夜班應開足一百六十萬錠，但現已四月五日，各廠僅共開九十一萬餘錠，其不足之數希速補足，並即擬訂第二期增開紗錠、布機計劃，同時並研究產量如何增進，品質如何提高。而工務上之每日報告不淂再有絲毫不實，以致與盤存數字不能符合，總公司對於各廠統計報告應逐一詳細核明，如有數字不清應予處分。
10. 各廠所需札物應自請公務處統籌採購，購置前應先經稽核處審核，希各廠照辦。

(丁)公司業務處報告：

1. 美墨布已到數十餘萬疋，接收敵偽布疋亦有三百餘萬疋，因此倉庫異常缺乏，希望各廠尤其滬東各廠盡量協助騰出空倉俾便存儲。

2. 在渝時曾向善後救濟總署訂購美棉二十五萬包，言明本年一月開始交貨，但第一次所交之貨多為一九三三年之棉產，棉質不無稍遜，但希望各廠勿予拒收。
3. 為適應市銷起見，茲擬就所需紗支分配表，希望各廠盡可能按照分配表生產。
4. 各廠市銷之布疋凡未送布樣及未定商標者為維持營業心理起見，希速定商標。如兩廠所產布疋其品質規格完全相同者似可用同一商標。

(戊)陸總工程師報告：

目前電力公式僅能開九部機器，能發電十三萬K.W.，但晨早各紗廠開車時用電已達十一萬八千K.W.。前日電力公司來人洽商，希望各紗廠之禮拜停工能輪流舉行，如是則可節省五千K.W.之電力，對於整個上海之工業頗有幫助，經答以原則上中紡可以同意，惟其中不無細則問題，請先與民營廠洽商。昨接該公司電話請將此問題暫為保留，或有更佳辦法可以實施。惟上海電力有限，在最近之將來輪流停工終須實現，故請在座諸廠長將此事預為籌謀。又抛告電力公司之機器五月中可修好一部分，約可增加五千K.W.，九月中再可修好一部分，惟本公司各廠如增開紗錠則所需電力又將增加矣。

(己)各廠接收人員提出之問題逐項討論如下：

1. 遵照主任委員之指示，自即日起至四月底前止，各廠應行增開紗錠數及布机數經討論結果擬定如次：

廠　　名	四月底前擬增開紗錠數	擬增開布機數
第一紡織廠	三〇，〇〇〇錠	六〇〇台
第二紡織廠	二五，〇〇〇	-------
第三紡織廠	六，〇〇〇	-------
第四紡織廠	已完全開齊	-------

第五紡織廠	二八，〇〇〇	-------
第六紡織廠	二〇，〇〇〇	二〇〇
第七紡織廠	二五，〇〇〇	-------
第八紡織廠	二〇，〇〇〇	二〇〇
第十紡織廠	一三，〇〇〇	三〇〇
第十一紡織廠	三〇，〇〇〇	-------
第十二紡織廠	已開齊	-------
第十四紡織廠	三〇，〇〇〇	九〇〇
第十五紡織廠	三三，〇〇〇	-------
第十六紡織廠	三〇，〇〇〇	-------
第十七紡織廠	二〇，〇〇〇	三〇〇
第十八紡織廠	紗機聞將發還怡和	-------
第十九紡織廠	四〇，〇〇〇	三〇〇
第二十紡織廠	六，〇〇〇	一〇〇
合　　計	三五六，〇〇〇	二，九〇〇台

連同目前所開者併計四月底前各廠日夜班應開紗錠一二七二，六九一錠，布機二三，二一一台。

2. 依照業務處之所需紗支分配表廿支紗及十六支紗頗為適合銷路，各廠應如何生產請討論。
討論結果：日常設備適於紡製細紗，如多紡廿支以下之粗紗較為困難。擬(1)各廠前紡設備充足者多紡廿支紗　(2)紡十六支紗者希望一律反手 (3)請民營各廠多紡粗紗，本會各廠所紡細紗向南洋市場推銷一部分。
3. 勞工福利委員會提：各廠上工時間仍未一律，請劃一規定，並望採用下列時間：日班6：30～5：00夜班 8：00～6：30
討論結果：工作時間第十次會報已有規定，擬仍照該次會報規定辦理，即：日班六時至四時半，夜班七時半至六時，因夏季工作時間較早有益衛生也
4. 工務處提：飯單應否收費請討論。
討論結果：飯單擬照成本半價發售(布價加縫工)每一工人每年準購兩隻

筒子剪刀，搖紗剪刀亦照本半價發售。

5. 工務處提： 工人帶做工資應如何支配。

討論結果：工人帶做工資擬以原工人工資之半數給予，帶做之工人為一人以上共同帶做者平均分配其原工人工資之半數。

6. 第八紡織廠提：夜班職員添菜費應如何規定。

討論結果：擬規定每桌湣添葷菜一隻

7. 第十五紡織廠提：各廠雇員及部長應否發給制服。

討論結果：各廠雇員及部長已發藍布，擬不發制服，待攷取職員後再發制服。

第十四次各廠接收人員聯席會報記錄

三十五年四月十日(1946年4月10日)

(甲)出席者：束主任委員　劉文騰　趙砥士　龔蔭三　傅銘九
方玉卿　黃季冕　劉稻秋　王毓傑　張昂千
王子宿　嚴仲簡　沈哲民　朱仙舫　壽賢襄
秦德芳　鄭彥之　王君明　劉益遠　李向雲
范本烇　龔滌凡　徐維謹　吳欣奇　嵇秋成
章兆植　胡西默　惠志道　陳賢凡　吳毓初
孫文勝　黃樸奇　徐學昌　顧鉅仁　符其志
黃雲騤　唐偉章　高公度　吾葆真　張似旅
陸紹雲　吳襄芸　陳輝山　駱仰止　陸芙塘
李錫釗　朱洪健　郭立茂　張方佐　程養和

(乙)缺席者：錢子超　吳德明

(丙)主任委員指示：

1. 此次各廠同仁對於待遇問題發生風潮誠屬遺憾，此輩青年知識行動均不無欠缺。惟我輩中年人領導無方亦應負責。查領導同仁決不能以「利祿」兩字為前提，而應曉以正義與道義。余常謂一事之成須賴道義。曾國藩及其同僚均無名利之念而為道義之交可為先例。我人辦廠如能領導同仁使有正義感，向大路走，則其對於國家社會之貢獻較之增產紗布猶有過之。
2. 以往本公司銷售紗布價格較市價低廉約百分之五至百分之十，而社會不諒，尚以為我人在領導漲價。目前市價日趨下跌，政府之平價政策已漸見成效，惟小型紡織廠則以開支過鉅成本過高將僅能夠本，深恐日後社會輿論又將以為小廠虧本係由中紡壓迫之故。關於市價低跌對於小廠之影響暨最近本公司產品未能暢銷之原因，希公司業務處撰述詳細報告以使呈報政府備查。

3. 關於公務應與業務配合之事，余於上次會報中已有提及，目前二十支紗暢銷，而本公司各廠則以前紡及搖紗等設備關係，其所產之二十支紗除供本公司各廠織布外已無多餘供應市場，在此萬方困難之中，余希望各廠能儘量多產二十支紗，並請諸君先擬定具體計劃呈閱。
4. 上次會報諸君討論結果擬於四月底前日夜班開足一二七二六九一錠殊嫌過少，對於增開紗錠之進度，茲規定如次：(甲)四月底前各廠日夜班應開足紗錠一百四十萬錠，同時並請注意加強工作效能，暨提高成色，增進出數(乙)各廠未整理機件希積極配修，應由本會業務處及公司工務處各派一人至各廠察看機件整理情形，並希於六月底前各廠單班能開足八十萬錠(丁)九月底前全部紗錠九十六萬枚無論如何必須整理就緒，日夜開足。

(丁)討論事項：

1. 各廠如何增加生產二十支紗。

   討論結果： 由工務處派員至各廠調查接洽，並將接洽結果提出下次會報報告。
2. 四月底前各廠如何增開紗錠一百四十萬枚。

   討論結果：

   (1) 由工務處將各廠已認之一二七二六九一錠擬具分期進度表，並將未足之一二七三〇九錠列入該進度表之最後一欄。
   (2) 各廠如何再增開一二七三〇九錠，由各廠長詳加故慮本廠能否再增，於下次會報報告同時由工務處派員至各廠調查後於下次會報中提出具體數字報告。
3. 公司業務處提：善後救濟總署供應之羊毛七百吨現已開始提貨發交各廠，惟提貨時須過磅，到廠時又須過磅，人力時間兩不經濟，連輸公司頗以為苦，可否到廠之時不再過磅。

   討論結果：由各廠派員押運到廠不再過磅。
4. 第一印染廠提：各廠電氣、銅、鐵、水泥水、油漆、白鐵，火伕等各工匠工資標準可否提高，請討論。

討論結果：提高工資標準影響其他工人，本案暫予保留。

5. 第四紡織廠提： 挨停工工資擬給1/4，當否，請討論。

討論結果：挨停工擬每人每日給基本工資一角五分，賞工不扣。

第十五次廠長會報記錄(密件)

三十五年四月十七日(1946年4月17日)

(甲)出席者：束主任委員　劉文騰　黃雲騤　唐偉章　朱仙舫
范本燵　龔蔭三　陳維稷　張昂千　錢子超
王子宿　陳輝山　秦德芳　陸紹雲　惠志道
鄭彥之　郭立茂　沈哲民　陳賢八　方玉卿
趙砥士　王毓傑　黃季冕　徐維謹　劉益遠
符其志　壽賢襄　顧鉅仁　王君明　吾葆真
吳欣奇　吳襄芸　朱洪健　孫文勝　李錫釗
李向雲　駱仰止　嚴仲簡　龔滌八　陸芙塘
傅銘九　徐學昌　張似旅　黃樸奇　章兆植
胡西默　張方佐　程養和

(乙)缺席者：嵇秋成　高公度

(丙)主任委員指示：

1. 報載所有日人將於六月底前遣送返國，此乃聯合國之決定，惟吾人必須留用之日人則亦可與有關機關洽商辦理。日前余曾向彭主任浩徐表示，有若干工廠，尤其是華北各廠，如聽任日人回國恐將無法復工。中國紡織機械製造公司暨資源委員會所接收之各廠恐亦需留用日人，如各該廠可以留用日人，則本會所屬各廠擬亦留用，嗣經請示宋院長，奉諭應召開會議商決定，遂於昨日由彭主任召開留用日人之各機關會議，前日僑管理處邹副處長亦在座，事前余曾囑工務處關擬名單，計須留用者一二四人，另清理八大總公司財產須短期留用七人，合計一三一人。此項留用之日人不盡為專家，亦有醫生及教師在內。蓋以
日人之請而坿帶留用者，另業務方面亦留用二人，余曾將此項名單與

日僑管理處所有核對，發覺日僑管理處之意見，關於留用之日人最好能集中居住以便保護安全，暨彙辦家用匯款。惟余意留用日人以交通工具及工作時間、地點等關係，不如仍分住各廠。至匯款問題，上次余召集日人談話時，彼等亦有此要求，拠余所知，岡村嶇內曾要求全上海留用之日人每月能有一百萬日元匯返本國作為家用。宋院長已予面准，而何總司令對於留用日人亦允，予故慮俟各機關將留用人員確定後再請由行政院函陸軍總司令部查照。故關於留用日人事宜希諸君注意下列各點，並以此德意轉達日人(一)留用日人之各廠應酌留宿舍若干幢以供各日人及其眷屬寄宿之需。所有待遇應與本工司同仁一律平等(二)醫藥及子女教育問題業已準，如日人所請酌予留用日本醫生、教師。至家用匯款問題，我政府將訂有辦法，決不致使日人困難(三)每一留用日人之眷屬人數應有各廠造具清單，一式二份，限明日上午呈送總公司俾便一份送彭主任一份送日僑管理處。

2. 各廠盤存方法諸多未妥，應由各廠廠長及各廠會計主任暨本公司會計處及統計課共同負責。如統計表單未能按時填製，或內容有失實之處，應有會計處及統計課負責查明責任，此點請各廠長及會計處長特予注意。
3. 資產日增，各廠消防設備及倉庫堆置情形應時予檢查。
4. 各廠開支核銷應循規定辦法辦理，例如修理宿舍原規定應由同仁福利委員會統籌辦理，但各廠仍有先行修理後逕送核銷者。又如汽車修理費動輒百萬元，殊不經濟。嗣後汽車修理事宜應有上海第二、第三兩機器廠負責辦理，如有再向外界修理者將不准報銷。
5. 原料方面目前僅着重原棉，嗣後對於毛、蔴、人造絲等原料亦應多予注意。例如羊毛一項現英、澳兩國仍加以管制，如需訂購應預為洽籌，或循外交途徑辦理之，否則臨渴掘井將難以濟急。此點希公司業務、工務兩處予以注意。關於毛、蔴、人造絲之原料事宜，業務處應指定一二人專職辦理之。
6. 各項廢料雜件如何出售應由公司業務處另定營業方法，積極辦理，以期從速售尽，不宜與出售棉紗布疋之營業時間相混雜，籍免減低效率。

   此點請業務處特別注意，並擬定辦法具報。又各染整廠所存零頭布為數已極鉅，倉庫亦已無從堆存，應即尅日設法出售，萬不可再事延宕為要。

(丁)工務處報告：

1. 各廠紗支生產分配情形暨產品用途業經派員至各廠調查洽定，其結果請參閱坿表一。
2. 四月底前各廠可能增開紗錠經派員調查，結果除原洽定之一二七二六九一錠外僅能再增一五，〇〇〇錠，合計一二八七六九一錠，其詳細分配情形請參閱坿表二。

(戊)討論事項

1. 陸總工程師提准上海電力公司來函每日下午七時起至十時止，最高負荷已達十一萬餘瓩，而目前之發電設備僅為十二萬餘瓩，頗有供不應求之勢，為急谋解決起見，擬請本公司各廠之每日停工時間改為下午六時半起，至九時半止，日夜班之工作時間改為日班自上午八時起至下午六時半止，夜班自下午九時半起之翌晨八時止，可否照辦，請討論。

   討論結果：關於依照電力公司之建議變更日夜班工作時間先由本公司會同電力公司與民營紗廠洽商同時變更辦法後通知各廠工會施行。

   奉批：本公司應會同民營各廠與電氣公司及公用局交涉，電力既不足，普通用戶亦應節省，若專以紗廠為對象不顧生產，似非公允。
2. 公司業務處提：貨物稅局以本公司積及稅款過多欲取銷對本公司計帳完稅辦法，撤回駐廠負查。本公司積欠稅款原因多因各廠填報稅額遲延，使本處無從核對，致稅款無法繳納為完稅迅速以免稅局藉口起見，擬請各廠嗣後對應完稅額每月按期(即每月六日至二十日為上半期，廿一日至下月五日為下半期)填表經送儲運課以便完稅，可否，請公決。

   討論結果：請各廠照辦。

   奉批：各廠長應督率職員勤奮從公，嗣後不應延誤。
3. 公司業務處提查，每次辦理出口裝船期間有一二廠在接到通知後毫無準備，當派車前往提貨時始臨時打包。際此運輸困難時期，公司每接到船舶管理委員會裝運通知後不一二日即行開船，中間時間甚短，若不早為之準備殊有誤期脫船可能，擬請各廠嗣後接到成品儲運兩課通知時即行準備，以免耽誤，當否，請公決。

討論結果：請各廠照辦。

4. 公司業務處提：本處有時因出口裝船時間倉卒必須趕辦提貨，而各廠每以辦公時間未到或已過即行停止工作，對趕裝出口殊有妨礙。擬請各廠嗣後對此類事件延長辦公時間以利工作，當否，請公決。

討論結果：請各廠照辦。惟扛班五時後即行放工，故如須加班請業務處於四時半前通知各廠，俾便預留。

奉批：所有倉庫交物料棧應研究辦法集中總公司管理

坿表一

各廠紡織紗支分配狀況表

支 數	錠 數	佔全部開紡錠數之百分率	用 途
10	10,600	1.78%	銷售
16	2,818	0.47%	銷售
20	140,368	23.5%	銷售
21	65,700	11%	自用线布
21.5	13,832	2.32%	自用线布
23	78,800	13.2%	自用线布
32	141,130	23.7%	內10，600錠售紗餘自用
42	143,200	24%	內96，000錠售紗餘自用
共 計	596,448	100%	

第十六次廠長會報記錄

三十五年四月二十四日(1946年4月24日)

(甲)出席者：吳副總經理　張文潛　劉文騰　嚴仲簡　朱仙舫
黃雲騤　黃季冕　許學昌　鄭彥之　沈哲民
嵇秋成　吾葆真　壽賢襄　惠志道　趙砥士
方玉卿　符其志　龔蔭三　吳襄芸　范本煃
唐偉章　王毓傑　張昂千　王子宿　孫文勝
陸紹雲　秦德芳　王君明　徐維謹　龔滌凡
陳賢凡　高公度　李向雲　劉益遠　張方佐
傅銘九　錢子超　陳輝山　朱洪健　劉稻秋
吳欣奇　駱仰止　陸芙塘　章兆植　郭立茂
程養和　顧鉅仁　張似旅

(乙)缺席者：李錫釗　黃樸奇

(丙)吳副總經理指示：

1. 關於倉庫及物料棧束總經理於上次會報中已有批示，應研究辦法由總公司管理統籌。仍受廠長之監督指揮以增效率。因總公司之工作時間為配合業務關係，與各廠或有不同，倉庫統籌管理後調度□可灵活，對於進棧出棧方便不少，倉庫統籌管理之另一要點為可使公司所屬各會成為保管倉庫性質，開出棧單即可向銀行運用現款，翼使公司頭寸調撥裕如統籌。管理辦法應由會計、工務、業務三處會擬，並由會計處主稿。
2. 據客商報告管倉員司需索陋規之事仍時有發生，此項現象非國管公司所應有，查目前紗布品質較之日人經管時期或已退步，而機務員司尚需上下其手對於業務影響殊巨，故各廠機務之如何改進實有研究之必要。
3. 各廠有歷史性之盛銷牌子，例如紗之藍凰、立為水月、布之龍頭、四君子、一定如意等，應不惜一切維持原來品質。希在座諸君特予注意。

(丁)討論事項：

1. 各廠日夜班所開錠數僅一百十三萬餘錠，較總經理指示之一百四十萬錠相差廿六萬餘錠。現月底僅有六天，如何增開完成使命，請討論。

   討論結果：各廠於第十三次會報時認開之紗錠數及第十五次會報時工務處報告之再增數(內中第二廠增開數應更正為一六，○○○錠，第五廠更正為二○，○○○錠，第十六廠更正為二九二二○錠。認開及再增合計數應更正為一二六九八一一錠)應於本月底如數開足，至於一百四十萬錠之數請總經理准予延長半個月開足之。

   奉批：准予延長半個月。

2. 消防設備殊為重要，各廠應如何注意，請討論。

   討論結果：關於消防事宜如何調查，設備如何實地演習，如何加強組織，請由陸紹雲、吳欣奇、劉益遠、王子宿、鄭彥之、秦德芳六位擬具意見，於下星期一前送管訓課，再由管訓課整編具體辦法提出，下次會報討論。

3. 第十四紡織廠提：業務處可否將每日各種紗布布價告知各廠負責人。

   吳副總經理指示：可由調查課將商情日報每日分送各廠一份。

4. 各廠添置物料目前規定價值五萬元以上者必須由總公司核定辦理，輾轉需時對於增開紗錠不無影響，嗣後各廠添置物料可否由各廠自行辦理以赴事功。

   討論結果：各廠丞須添置之物料，似可由各廠開具品名、數量、價格送機料課審核後由各廠自行購辦。當否，仍請總經理核定。

   奉批：在集中採購物料原則下另擬辦法以期購辦迅速，不至誤各廠工務。第四條所謂急需添置之物料有何界限□否則必致演成各廠一切物料均可自購，總公司又何必設立物料課。

5. 陸總工程師提：關於電力公司請本公司各廠更改日夜班工作時間，上次會報中決定先由本公司會同電力公司與民營紗廠洽商同時變更辦法後通知各廠工會施行，經於上星期五會同駱副處長與民營廠洽商，嗣又與民營代表一人至電力公司交涉，惟電力公司對於變更工作時間態度堅決，並有如不實行準備停止供電之意。但如本公司接受其建議則日後增錠所需之電亦可商榷供應。故本公司各廠應否依照電力公司之建議即予變更日夜班工作時間，請討論。

討論結果：本公司各廠應否更改日夜班工作時間請示總經理決定。如總經理同意更改則擬於五月二日起實行。

奉批：再提出，下次會議討論決定。

第十七次廠長會報記錄(密件)

三十五年五月一日(1946年5月1日)

(甲)出席者：	東主任委員	劉文騰	吳欣奇	王君明	錢子超
	龔蔭三	傅銘九	黃雲騤	張昂千	孫文勝
	王毓傑	章兆植	郭立茂	陳輝山	劉稻秋
	方玉卿	沈哲民	高公度	嚴仲簡	李錫釗
	王子宿	龔滌九	吳襄芸	徐維謹	鄭彥之
	符其志	吾葆真	陳賢凢	唐偉章	范本煃
	黃季冕	秦德芳	劉益達	朱仙舫	李向雲
	陸芙塘	顧鉅仁	張方佐	張似旅	駱仰止
	程養和				
(乙)缺席者：	惠志道	陸紹雲	壽賢襄	嵇秋成	黃樸奇
	朱洪健	許學昌			

(丙)主任委員指示：

1. 電力公司請本公司各廠更改日夜班工作時間一案前次及上次會報中陸總工程師已有所報告。對於此案余不能苟同並曾將此意報告行政院請應以工業為重，惟日來用電問題日趨嚴重，且目前中國之社會環境亦頗多難言之處，故對於電力公司之建議有不滑不接受之勢。而電力公司意以為本公司如接受其建議，則日後增錠所需之電亦可商榷供應。為本公司嗣後用電計亦不能無所故慮，惟在接受電力公司之建議時本公司有一條件應請電力公司交換接受，即增加閘北區之第八、第十一兩紡織廠之用電量。是又夜班開工時間可否由九時半改為九時。希諸君研究。
2. 各廠工作情形已有進步，惟距理想目標尚遠，有若干廠尚在停頓狀態中，此與人事未臻健全不無關係，應由各該廠長負責整頓。

3. 各廠每日報告之統計數字與月底結存數字仍多不符，應由公務、會計兩處查明其原因。

(丁)公司業務處報告：

1. 各廠二十一支經紗之和花成份原係根據工務處之規定為絨長一吋之棉佔百分之二十五，絨長7/8吋之棉佔百分之七十五。惟目前一吋之棉存量不豐，嗣後各廠紡二十一支經紗請全部用7/8吋之中級美棉。
2. 本公司向善後救濟總署共訂購美棉二十五萬包，目前已收到二萬餘包，惜品質低劣，經向善後救濟總署棉花分配官Monpgonery女士洽商請改以品質較優之原棉運華，蒙允電請華盛頓聯總斟酌辦理。惟渠意須有關於原棉品質之科學記錄始可抛以辦理，故務希各廠將善後救濟總署所供應之原棉品質情形暨成紗品質情形作一詳細記錄送工務處轉本處，俾憑再向善後救濟總署洽商。
   奉批：速辦。
3. 為便於與敵偽產業處理局結帳起見，各廠對於有「V」字及無「V」字之貨品，帳務上應劃分清楚，發貨時應有所區別。吳副總經理於第六會報中已有指示，仍希各廠注意辦理。

(戊)討論事項：

1. 陸總工程師提：電力公司請本公司各廠更改日夜班工作時間一案應如何進行辦理請再討論。
   討論結果：關於更改日夜班工作時間問題，擬先由本公司去函公用局說明准電力公司函請更改工作時間，為整個上海工業用電着想不淂不勉予接受。惟夜班延遲至九時半上工，對於工人交通問題應光請解決，尤其是一部分工人家住浦東，應請將輪渡停航時間延遲至九時半止，又夜班上工時間延遲後工人治安亦成問題，擬函請警察局保護，並函社會局備案。至實施時期由工務處斟酌決定後通知各廠實行。
2. 第三紡織廠提：嗣後送廠原棉可否標明品級長度及嘜頭以資識別而便應用。

討論結果：請公司業務處照辦。

3. 工務處提：各廠工人服務細則草案業經管訓課擬就並分發各廠研究該項細則，內容請逐條討論。

討論結果：(甲)總則及(乙)工作各條修正通過，其餘各節俟以下會報中繼續討論。

第十八次廠長會報記錄

三十五年五月八日(1946年5月8日)

(甲)出席者：	束主任委員	吳副總經理	張文潛	劉文騰	章兆植
	顧鉅仁	惠志道	黃季冕	張昂千	黃雲騤
	龔蔭三	王子宿	陳維稷	吾葆真	嚴仲簡
	許學昌	沈哲民	郭立茂	傅銘九	方玉卿
	符其志	高公度	秦德芳	李向雲	壽賢襄
	黃樸奇	吳欣奇	夏恩臨	朱仙舫	劉益遠
	孫文勝	徐維謹	鄭彥之	陳賢凡	張方佐
	嵇秋成	李錫釗	龔滌凡	朱洪健	陳輝山
	范本烇	唐偉章	駱仰止	王君明	陸紹雲
	陸芙塘	吳襄芸	於文盛	張似旅	

(乙)缺席者：錢子超　王毓傑

(丙)主任委員指示：

1. 今日開會已逾時一刻鐘而出席諸君尚未到齊，本人以事繁不克久候，今後會議務盼守時。
2. 本公司所屬各紗廠每枚紗錠平均產量尚有不及丁等機器產量標準者，實際上各廠機器標準多在丁等以上，即使產量超過丁等成績亦不可謂佳，且係日人予我人之優越條件，吾人既有此優越條件，應即努力研進，以求發展，決不宜存敷衍亦可獲利之心，否則兩年後不獨受人指責無以對國家，即技術人員本身亦無顏面。
3. 日本國內現約有紗錠二百七十萬枚，於最近將來可能恢復三百萬枚，其進行之速實覺可畏。吾人應即隨時警惕，努力研進以與競爭。頃閱及巡迴督導團之報告書，意見頗佳，務盼工務處督率各廠積極依照改進。
4. 各廠每日報告之統計數字核與月底所報盤存數字仍有不符，此點前次會報時余曾指出，但尚未見改進，此乃經辦人員漫不經心。各廠廠長亦應負其責任，盼工務、會計兩處研究改進辦法送閱。

5. 各廠倉棧現改由公司統籌管理，其目的係為可使公司所屬各倉成為保管倉庫性質，開出棧单即可向銀行押貸，冀使公司頭寸調撥裕如各倉棧雖由公司統籌管理，但各廠廠長仍應負責。
6. 本公司組織範圍較廣，其管理成績之良莠亦視一切章則之能否澈底實行。關於一切章則訂定之先均曾集思廣益，縝密故慮，既經頒布之後應即一體遵照，切實執行，不能隨意有所通融。維有稍感困難或獨予通融認為尚有理由時，亦須顧及全體性之重要，俾免部份措施碍及通則之施行。
7. 各廠勞工福利事宜應注意辦理者：(1)應有蒸飯設備供予工人需用(二)成立勞工初級教育補習班，設立浴室、理髮室、哺乳室、托兒所、衛生室、娛樂室等，上列各項除各廠已有者外均應限期舉辦。(以廠之大小核定開辦費)由勞工福利委員會與管訓課速訂具體辦法呈核。

第十九次廠長會報記錄

三十五年五月十五日(1946年5月15日)

(甲)出席者： 劉文騰 黃樸奇 陸芙塘 張兆植 沈哲民
陳賢九 王毓傑 黃季冕 王子宿 吾葆真
駱仰止 孫文勝 許學昌 陸紹雲 方玉卿
陳維稷 李向雲 李錫釗 王明君 嵇秋成
蘇麟書 唐偉章 劉益遠 范本烇 龔蔭三
龔滌九 郭立茂 徐維謹 秦德芳 張昂千
惠志道 鄭彥之 張方佐 黃雲騤 壽賢襄
朱洪健 錢子超 嚴仲簡 夏恩臨 張似旅
傅銘九 朱仙舫 吳襄芸 吳欣奇 顧鉅仁
於文盛 李敏光

(乙)缺席者： 高公度

(丙)報告事項：

(一) 陸總工程師芙塘報告昨日洽據電力公司告稱目前上海市各紗廠夜班上工時間如均定在十時則該公司必須於數公鐘內增加電量三萬瓩，一時實難輪供。該公司擬將民營紗廠與本公司各廠停工時間分為七至十時及六至九時兩種。本公司各廠採用六至九時停工，自五月十五日起實行。今後各廠工作時間(夏令時間)日班定為上午七時半至下午六時止，夜班自下午九時至次晨七時半止，請各廠長注意。

(二) 業務處報告：近來四十二支合股紗市銷甚暢，希望各廠將原紡之四十支單紗改紡四十二支合股紗以應市銷。

第二十次廠長會報記錄

三十五年五月廿二日(1946年5月22日)

(甲)出席者：吳副總經理　劉文騰　駱仰止　黃樸奇　劉稻秋
范本熓　龔蔭三　唐偉章　王君明　郭立茂
陳維稷　王子宿　嚴仲簡　吾葆真　許學昌
方玉卿　李向雲　陸紹雲　陳輝山　錢子超
章兆植　高公度　朱洪健　黃季冕　顧鉅仁
吳襄芸　傅銘九　劉益遠　李錫釗　惠志道
鄭彥之　王毓傑　陳賢凡　黃雲騤　蘇麟書
孫文勝　張方佐　秦德芳　壽賢襄　龔滌凡
張昂千　嵇秋成　夏恩臨　徐維謹　朱仙舫
陸芙塘　吳欣奇　胡西黙　於文盛

(乙)缺席者：無

(丙)吳副總經理指示：

(一) 本公司織製冬季軍布共計八十萬疋，現與軍政部洽定，在五六月間交廿五萬疋，七八兩月份各交廿五萬疋，九月十五日以前交五萬疋，各廠織造數量由工務處統籌分配。

(二) 中央銀行於四月廿七日起暫停購棉外匯之申請。將來外棉來源自必嚴受限制，前本公司向善後救濟總署訂購之美棉廿五萬包(六二五〇〇噸)經已陸續裝滬，品質高低不一。鑒於來源之困難，仍盼各廠接受利用，擇其品質次者盡量紡織軍布，並加染灰色備交軍用。

(三) 甲. 各廠所存之60支及80支雙股線有未經過燒毛者，其市面售價相差甚巨，查本公司上海第四紡織廠有此項燒毛設備，盼各廠注意送往處理。

乙. 20支紗過去即不敷市銷，現加以製軍布所需為數尤巨，盼各廠加緊多紡二十支紗。

丙. 32支、42支雙股線及作木線團用之42支三股線，最近申購者甚多，市價亦高，盼各廠陸續多加紡製，以應市銷。

丁. 本公司各廠最近紗布出品漸見改良，如龍頭HAA彩球等，細布售價可酌提高。仍盼百尺竿頭再進一步，以與日人時代出品媲美。

(丁)報告事項：

1. 陸總工程師報告：最近電力公司以折整機器未能順利進行，致本週內停電達有廿廠之多，本公司方面計有十廠停電，而此次停電均係在半小時以前始接到通知，以致毫無準備，尤以印染廠所受影響最大。此點本人已向電力公司聲明，此後如有停電情事務請其提前通知，俾可準備。
2. 駱副處長報告：本公司各廠自採六至九為停工時間，而民營紗廠定七至十時後，滬東各民營紗廠曾向電力公司交涉，謂此種分配辦法有欠公平，並要求改為輪流調換停電辦法。俟與其洽有結果再正式通知各廠。

(戊)討論事項：

1. 上海第八紡織廠提：本廠於五月十七日上午八時至下午六時以閘北水電公司修理機器停供電力致暫停工作一班，此班工資應如何計付，無例可援，擬給予半工，當否，請討論。

   討論結果：各廠如因不淂已事故而停工一、二日者每人每日給以半工工資，以第一天開工到工之工資為標準，未到工及新進工人均不給。

   奉諭：將此項決定辦法由工務處通知民營紗廠。
2. 上海第一毛紡織廠提：

   (1)機目工服及吃午飯其詳細辦法應如何規定之，請討論。

   討論結果：由工務處(於三日內)將各廠機目職稱確定後於下次會報時再行討論。

   (2)員工短程出差飯費原規定職員每餐一千元，工人四百元，不敷甚鉅，應如何增加，請討論。

討論結果：職員出差每餐飯費擬改為二千元，工人改為每餐一千元。
奉論：職員出差每餐飯費改定為一千六百元，工人改定為每餐八百元。
(3)第十四紡織廠提：公司送來煤觔間有夾雜磚石及水份甚多情事，如不扣除則損失甚大，倘予照扣則運輸公司不顧負此損失，應如何辦理，請討論。
討論結果：請公司機料課訂定煤觔標準，以便各廠檢驗。

第二十一次廠長會報記錄(密件)

三十五年五月二十九日(1946年5月29日)

(甲)出席者：劉文騰　許學昌　陳輝山　王子宿　黃季冕
稖秋成　嚴仲簡　龔蔭三　顧鉅仁　黃雲騤
吾葆真　陳維稷　曹致澄　方玉卿　王君明
傅銘九　范本烇　孫文勝　章兆植　郭立茂
惠志道　劉益遠　陳賢凡　高公度　朱仙舫
徐維謹　李向雲　朱洪健　吳欣奇　秦德芳
壽賢襄　鄭彥之　黃樸奇　蘇麟書　唐偉章
王毓傑　夏恩臨　吳襄芸　錢子超　龔滌凡
駱仰止　張方佐　張似旅　陸紹雲　張昂千
程養和

(乙)缺席者：李錫釗

(丙)工務處報告：

1. 最近民營廠工人向廠方提出四項條件(1)請發工服(2)逢節請發雙薪(3)縮短夜班工作時間(4)工人疾病婚喪優待條件。前三項民營廠尚能應付，第四項擬提出第六區棉紡織工業同業公會理事會討論。
2. 自電力公司規定停電時間國營廠為六至九時，民營廠七至十時後，民營各廠深表不滿，頃與民營廠商談結果，擬於國營廠六至九時，民營廠七至十時，實施滿六個星期後，其第二度六個星期內改為國營廠七至十時，民營廠六至九時，其更改起訖日期工務處另有通知。

(丁)討論事項：

1. 各廠書記工及機目攷試提升職員事宜應如何加緊進行，請討論。

討論結果：

(1)各廠提升職員名額應有限制，其名額人數按下列因素由工務處管訓課規定之。

a．錠子及布機數　　　佔60%

b．單位廠數　　　佔20%

c．審查合格應攷人數　　　佔20%

(2)攷試及錄取標準須嚴格，錄取人數較規定名額祇能少不能多。

(3)業已辦理攷試之各廠盡速評定發表其攷試及格者，書記工升為事務助理員，機目升為技術助理員。

(4)尚未辦理報攷之各廠，統限於本年六月十五日截至。

2．第五、第十五紡織廠及第三機械廠等提：舊曆端節民營廠對於警察局、郵差、電話、電報局等均致送小費，本公司各廠可否照民營辦理。並請核定致送費用數目。

討論結果：查關於逢節致送小費於第五次會報，即舊曆年關時曾提出討論。奉批由滬東滬西各廠分別協議致送，但每廠總額不淂超過三十萬元。目前物價較舊曆年關上漲甚多，而各廠業務及環境亦頗有不同，故此次端節致送小費擬由各廠按實際情形，致送四十萬元之八十萬元。

奉論：每廠致送節費總額限於四十萬元之六十萬元。

3．第五紡織廠提：查去年舊曆關同仁及供伙食之工役各另添菜，現端節將屆，端午日是否援廢歷年關辦法另添節菜。

討論結果：為與民營廠行動一致起見，端午節不放假不添菜。

4．第七紡織廠提：天氣漸熱，暑天防疫針(傷寒、霍亂混合苗)擬請公司向衛生局從速領取後發給各廠，由各廠自行分期打針，以免全體工友同時反應致妨工作，當否，請討論。

討論結果：請秘書處辦理。

5．勞工福利委員會提：查書記工在廠膳食原定每人每餐按八合米價收費之計袮方法，現已物價飛漲，承包人虧折太大，似應更改。擬以按照當月新聞報，一、十一、廿一三日之粳米價計袮，以昭公允。(此係供膳工人月給六斗米價計袮之成例)書記工如有異議則請其膳食自理，當否，請討論。

討論結果：各廠膳食可由廠整個開支，書記工之八合米價仍照原定辦法，即照分類指數食物項所示數目計祘，交由各廠會計課收回。

6. 第三紡織廠提：各廠工人飯單應否按照同一價格取費，請討論。

討論結果：各廠發售予工人之飯單，其取費務須一律。自即日起至六月底止，長飯單收費一千七百元，短飯單收費一千元，洋線飯單價格與長飯單同，均買一送一。至六月以後之發售價格俟日後再行討論。又每一工人每年衹准購饭單兩隻(包括買一送一)如領購第三雙時應按實際成分取費。

8. 第一毛紡織廠提：本場彈毛、洗毛、網線、拉絨等工人，在日人經管期間無代價發給工作帽，茲擬向業務處洽領零頭布照製工作帽，當否，請討論。

討論結果：工作帽一律用布料縫製，並擬按飯單例照成本半價發售。每一工人每年准購兩隻，如購第三隻時應按實際成本取費。

第二十二次廠長會報記錄

三十五年六月五日(1946年6月5日)

(甲)出席者：束主任委員　劉文騰　李錫釗　許學昌
曹致澄　吾葆真　王子宿　黃雲騤　顧鉅仁
方玉卿　嵇秋成　龔蔭三　王君明　高公度
李向雲　嚴仲簡　王毓傑　陸紹雲　龔滌凢
壽賢襄　陳輝山　陸芙塘　傅銘九　范本煃
張昂千　張方佐　徐維謹　吳欣奇　陳賢凢
惠志道　唐偉章　劉益遠　蘇麟書　秦德芳
郭立茂　孫文勝　吳襄芸　錢子超　黃季冕
黃樸奇　章兆植　朱仙舫　陳維稷　鄭彥之
朱洪健　張似旅　程養和

(乙)缺席者：無

(丙)主任委員指示：

1. 近閱巡迴督導團報告書殊為滿意，李團長率領同仁頗能稱職。其中關於工房被佔，因此工務上發生非常困難一點，非各廠所自能解決，應有勞工福利委員會予以研究，並與警備司令部及社會局取淂聯繫，以解決此項問題。蓋目前工人仍有失業，但吾人各廠則以工房被佔苦無法招致工人，由於不合理之強佔房屋現象，非但影響工人失業，抑且打擊國家生產，故盼地方當局能協助解決。又滬西醫院既已籌備成立，滬東區醫院亦應速即成立，同仁工人身心健康庶屬首要。
2. 機料課辦理各廠所需機物料不可謂不盡力，但往往仍未能如期供應。論者即以此詬詆總公司集中辦理之失策。惟我人須知本公司並非一私人企業，有若干關係全體性或易貽人口實之工作，不淂不集中總公司辦理。例如巡迴督導之結果使我人有所比較，知所警惕。其餘會計、人事、統計亦然。至於採購物料，如任憑各廠自購，則非特將引起自相競購，刺激漲價，甚或甲廠物料有餘囤藏勿用，乙廠則遍購無着，工作失調。故機物料集中總公司辦理，甚機動、其制度實未可厚非。惟大機構之動作不及小機構之靈活，因而總公司採購機物料未如各廠預期之迅速，為彌此缺憾，嗣後各廠需購機物料，毋臨渴掘井，應先期報請公司辦理，至公司機料課對於各廠請購之物件，何者應購買，何者應訂製，應時刻注意、時刻催促，務於儘速期間辦理竣事。

3. 據各廠報告，向公司領款須費一日時光。此為總公司之過失。嗣後會計處對於領款手續應力求改善，予以迅速便利，各廠請領款項其支付手續必須於一小時內辦畢。又各廠領款返廠，沿途安全堪虞，應由會計處向滬西及滬東之國家銀行辦事處洽商，請銀行撥款至就近各廠，如坿近無適當之銀行而必須運現時，則可備一鐵甲車，派武裝警察護送。余希各廠對於總公司勿存界限，余素有責善而無責難，希內外同仁合作勿懈。
4. 商人承購貨品如過期不來廠提取應予收取棧租，惟吾人亦須攷慮有否已到規定日期而商人尚未能提淂貨品之現象發生。故似可規定半個月內必須提貨，過期則照收棧租，事先並應由工務、業務兩處與民營廠取淂一致辦法。
5. 各廠交通工具仍應合理分配，小汽車每廠衹準備有一輛，其多餘者應繳由公司秘書處統籌分配。
6. 各廠每日表報數字與月底結存數字仍多不符，統計表報亦往往仍未能準時送到。請各廠長飭屬注意，切實改善。吾人固應注重工務處，但亦應注意統計。中國之進步滯緩，即係缺乏統計所致，如果我人在工務、用電、人事、成本等方面均有詳尽之統計，並將各廠加以比較，籍此可攷核公司業務之進展程度為若何。故嗣後各廠表報內容如不翔實或不准時送到，統計室應抛實報告，對於不尽職之人員定於議處。
7. 各廠增開紗錠情形今日未有進步，應即加緊努力，並希按照坿表所列示如期開足。
8. 毛紡原料英國無意供應，澳洲羊毛則亦須循外交途徑購買之。故日後如國外原料到貨缺乏時，各毛紡織廠將如何生存，希各廠特予研究。又採購印蔴其外匯羅比問題業已解決，嗣後印蔴可向印度直接訂購。

希公司業務處注意辦理。

9. 關於毛紡、絹紡、印染、製蔴、針織、機器各廠每月工作情形如何，成本如何，應有工務處列表呈閱。余並希各廠之一切工作情形亦能如棉紡織廠之稍具規模。

坿表：中國紡織建設公司上海各棉紡織廠應行增開紗錠進度表

廠　名	原有紗錠	現開紗錠	一月內應行增開紗錠	一月半內應行增開紗錠	二月內應行增開紗錠	三月內應行增開紗錠	全部機械開齊日期	備　註
第一紡織廠	73,600	60,800	10,000	2,800			七月中旬	有5000錠缺零件恐難開齊
第二紡織廠	46,400	42,400	4,000				六月中旬	
第三紡織廠	57,000	31,600	400	5,000	10,000	10,000	八月下旬	由裕丰迁往25000錠
第四紡織廠	26,208	26,208					已開齊	
第五紡織廠	44,964	44,196	768				六月中旬	
第六紡織廠	64,752	59,664	5088				六月下旬	
第七紡織廠	80,560	50,400	10,000	10,000		10,160	八月下旬	10000錠零件需添配
第八紡織廠	39,200	28,000	11,200					其開齊日期視電力供應而定
第十紡織廠	42,000	40,040	1,960				六月中旬	
第十一紡織廠	31,200			5,000	5,000	10,000	九月下旬（每一月一萬錠）	由大丰迁至同興廠工作故全部開工較緩
第十二紡織廠	90,468	51,420	10,000		10,000	10,000	九月下旬	裝排旧機零件殘缺開齊較難
第十四紡織廠	34,800			20,000	14,800		七月下旬	六月底供電設備完工
第十五紡織廠	42,392	32,256	5,000		5,136		七月下旬	豐田式細紗機尚少羅拉15台，錠子6000
第十六紡織廠	42,208	42,208					已開齊	
第十七紡織廠	92,516	50,664	20,000	10,000	10,000	1,832	八月下旬	
第十八紡織廠	6,848	2,808	4,040				六月中旬	
第十九紡織廠	68,528	50,352	10,000	5,000	3,176		七月下旬	
共計	883,644	613,010	92，456 +613，016 =705，472	57，800 +705，472 =763，272	58，112 +763，272 =821，384	42，012 +821，384 =863，396		

第二十三次廠長會報記錄(密件)

三十五年六月十二日(1946年6月12日)

(甲)出席者：束主任委員 劉文騰 王子宿 陳賢凢 龔蔭三
高公度 壽賢襄 吳襄芸 劉益遠 黃季冕
王明君 吾葆真 徐維謹 李錫釗 秦德芳
朱洪健 龔滌凢 鄭彥之 高涵如 王毓傑
錢子超 唐偉章 許學昌 李向雲 傅銘九
蔡 謙 方玉卿 范本煃 蘇麟書 劉稻秋
章兆植 黃雲騤 張昂千 曹致澄 嚴仲簡
吳欣奇 陸芙塘 張方佐 黃樸奇 陸紹雲
嵇秋成 顧鉅仁 張似旅 惠志道 孫文勝
朱仙舫 程養和

(乙)缺席者：陳輝山 郭立茂

(丙)主人委員會指示

1. 各廠統計報表應準時送到並應指定專人辦理，在以往會報中余屢次提及，惟仍有若干廠迄未照辦者。余昨召集總公司同仁談話，關於統計報表一項，規定如各廠不准時呈報，或內容不實，應由總公司統計室予以糾正，並據實報告。如統計室不報告，遺誤之咎在統計室。各廠經糾正倘仍不照辦，則失職之咎應由各廠廠長及各廠辦理統計人員共負之。
2. 各廠工房被佔致無法招新工人，難以增加生產。關於此事余於上次會報中已有提及，並於昨日召集總公司同仁談話時規定由總公司負責對外交涉。但各廠應將有關工房之情形，例如工房間數、能容納人數、目前若干間被外人所佔、若干間為本場所用、現共住本廠工人若干、外人若干等等，逐一調查清楚報告總公司，俾便據以交涉。如廠內工房一有騰空，並應立即遷入應用。

3. 巡迴督導團之報告書頗堪重視，應詳細予以研究。雖其建議各事不盡屬於各廠之工作範圍，而頗多為應由公司各處辦理者，余均已逐條批明。余希望工務處及其他有關各處督促各廠迅予改善。至各廠已否照改，並應有工務處處予以覆查。日後余擬將巡迴督導團之報告書及工務處之覆查報告書一併公開傳閱。各廠如有錯誤，祇須虛心改善，不必強求掩賴。人孰無過，知過必改則對於聲望地位非特無損，且有增進。
4. 各廠所留日人仍未儘量利用，觀乎以往日人經管之紡織廠，其成績每較國人經營之紡織廠為优异，則利用日人為各廠服務實為要图。又巡迴督導團內之日籍團員，其工作有优良之表現，余擬延見嘉勉。至國人各團員成績亦甚佳，亦當同予慰勉。
5. 或謂各廠工人因工潮起伏致無法管理。於此問題各廠長如能真誠注意，則未必棘手。余嘗謂工廠當局不宜與工人對立，蓋工人亦有理性，祇須常與接觸未嘗不可教導。其關鍵在於各廠長如何領導工會，暨管理工會。如管理工人無方，廠長實難辭其咎。對於一般同仁亦應本此原則，善為教導。
6. 各廠福利事宜，總公司及廠均尚須努力辦理。
7. 閱巡迴督導團報告書，知有一、二廠工人之工資偶有一、二人超過標準者，希工務處查明其超過之理由是否正當。此端萬不可開，恐影響他廠也。
8. 歷次會報決定案件辦理情形，應由本會業務處查明，列表呈閱。並於下次會報中提出共同檢討。
9. 余擬在滬東、滬西兩區各指定一棉紡織廠為標準廠，以全副精神辦理此廠，其他各廠則以此為標準，隨同推進。毛紡織廠及印染廠亦應各指定一標準廠，至於何廠適合為標準廠，希諸君提供意見，俾憑斟酌決定。
10. 淘洗麪筋取用小粉，此項工作應否由公司自行集中辦理，如集中辦理感覺困難。仍由各廠分別招商代辦時，則代辦合約不必逐次洽訂。可由工務處訂明一種辦法，此後各廠招商淘洗麪筋事宜均照此辦法辦理。至合約期限不必訂為一年，應改為三個月已足。並須在合同內訂明，如不遵守合約，本公司可以隨時取銷合約。

11. 關於增開紗錠，上次會報中已有決定。目前各廠已否照此進行，應由工務處查明具報。

12. 印染廠對於行商送來之染料，每多耽擱數日不予收貨。查染料一項雖需檢驗後始能收貨，但不應躭擱日數太多。希各印染廠注意改善。

13. 機械廠產品每有不合標準者，且常不能如期交貨，應即切實改進。又嗣後各廠所需機器配件，於必要時，如本公司機械廠趕做不及，不妨向外界訂製。

(丁)公司業務處報告：

1. 廿支雙股線業已缺貨，未稔何廠可以製造。

2. 原棉存倉棧租每包每月約需美金式元。目下美棉源源到滬，估計本月底止，存棉約將有五萬包，其棧租可观。而由各倉拨送各廠又需一筆運費，故務請各廠協助將不甚需用之房屋讓予存儲原棉。

3. 抛原料課報告，送廠原棉其長度品級往往被廠方壓低一級，查原棉長度品級均有標準規定，嗣後務請各廠按照標準鑑定，如客商不顧信用，送貨與原樣等級不符時，則請告知本處，俾憑交涉。

(戊)討論事項：

1. 對於上次會報決定之增開紗錠事宜，各廠提出補充意見如次：
   (一)第一、第三、第七、第十七等廠需俟廠方修造後，始能照開。
   (二)第十九廠尚缺少搖紗機。
   (三)第七場有一萬五千錠須添配零件，如零件不齊恐不能如期開出。

2. 陸總工程師提：近來電力公司時有拉去各廠電源者頗多，如各廠欲補足生產，可在六至九停工時間內酌量延長工作時間。此項辦法對各廠是否適宜，請討論。
   討論結果：各廠有需要時再斟酌辦理。

3. 第十五紡織廠提：請參照申新五廠辦法，將成包工資改為論貨計秝，以資提高生產效率，可否，請討論。
   討論結果：以賣紗為主之各廠可改按論貨計秝，但織布為主之各廠似可由廠長斟酌辦理。至成包間論貨工資標準及論貨辦法，請工務處擬定後提出下次會報討論。

4. 本會業務處提：主任委員囑推選棉紡織標準廠滬東滬西區各一，毛紡織及印染標準廠各一，應如何辦理，請討論。

   討論結果：請工務處會同巡迴督察團，每一單位推荐工廠呈請總經理決定。

5. 第十七紡織廠提：第二個六星期內停工時間改為七至十時。在此期間如各廠自願，日班實際工作十一小時，夜班實際工作九小時。(即日班工作時間自上午七時半至下午七時，夜班工作時間自下午十時至翌晨七時半)可否照辦，請討論。

   討論結果：各廠如自願施行，可由各廠斟酌情形辦理。

第二十四次廠長會報記錄(密件)

三十五年六月十九日(1946年6月19日)

(甲)出席者：

東主任委員	劉文騰	王子宿	陳賢九	龔蔭三
高公度	壽賢襄	吳襄芸	劉益遠	黃季冕
顧鉅仁	方玉卿	鄭彥之	范本烇	吾葆真
王毓傑	秦德芳	惠志道	徐維謹	唐偉章
張兆植	許學昌	菜　謙	黃樸奇	李向雲
高涵如	吳欣奇	朱洪健	陸紹雲	錢子超
嚴仲簡	曹致澄	孫文勝	蘇麟書	陳輝山
傅銘九	夏恩臨	龔滌九	嵇秋成	王君明
陸芙塘	李錫釗	黃雲騤	張方佐	陳維稷
郭立茂	張似旅	張昂千	朱仙舫	何葆琪

(乙)缺席者：無

(丙)東主任委員指示：

1. 養成工之待遇據各廠報告頗不一律，應會商規定統一辦法。
2. 接收之各廠機物料尚有未經清點者，尤以染廠更為雜亂。日人所造冊子與實際數量每有出入，應由管委會及公司工務處、稽核處責由各廠按實詳細清點捕報。
3. 機械廠師傅帶徒弟之制度已不合時代，勿使學徒之訓練為私有，其訓練詳細辦法由工務處會同各廠商訂之。
4. 督導團將派赴天津、青島工作，其日籍職員眷屬住在各廠者應由住在廠妥為照料。
5. 日籍職員接濟家屬匯款，因本國銀行在日本未設分支行，故無法籌匯。業正洽商僑務委員會設法與我國留日華僑方面，或派遣軍方面進行互劃辦法，惟何時辦通未可一定，希轉告各日籍職員。

6. 水月醫院設置日籍醫生一名，業已辦到。惟據日人報稱，尚嫌醫院之設備欠週，此係草創時期，當逐步改進擴充。

(丁)勞工福利委員會報告：

關於指定各廠應辦之工人福利事項，因各廠情形不同，間有發生困難者，決定定期約同各廠人事科主管，依照各廠情形商酌辦理。

(戊)公司業務處報告：

1. 各廠廢料希望以後仍由公司統辦出售。
2. 60支單紗市間缺貨，請能紡做之各廠多出60支單紗。
3. 40支TK紗布場需要亦殷，擬請第二紡織廠在二個月內能產600件，以資應付。
4. 20雙股線亦請多多增產。

(已)討論事項：

1. 各廠養成工待遇應如何劃一案，請討論。
   討論結果：凡紗廠、毛長、蔴廠、染廠，所有之養成工一律規定第一個月工資率為三角，第二個月四角，第三個月五角，不供膳宿。關於訓練時期，因智慧及所學之手藝不同，應有伸縮。請工務處管訓課詳定辦法。
2. 第六紡織廠提：工人入廠証照片費用由廠方代墊者工友不願扣繳，究應如何辦理，請討論。
   討論結果：各廠因工人入廠証貼用照片費用擬由公司負擔，証套自備，如已由廠方代購証套者，應按價扣還，新進工人應自帶照片及証套入廠，公司不再負擔費用。
3. 各廠接收機物料數量與原清冊所載不符者應如何辦理，請討論。
   討論結果：各廠機物料除接收清冊所載以外，如有遺漏者，應由各廠補送附冊送會備案。

第二十五次廠長會報記錄

三十五年六月二十六日(1946年6月26日)

(甲)出席者：束主任委員 劉文騰 吳欣奇 龔滌凡 王君明
許學昌 曹致澄 錢子超 劉益遠 何召南
高涵如 方玉卿 張昂千 夏恩臨 菜 謙
陳賢凡 朱洪健 郭立茂 徐維謹 吳襄芸
李錫釗 嚴仲簡 朱仙舫 章兆植 秦德芳
黃季冕 陳輝山 孫文勝 陳維稷 黃樸奇
駱仰止 陸紹雲 傅銘九 龔蔭三 黃雲騤
嵇秋成 王子宿 李向雲 唐偉章 范本烇
張方佐 張似旅 程養和

(乙)缺席者：顧鉅仁 高公度 壽賢襄

(丙)主任委員指示：

1. 今日余公佈一事，此事非余所願，但無法變更。在座諸君聞之或亦未盡滿意，惟希望能以國家社會為立場，對於公司不淂已之措施予以諒解。此事即上星期六開董事會時董事長提出減薪辦法，經力請改善結果決定薪水在八十元以下照舊按生活指數發給，八十一元起至一百五十元照舊按生活指數之四五折發給，一百五十一元至三百元改按生活指數之三五折發給，三〇一元至六百元改按生活指數之二五折發給。際茲物價高昂之時，諸君不為民營廠之厚俸所動，熱誠為國服務，積極工作，使公司業務蒸蒸日上，而余未能論功行賞，加薪予諸君，反視諸君薪給減少，心實不安。惟公司亦有公司之困難，良以待遇問題時受社會攻擊，暨立法院之責
備出此減薪措施，實非淂已。至余如何向董事會力爭，當時列席之各處主管人員想均聆悉，茲不復贅。余今向諸君呼籲，請繼續為國努

力。雖然吾人之待遇已較民營廠低落過多，但民營廠之過高待遇是否合理，在抗戰期間後方各廠以迁徙千里之陳舊機器生產紗布供應軍需，確已為國略尽棉薄。然而淪陷區各廠對於國家有幾許供獻，而今時來運來尽情享受，似嫌過奢。故本公司同仁似亟須為紡織界發揮一種正義感，為國家工作，且必須有成績表現，庶使社會明瞭本公司究否類乎一般人所攻擊之官僚資本。在中國辦理偌大之公司誠非易事，且決非一人一手之力所能勝任。余在歷次會報中屢有指示，且祇有責善而無責難，余希同仁之工作情緒勿因薪給減少而亦降低，我人更須苦幹，並領導同仁努力。則事實勝於雄辯，自獲社會同情過有機會，余自必向政府社會有所申明。

2. 本月底前上海方面原應交軍布十七萬疋，嗣以灰布樣交到較遲，經與軍政部代表洽定，在本月底交付灰布十萬疋，其貨款且已收訖，而各廠已製成者至六月廿四日止僅有五萬四千餘疋，不敷甚鉅。現為期迫切，希指定織製軍布之各廠加班趕織，俾免貽誤。久已織成之軍布其業已染色者僅有二萬餘疋，軍政部對於此項軍布並請本公司代為打包，故希印染廠亦加班趕染，並代為包裝。
3. 各廠所有廢料、下脚一律不滑抎自出售，其關於原料成品之廢料、下脚應報請業務處標售。關於機件物料之廢料、下脚應報請工務處標售。惟各廠如呈准主管處後亦滑自行標售。

(丁)工務處駱副處長報告：

1. 此次奉派隨吳副總經理視察天津、青島分公司各廠，應時二十七天，昨晚始返滬，以時間匆促，材料不及整理，僅提要報告。
2. 天津有棉紡織廠七，絲織廠一，另鉄工廠一，正洽借辦理，內中以第一紡織廠(裕丰)範圍最大，有紡錠九萬餘枚，布機二千餘台。
3. 天津工潮甚烈，其起因並不專為工資問題，亦有干涉廠方行政者，例如第四廠工人要求取銷警衛，另有一、二廠工人竟拒絕工程師或技術員進場。
4. 天津各廠現日班僅開十八、九萬錠，夜班僅開三、四萬錠。
5. 抛津分公司意見，如果(1)工潮可以解決(2)宿舍不成問題(3)配件齊備(4)

電力充足，則可遵照總公司之指示在本年十月份內將紗錠雙班開齊。

6. 天津第七廠內有一毛紡織工場，其中間部份之房屋機器等業已焚毀，僅存前後兩部份，如將上海第十七廠之剩餘毛紡織機中之一部份，或上海第十五廠之毛紡織機移往，則可能仍成立一毛紡織完備工場。
7. 天津分公司及各廠技術人員不齊，應付困難，障礙工作進行甚大，宜急求解決之。
8. 天津各廠以論工不論貨之故，工作效率頗低。
   奉批： 應函津分公司從速改為論貨。
9. 青島有棉紡織廠九，機器、針織、印染、化工廠各一，共十三廠。
10. 青島各廠均為戰時新造，或由日本新遷來者，故機件較新，性能較佳，且工人既極易招致復安份誠恭原可順利開工，惟目前尚少開夜工，盖以時局不靖故也。
11. 青島可用之紡錠有三十五萬一千八百餘枚，布機七千三百餘台(尚有十萬錠存儲倉庫，在日人經營時原未裝置)但以機器配件缺乏，故目前各廠日班僅開二十四萬錠，夜班僅開四、五萬錠。
12. 青島各廠所產之布有品質優良不亞於龍頭細布者。
13. 天津、青島兩地技師及技術員均極缺乏，如無人才補充則夜班斷難開齊。就地聘人殊為不易，而此間人員則又多不願前往。故在座諸君如有技師或技術員人選請多多介紹。一則可以補充分公司之工作人員，二則可以解決上海紡織人才之出路。
14. 津、青各廠亦有所謂 Half Man，但頗易應付，廠長可任意擇優升迁，一廠之內或各廠之間均無牽制。
15. 天津、青島各廠均無重大破壞，如淂各方條件齊備，則全部紡織機械至遲年底当可開齊。

(戊)公司業務處報告：

1. 埃及棉已有到貨，能紡八十支紗，之各廠請整理機件着手紡製。
2. 對於棉商出售之棉花，應先收取小樣，再憑小樣驗收大幫。前曾通函各廠辦理在案，惟洋行棉花其大幫與小樣之品質等級大都符合。如某批棉花中有若干包與訂貨等級不符者，往往由洋行先期通知本公司照扣貨款，故向洋行訂購之棉花比較可靠，且貨款亦已先付，嗣後洋行棉花如小樣尚未送廠，其大幫亦希各廠照收。

3. 善後救濟總署前所交各廠棉花差額達五萬磅，嗣經復磅240包已溢出二千磅。如由此比例推祘，則如全部復磅後，其溢出磅數必甚可觀。經與論署商妥，此項所交棉花扣除一萬磅，至其餘四萬磅照各廠已收包數此例加收。

(已)討論事項：

1. 本會秘書處提：各廠上警訓練即將開始，前送名冊過簡，經另發調查表飭填，希於三日內填報以憑抽調。
   討論結果：請各廠照填。
2. 工務處提：男女工人之工作帽民營廠擬亦援飯單例每年每人買一送一，但其買一頂之价格希望本公司規定後通知民營廠照辦。至其价格應如何規定，請討論。
   討論結果：男工帽每頂收費七百八十元，女工帽每頂收費六百五十元，均買一送一。
3. 工務處提：最近各廠停電事件甚多，在停電期間工人工資應如何計祘，請討論。
   討論結果：事前未通知工人，工人業已進廠，其在車間之工作時間應照給工資。事前已知停電，通知工人毋庸來廠，其工作時間內之工資減半發給。

第二十六次廠長會報記錄(密件)

三十五年七月三日(1946年7月3日)

(甲)出席者:	李副主任委員	吳副總經理	劉文騰	龔蔭三	王子宿
	王君明	吳欣奇	顧鉅仁	黃樸奇	龔滌凡
	范本燵	曹致澄	高公度	張昂千	陳賢凡
	張方佐	王毓傑	嵇秋成	蔡　謙	傅銘九
	孫文勝	唐偉章	郭立茂	方玉卿	陳輝山
	李錫釗	何召南	蘇麟書	秦德芳	黃雲騤
	黃季冕	壽賢襄	劉益遠	陸芙塘	駱仰止
	陸绍雲	嚴仲簡	李向雲	朱洪健	陳惟稷
	徐維謹	章兆植	吳襄芸	朱仙舫	錢子超
	鄭彥之	程養和			

(乙)缺席者: 許學昌　　魏亦九

(丙)吳副總經理指示:

在本會組織條例內有協助供應軍需被服一項，故籌撥軍布為本會及本公司之責任，本年夏服軍布已勉予撥足，冬服布疋亦已與軍需署洽定上海方面應交貨五十二万疋，分六、七、八、九四個月交清。計六月份應交十七萬疋，七月份應交十五萬疋，八月份應交十五萬疋，九月十五日前應交五萬疋。嗣以軍需署灰布樣交到較遲，經與該署代表洽定六月份改交十萬疋，在上次會報中束總經理已有指示，各廠應趕織趕染，及時交貨，俾免貽誤。但現已七月上旬仍未有一疋交貨。雖灰布樣品該署交到稍遲，但本公司之準備工作亦嫌遲緩。查本公司出品遲緩之原因，其一為缺筘，其二為燃料不敷，事實誠屬如此，惟對上對外往往無法說明。現軍需署代表亟盼日內能交灰布至少五萬疋，在本月十日前再交十萬疋，並盼於本月底將六月份應交之數補足(即共交卅二萬疋)。各地被服廠領布人員業已陸續來滬，事關軍需，希工務處速予統籌彌補。為促進工作起見，業務處並已擬定辦法四項，如次:

1. 織廠織成之軍布希每日核數列表逕送蔣副處長，以便速撥染廠。染廠已染及已打包數亦希每日列表送蔣副處長，以便隨時撥交軍需署。
2. 染廠應隨染隨即打包，其無打包設備者希與坿近有打包設備之本公司紡織廠洽辦打包，否則另洽打包公司代打。總盼迅赴事機。
3. 冬服布係本公司逕交軍需署代表驗收，希紡織廠對織布務照所定規格，印染廠對染色務照所送布樣辦理，以免交貨時發生困難。
4. 軍需署催詢灰布染價，希各廠迅即詳密估定價格送業務處，以便向該署結帳。

以上各項務希各廠照辦，並希於本月底前生產灰布三十二萬疋。

(丁)李副主任委員指示：

1. 軍布問題其困難情形應由業務、公務兩處及各廠詳予研究，設法解決，務以能履行軍需合約為目的。
2. 綜閱本日提案，其主要者有二：(1)停電問題(2)米價問題。各廠均應有一致之規定，希詳細討論。

(戊)陸總工程師報告：

1. 經濟部燃委會以煤易電辦法於六月份起施行，嗣後各廠每月電費由燃委會逕送總公司，由機電總工程師室核對後通知會計處付款。此項賬單再由公司分發各廠入賬，以便各廠計祘成本。今後務請各廠按月將電力公司派員來廠會同抄表之電度記錄送交機電總工程師室，籍以核對。再各廠收到之電力公司及燃委會之收取保證金單，現因交涉尚未辦妥，暫緩照付。一有確定再行通知，或將收到之保證金單轉送機電總工程師室辦理亦可。
2. 數星期來，電力公司將各廠拉電，各廠備受其煩擾。電力公司自身亦不勝其若。嗣由該公司與民營廠商定，恢復本年三月份用電量，並與本公司洽商結果，由本公司每日指定若干廠拉去一整天，本星期一及星期二被拉情形與商定者尚無出入，惟今日該公司又有鍋爐損壞，多拉三廠，拠云下星期一起可能恢復常態，但究竟如何電力公司自身恐亦無多把握，故目前各廠拉電不淂不今日決定明日拉，而難以事先排定。

(已)討論事項：

1. 目前電力公司拉電辦法殊不規則，影響生產。且妨礙廠中人事調度，似應有一穩定辦法，各廠有無改良意見請討論。

   討論事項：各廠輪流停電，可規定該停電日即為各廠輪流禮拜日。請陸總工程師與電力公司洽商，決定本公司各廠每日究共拉去電力若干K.W.，至應拉何廠由本公司自行排定。此項排定之日程至少須維持一星期不予變更。

   李副主任委員指示：如果電力供應情形誠如陸總工程師所言，可能於下星期一起恢復常態，則前項問題不必再予討論。如下星期一仍不能恢復常態，則仍應依照討論結果由陸總工程師洽商辦理。

2. 第二、第五印染廠，第五、第八紡織廠等提：米价發見明暗兩盤，且採購不易。本公司原規定伙食費按每月一日、十一日、廿一日報載頭號米價，職員按八折、工人按六折計祘，目前如按明盤計祘則將不敷支出，難於核銷，如按暗盤計祘則又無根拠，究應如何補救請討論。

   討論結果：職員按每市擔米价八折、工人按六折之計祘方法前已決定，不必再予變更。惟米之价格應如何規定，請公司事務課與稽核處會同調查，決定米價後通知各廠。

3. 第七紡織廠提：停電期間無工作者給半工工資，如有工作者其工資應如何核給。

   李副主任委員指示：停電期間有工可作之工人仍應按時到廠照常工作，其工資與平常工作相同，照給一工，如不到廠工作不給工資。至因停電而無工可作之工人則給予半工工資，由工務處通知各廠照辦。

4. 第一紡織廠提：各廠自購機料一律以五十萬元為限似不合理。應視各廠設備大小而定限額，當否，請討論。

   李副主任委員指示：可規定累進率由機料課、稽核處會同擬定後通知各廠。

5. 第一紡織廠提：開除工人應將其照片複印陳送總公司，通知所屬各廠不再僱用，當否，請討論。

李副主任委員指示：可由工務處通知各廠照辦。

6. 第一紡織廠提：工人分向各廠化名登記，輪流工作，或請假以圖兼領病費及分娩費，應如何取締，請討論。

討論結果：請各廠長轉囑人事課主任，對於分娩及病費等案特予注意，將來市民身份証發齊後對於分娩請假似可在身份證上盖一印戳，俾他廠易於識別。

奉批：通知勞工福利會特別注意，並研究取締辦法，至要。

7. 管訓課提：抄第一針織廠呈，鍋爐工人每日工作時間較長，可否以內中二人輪日，每日每人升工三小時，經審查尚屬實情，擬每日每人准予升工二小時當否，請討論。

討論結果：升工對於他廠及本廠其他工人均有影響，且對於工人身心健康亦非所宜，故鍋爐間不如增加工人一名，使各工人淂每日輪流早到遲退。

8. 第一毛紡織廠提：請願警受訓無法抽調二分之一，如何補救，請討論。

討論結果：似可由訓練所另招新警組訓一隊流動性之警察籍補各廠警衛之不足，並可以此補充將各廠門警輪流調至他廠服務，俾杜人地過熟之弊。

奉批：調訓廠警可以斟酌各廠情形以抽調三分之一為限，另組一隊自可不必。

第二十七次廠長會報記錄(密件)

三十五年七月十日(1946年7月10日)

(甲)出席者：	束主任委員	吳副總經理	劉文騰	許學昌	黃樸奇
	龔蔭三	郭立茂	陳輝山	王君明	王毓傑
	方玉卿	張昂千	巍亦九	李向雲	嵇秋成
	鄭彥之	黃雲騤	范本烇	唐偉章	何召南
	陳維稷	夏恩臨	朱仙舫	朱洪健	駱仰止
	陳賢凡	陸芙塘	張方佐	吳欣奇	蔡　謙
	陸紹雲	黃季冕	顧鉅仁	秦德芳	徐維謹
	孫文勝	傅銘九	劉益遠	蘇麟書	壽賢襄
	王子宿	嚴仲簡	錢子超	吳襄芸	程養和
(乙)缺席者：	龔滌凡	高公度	李錫釗		

(丙)主任委員指示：

1. 公司待遇變更，高級職員減薪殊多，使余常覺歉然，惟事非淂已，際茲生活困難之時於此問題余亦無時或忘思有所補救，惟希諸君對於工作應有一信仰，即吾人為國家服務，為紡織界樹立基礎，並非只為薪給而來，以物價條件言，縱使吾人待遇可能設法調整，但無論如何終不能與民營廠比擬。本星期六將開董事會，余或將待遇問題提出一談。
2. 本公司暨各廠職員宿舍內應嚴禁賭博,無論麻將、撲克一律禁止。蓋我人所居者為公產，我人經歷著為固體之生活，故余不淂不以固體干涉私人之生活。非特職員宿舍內應禁止，工人宿舍內亦應禁止，希各處長及各廠長以身作則，注意辦理。
3. 標準廠業已規定，計棉紡織廠在滬東為第十六及第十二廠，滬西為第一及第七廠，毛紡織廠為第四廠，印染廠為第一廠。何謂標準廠□即出品之品質，職工之人數，職工之能力，管理之方法等，均須達到標準。如內有一項不能達到標準，即不成為標準廠。至於標準為何，希工務處規定一辦法。例如：用棉之數量，紗布之品質，職工之人數，工人之技能，每日之出數等，均應定有標準，並規定達成此項標準所需之月日。將來余略有閒餘時間當常至標準廠察看，工務、業務兩處亦應常至各標準廠攷察。其他各廠應照標準廠辦理或改進之。余指定上述各廠為標準廠並非謂上述各廠有勝於他廠。仍純係示範試驗之性質。如果他廠之一切設施達到甚或超過標準，而余所指定之標準廠其成績不夠標準時，則余自將以達到或超過標準者為新標準廠。故務希各廠努力競爭標準廠，尤應注意保持榮譽，勿使落伍。

4. 監察院等所組織之接收處理敵偽物資工作清查團即將來沪，本公司各廠或亦為清查目標廠中物資，如保管不善或有霉爛情形則將受政府之譴責。故務希注意各廠倉存原料、物料及成品。無論為自有或他人寄存者，如有霉爛等情應速處理。各廠倉庫概況並希於三日內具文報告總公司。

5. 關於產品成本，紗布部份已較上軌道，但仍未盡善，例如：月底盤存數字與每日報表數字是否符合,仍希會計處及統計室查明具報，如不符合應如何督促改進，會計處及統計室責無旁貸。印染、絹絲、製蔴各廠之生產成本迄今

未有造具，會計、工務兩處應負責催造，並限兩星期內辦理竣事。至機械情形成本仍不能袮出，廠長應負責會計處應督率。余意有一方法雖未能詳實規定成本，但可確知夠否開支，即嗣後本公司及各廠向機械廠訂購或修理機件由雙方講定價格報由公司轉賬。於是辦理即可知各機械廠每月收入若干，開支若干，盈虧如何，一目瞭然。故在機械廠未有規定成本前，本公司各處及各廠向機械廠訂貨或修理必須論價，否則機械廠工作將永難納入正軌。

6. 邹春座君發明之雙皮圈大牽伸希第二機械廠給予試驗之便利，其試驗費用可由總公司負擔，其他同事如有發明，本公司亦可擔任試驗費用，並由本會代向經濟部申請專利，但無價值者請勿輕易嘗試。

7. 同仁服務應有規則，在辦公時間嚴禁讀閱報章小說，並應準時倒退。本會自主任委員，以至處長、科長，總公司自總經理，以至處長、課長，各廠自廠長，以至各課主任，均應以身作則，又待人接物應和藹

有禮，目前同仁精神似嫌渙散，應由本會及總公司秘書處暨各處長、廠長速予糾察。

8. 職員宿舍之水電供應情形已定有辦法，至工人宿舍供應水電亦應擬訂辦法。蓋節省金錢事小，而浪費物資事大，希勞工福利委員會、工務處及同仁福利委員會擬具辦法呈閱。
9. 閱督導團報告書知第四紡織廠工房被佔，應即向社會局交涉，嗣後類此事件希各廠長多予注意。
10. 各宿舍內公有傢具應速登記，私人借用之公物亦應造冊由本會及總公司秘書處負責查明列報。
11. 以電力被拉每日被迫停工之紗錠約有卅餘萬枚，漠視生產殊深感慨，應向市政府交涉力爭。又目前一吨煤伝祇供電六百度，負擔加重，希各廠增加出數，俾輕成本。
12. 拉電事件固層出不窮，但日來各廠對於增開紗錠事宜似亦未積極進行，如電力照常供應目前各廠日夜班所能開紗錠恐亦不過一百廿餘萬枚。希各廠對於增錠一事努力勿懈。
13. 目前出品數量尚嫌不足，能否與工人洽商星期日仍照常工作，另給一工職員加工者亦照給加班費，如以工人換班關係星期不克日夜開工者，則祇加開夜班亦可。希諸君研究。
14. 軍布交貨限期急迫，本月底前須共交卅二萬疋織染，各廠希照規定數量努力趕製。
15. 工人病傷、分娩均有津貼，恐易滋生工人分向各廠化名登記輪流工作請假，兼領津貼之流弊。希各廠人事課嚴密注意廠醫，於掣給証書前尤應負責查明真相。
16. 閱督導團報告書，知各廠工資規定方法殊不一律，在同一公司下各廠工資不應有過多之差別，對於各項工資何者應論時，何者應論貨，希工務處於三日內統籌規定，嗣後吾人任何工作均應限時完成。
17. 巡迴督導團報告書均已批交工務處，希工務處於收到後一星期內將辦理情形具報，其中另有關於會計業務及勞工福利等事宜者，希有關各處於十日內分別具復。

(丁)吳副總經理指示

1. 西安、廣州等地軍需人員群集上海領布，但迄本月八日止，已織者僅十三萬四千餘疋，交染者有十萬零八千疋，已染者僅九千餘疋，月底能否如額交貨殊成問題。時局未見好轉，催布或將更急，務希織染各廠趕速生產。
2. 接收處理敵偽物資工作清查團聞已出發,吾人或為第二有資格被清查者(第一為敵產處理局及特派員辦公處)。据聞主要者為清查倉存霉爛情形，希各廠注意。

(戊)陸總工程師報告：

各廠業已排定停電者請勿私自開工，因小廠私開影響大廠被拉，淂不償失。

(己)討論事項：

1. 米伝發見明暗兩盤且採購不易。本公司同仁眷屬及工人每月約需食米三萬市担，可否由總公司統籌採購後伝售職工。
   討論結果：
   (1)請公司函商市政府將存米躉售本公司，俾便配售職工。
   (2)請公司向外埠採購後伝售職工。
2. 各廠工資規定方法應如何一致，請討論。
   討論結果：某一部份工資應予論貨，某一部份工資應予論時。原則上各廠可以一致，工務處且已有規定，但以各廠設備情形不同、生產能率各异，所有工資恐難以一致規定。請由工務處向各廠詳細調查後報告總經理。
3. 星期日各廠應如何加班，請討論。
   討論結果：星期日各廠可以加班，但以換班關係祇能加開一班。並為顧慮電力供應起見，各廠以輪流加班為宜，例如：滬東區加開日班，滬西區加開夜班。至電力能否供應，由陸總工程師先與電力公司接洽，提出下次會報討論決定後再向工會洽商。

第二十八次廠長會報記錄(密件)

三十五年七月十七日(1946年7月17日)

(甲)出席者：	束主任委員	吳副總經理	劉文騰	黃季冕	曹致澄
	顧鉅仁	范本煃	秦德芳	陳賢凡	王毓傑
	吾葆真	壽賢襄	王子宿	闞德懋	龔蔭三
	陸芙塘	高公度	方玉卿	章兆植	傅銘九
	嵇秋成	朱仙舫	吳襄芸	徐維謹	黃雲騤
	郭立茂	陸紹雲	許學昌	蘇麟書	王君明
	劉益遠	陳維稷	張方佐	朱洪健	駱仰止
	錢子超	黃樸奇	唐偉章	楊亦周	張昂千
	嚴仲簡	鄭彥之	龔滌凡	陳輝山	孫文勝
	吳欣奇	張似旅	菜　謙	程養和	
(乙)缺席者：	魏亦九	李向雲	李錫釗		

(丙)主任委員指示：

1. 客商向本公司各廠提貨有遲至十餘日始淂出貨者，此雖為管理倉栈人員之辦事不力，但稅員留難亦為一因。經商請財政部俞部長設法改善，蒙允嗣後每廠祗派辦稅員一人，稅票由各廠自行填製。此事實施後各廠代填稅票務須翔實迅速，並不淂發生貽人口實之事。
2. 善後救濟總署棉花已到二萬餘包，浦江船隻雲集，而本公司各廠管倉人員有者上午九時尚未到公，有時下午五時後即予拒收，致每星期僅能收提約三千包。該署啧有煩言，又各廠管倉員工抝報仍時有需索小費情事，殊為荒謬。今日諸君返廠後第一件要事厥為應召集有關倉務之員工填重訓誡，毋以三數員工之不盡職守致使整個公司蒙受污點。嗣後如再有失職員工，余即斷然予以革職。
3. 善後救濟總署供應本公司之棉花淂按成本購回百分之十之成品，故該署近派員向本公司調查成本資料。但此項成本資料應由總公司會計處統籌供給，希各廠切勿逕將資料送予該署人員。有若干項成本，例如將來職工之獎金，暨折舊利息、保險、運費等等目前均未列入計祘，故提供實際之成本亦頗不易。

4. 此次所交軍布內有第一紡織廠供應之若干疋，每疋短少半碼，軍政部請予退貨，余已同意將所有短碼布疋一律退回。但何以短少半碼應由工務處澈查具報。

5. 同仁福利事宜如醫院、學校、浴室、理髮室等均已次第舉辦。有廠長問余為使大眾惜物起見，浴室可否酌量收費，余認為可行。惟公司及各廠必須一致規定，理髮伝目亦需一律。如以設備及成本不同則可規定幾個等級，希勞工福利、同仁福利兩委員會洽商各廠規定之。

6. 標準廠業已規定，余在上次會報中已有提及。至標準為何希工務處於本星期六前將辦法規定呈閱。標準廠內人人均應固守崗位，埋頭苦幹。所謂標準係多方面而言，若專指產量則不免太於膚淺，又達成標準廠之限期工務規定為三個月，其他各方面至遲以不超過六個月為宜，至於總公司如何使淂各廠達成標準，亦應訂一督導辦法，在此項辦法內並希規定使令擔任一項工作，余自必按照辦理。

7. 成本事宜余屢已提及，惜迄今仍未上軌道，且計祘方法頗不合理，例如三十二支紗較四十二支紗為昂八磅，與十二磅染布成本相同等。查目前所列計之成本僅為龐統之總成本，至各種紗支應有之成本均未作合理之比例計祘。余催促再三始勉將成本計出，而結果仍嫌不倫不類。如果會計處能祘出比較正確之成本則業務處之營業亦可能較有把握。統計室並可用以比較各廠成本之高下，使有所競賽，而促進各廠之標準化。

8. 各廠現有之事務人員如配備淂宜恐已足夠應用。故事務人員不應再添。至技術人員如有不敷俁可先自發還各廠所留餘之職員中調用技術員，並可自助理員中擇優升用，總之本公司及各廠人數均已達飽和點，嗣後除優異之技術人員可酌量延用外，普通人員不宜用，事務人員尤應緊縮。

9. 接收敵資清查團已來滬，各廠接收及生產之物資經總公司業務處派員調查，雖大體尚無霉損情事，惟仍恐難免視察未週。各廠應將畧有問題之物資迅予整理攤晒。狗毛、羊毛、廢料等雜纖維如無法出售，應即函請處理局查照。

10. 本年新棉上市時擬收購若干以濟各廠之用，至各廠需用之品質標準希速提出俾便統籌採辦

11. 各廠所開紗錠仍嫌過少，如電力照常供應單班能否開組七十萬錠□第二十二次會報中決定之各廠增開紗錠進度表已否遵照辦理□應於下次會報中提出檢討。

(丁)吳副總經理指示

1. 軍布需用甚急，各廠應照規定數量趕速織染，迭經於會報中提及，茲據廠務課報告已織成坯布二十一萬疋，已染灰布九萬疋。核與本月底應交卅二萬疋之數相差甚遠。查目前各廠每日約共可織一萬疋，如能維持此水準，則坯布已可無問題。惟印染廠仍須加緊努力，尤盼依照各廠每日所能認染之數，即：

第一印染廠　五，〇〇〇 疋

第二印染廠　一，〇〇〇 疋

第四印染廠　一，五〇〇 疋

第五印染廠　九〇〇 疋

第六印染廠　一，五〇〇 疋(下星期一起 Aniline Black 停染後每日可出一，八〇〇疋)

第一針織廠　六〇〇 疋(十天后每日可出一，〇〇〇 疋)

十足交貨，如是則每日始能生產軍用色布一萬疋。

2. 第一、第二十等紡織廠供應之軍布發見短碼情事，日昨由業務處及有關各廠會同軍需署代表赴軍服廠查明屬實。勢將引起扣價補交或退貨之糾紛。在上海方面尚可會同檢驗，如係運往各地者頗難應付。嗣後務希各廠注意，無論為軍布或售布一律不淂再有短碼情事。

3. 聯總物資停運前途未可樂觀，彼等控訴上海延擱甚多之物資，棉花亦為其中一項，過去該署通知本公司提貨，以仓庫不敷分配致每有未能及時辦竣。昨該署派員來稱今後到沪棉花將姍姍來遲矣，除已囑由儲運課俟速提送各廠外，至到廠後如何存儲，希各廠勉力設法對於分配

數量務希照收，如超過分配數量時，亦希予送貨人以便利姑予照收，無論為休息時間或星期例假，如有貨到，管倉員工均應照常工作。下月內或將再有二萬五千包運到，希各廠早為準備。

4. 毛紡織廠產品僅共有七十餘萬碼，而售出者祗二十餘萬碼。經召集呢絨同業研究原因，據稱本公司產品不合沪市銷賣，查本公司各廠之機器原料均勝人一籌，何以產品反見遲銷□希唐偉章、張訓恭兩君會同各廠速研究改善生產辦法，至於銷售方面如認為目前掛牌方法不甚妥善而有改用定貨方法之必要者亦不妨研究照改。
5. 製蔴廠情形亦殊難樂觀，原料既貴成本尤昂，第二製蔴廠所產之蔴布僅銷出五百餘萬元，目前印度限制原料出口，而成品則准許輸出，日後印度蔴布到貨時，吾人恐將難與競爭。為防患未然計蔴廠應如何及早改進，希速研究。
6. 送廠棉花大別可分兩類：(一)為本公司門市購進者以小樣為憑，收貨時應將大幫與小樣核對。(二)為本公司向善後救濟總署及進出口洋行憑美國陸地棉品級標準訂購者並無小樣，希各廠勿斤斤拎小樣之有無，祇須以棉花檢驗室所頒發之美棉品級標準核對已可。

(戊)天津分公司楊經理報告：

本人此次來滬一方面將天津分公司情形報告總經理，並有若干問題請示解決，一方面以天津多廠缺點尚多，擬向在座諸位請教。

津分公司於本年十二月十五日成立，共接收七廠計紡織錠卅二萬五千餘枚，布機八千餘台，目前已開日班十八萬餘錠，夜班十一萬餘錠，與理想目標相鋸甚遠，其原因(一)工潮起伏，廠務不易推進。(二)日人經營時代原開紗錠甚少，本公司接收時轉動之紡錠僅有二萬八千枚。(三)零件修配困難，最近各廠工會改組悪劣，工人多予革除，並已接受前經濟部接管之若干小機器廠，俾便零件之修配，今後工作推進或可較形順利。津分公司之業務及工務方面均有不少缺點，此次吳副總經理及駱副處長蒞津，蒙指示良多，本人此次來滬擬观摩上海各廠，俾有所借鏡，希各廠不吝賜教。

(己)工務處駱副處長報告：

1. 日前總經理、副總經理授意本人向各廠長洽談兩點。(一)大局不靖，希各廠對於進出人等工人舉動、倉庫情形、消防設備等特予注意。夜班及星期日值班職員應多留數人。(二)關於補救高級職員待遇，總經理既已屢有表示，日後定有較好辦法。以我人自身立場言，為國家工作，以本人在工務處立場言，希諸位勿以待遇問題而影響出數，並請轉達各同仁，嗣後對於待遇不必再提討論，因總經理必有良好之辦法以慰吾人也。
2. 此次隨吳副總經理視察津、青分公司，業已撰就報告兩種。(一)為根拠視察所得作一報告。(二)為根據各廠所填報表作一報告。關於第一項報告已呈請總經理核閱，並擬油印分發各廠參閱。概括言之，天津各廠受工潮牽制影響其進展。楊經理及王副經理應付環境亦煞費苦心，津廠設備略优，如日後環境改善則頗有親途。至於青島各廠乃戰時重建，故設備更佳耳，該地氣候及人事條件均較滬、津為優，其紡紗出數在點四以上，織布出數在四十碼以上，故日後

青廠成績定勝於滬廠。惟動力及物料青津兩地同感不敷，故總經理已指示工務處對於青、津所湏物料必須速辦製出，但以民營廠正不惜工本搜購各種機物料，對於本公司影響殊大。天津第六廠現已缺乏鋼絲針布，此項鋼絲布且湏為四十五吋寬者，致配購更感不易。適才楊經理報告天津已接收若干小機器廠，在青島亦有一鐵工廠出品精良迅速，故青島各廠配件較易。將來全部紡錠開齊之期當可較天津各廠為早，或不待至九月間已可開齊。要之青、津各廠之人事配備、物料補充、暨電力供應均感困難，有此三因使各廠業務之進展較滬廠為遲緩，但一旦此困難之因子湒以解決，則開齊紡錠當可較滬廠為速也。

主任委員指示：(一)目前鋼絲針布最為需要，余曾與楊委員錫仁洽談，擬向美訂購。如頭等貨交貨太遲則二等貨亦可。希機料課再與楊委員洽商辦理。至青島機場余雖未親歷視察，但拠報確甚完善，余意總公司機料課之業務不應局促於上海一隅，而應將目光放大，遍及青津兩地。九月間青廠紡錠開齊後，沪津兩地所需之一部份機件亦可托青廠代製。

(二)報告余已閱畢。以機器言青廠最優，津廠中新設之廠機器較佳，但

由華廠改名者則未必見佳。平均論之，沪廠機器或較津廠為略佳，以工作言，青廠殊優，沪津各廠望塵莫及，但青廠設備之佳出品之優並非我華人之榮，乃日人之功。寶來之前身為青島華新廠，在華新各廠中當首屈一指，但在接收之青廠中相形見絀，可資佐証。故吾人接收日人紡織廠，並應接收日人辦廠之精神。余覺日人辦廠有三點可取之處，即(1)保全良好(2)管理周密(3)工作刻苦。故嗣後我國技術人員之培養方法似應有所革新，否則我國之紡織工業將難與日人競爭。

(庚)討論事項

1. 勞工福利委員會提：各廠倉存物資中有蚊帳布及中裝短衫褲可否配售工人。
   討論結果：交由新興公司批售各廠工人。
2. 第一紡織廠提：各棉紡織廠月終結出各製品單位成本，請由總公司編印比較表分送各廠以供參攷。
   主任委員指示：應由會計處會同工務處、統計室照辦，並將棉、毛、蔴、絹及印染產品成本之計示方法於三日內擬就呈閱。關於產品成本，非特總公司各廠應予比較，並應將津、青分公司各廠之產品亦彙集比較
   又奉批：計示成本規格尚未送來，應嚴催速送。
3. 第一紡織廠提：日籍技術人員以對其國內通郵困難，請由總公司指定人員集中辦理。
   吳副總經理指示：目前中日間尚未正式通郵，惟拠聞自本月廿五日起，每星期有軍用機一架往返載運郵件，所有郵件均需經查。余意可向中宣部彭部長洽商，凡本公司之日籍職員請准予通郵，其郵件由公司集中送檢付郵。
   主任委員指示：可由本會向中宣部洽辦，並指定本會事務科負責辦理此事，所有郵件由事務科集中送檢付郵。
   茲定於七月廿四(星期三)日下午三時在漢口路130號中國紡織建設公司會議室舉行第廿九次會報，希準時出席為荷。
   此致
   上海第XX紡織廠

第二十九次廠長會報記錄(密件)

三十五年七月二十四日(1946年7月24日)

(甲)出席者：束主任委員　劉文騰　陳輝山　曹致澄　方玉卿
唐偉章　王毓傑　黃雲騤　許學昌　壽賢襄
范本烇　顧鉅仁　王君明　張昂千　王子宿
高公度　郭立茂　鄭彥之　夏恩臨　秦德芳
龔蔭三　菜　謙　嚴仲簡　張兆植　黃季冕
蘇麟書　陳維稷　吳襄芸　徐維謹　朱洪健
吳欣奇　吾葆真　嵇秋成　朱仙舫　龔滌凡
李向雲　陸芙塘　張方佐　陸紹雲　傅銘九
孫文勝　陳賢凡　劉益遠　程養和　錢子超

(乙)缺席者：魏亦九　李錫釗(出差)　黃樸奇

(丙)主任委員指示：

1. 本公司員工眾多，同仁因公死亡除公家規定之撫恤外同仁之間是否應有一種互動性之保險辦法□我國俗禮，家有慶喪親朋均致禮儀予以經濟上之助益，所謂來而不往非禮也，即有互助保險之深意。但如向保險公司投保則不如同仁互助自保較為實惠。此不過為余個人之意見，至究應如何辦理希諸君研究討論。
2. 紡織人才應如何培養訓練，此有關吾國紡織界之百年大計。值茲本會即將開始訓練百餘學生之際，希諸君提供意見。查各國訓練人才大都自基層着手，惟有戰時吾國以人員不敷，往往以初出校門之學生一躍為技師、工程師之流，學識既淺，經驗尤差，能否負擔建設重任殊屬疑問。在座諸廠長均為多年辛苦奮鬥之技術人才，想與余均有同感。余意普通之紡織學生初出校門者，應先使擔任練習技術員二年次任助理技術員，二年復次任技術員。二年始淂升任技師，有四、五年之技師經驗後再酌升為工程師。如是則根深蒂固，紡織業前途始較有希望。其技師以上之人員似並應注意其組織及管理能力，以目前吾國紡織界言，管理之重要似更甚於技術，故工務出身並有管理能力者可稱為一等人才，有管理能力而並非工務出身者為二等人才，工務出身而無管理能力者為三等人才，既非工務出身又無管理能力者為末等人才。是以訓練人才似應兼顧其技術經驗與管理能力，我人為使不再遺害下一代之紡織界起見，應將訓練人才之基本方法研究改進。

3. 各紡織廠生產能力尚嫌薄弱應積極增產。以往我人對於各廠之生產效能頗為自負，但一詢民營各廠則其生產成績並未稍遜吾人。將如何使生產增加□如使勞工過份辛苦，日夜班工作廿四小時，亦非余所願。如實行三班制，每班工作八小時，則徒增工資，影響成本。諸君有何良策希提出討論。
4. 各紡織廠所需修配各件機械廠應從速辦理，俾免貽誤各廠生產。
5. 豐田自動車等三廠移交中國紡織機器製造公司後約有一百五十餘工人未為該公司所接受，此等工人如何安插遂成問題。余意本公司現有之各機械廠如加開夜班一則可容納此項工人，二則目前各紡織廠配件加開夜班後淂提早出貨以應急需，能否照辦亦希諸君研究。
6. 中國紡織機器製造公司接辦本公司之一部份機械廠，並欲本公司訂購其一年工作之產品。我人可否向其定制OMB式大牽伸兩萬錠，以日製之同式機器為交貨之標準。於此建議諸君有何意見□又本公司各機械廠除修配機件外應否亦從事大規模製造OMB式大牽伸□機器廠與各廠有關，故希各廠共同討論。
7. 余尚有一計劃擬指定一紡織工廠其全部技術人員悉數利用日人充任(行政及事務人員仍由國人擔任)授權日人處理一切工務，籍观其成效如何，以資接受其技術上之長處。諸君如贊成此舉則余再向社會局及工人解釋其動機，盖對於技術吾人似應虛心研習戰敗國之人民或亦有長處也。
8. 按照第廿二次會報所決定之各紡織廠應行增開紗錠進度表迄七月下旬止各廠應開單班紗錠七六三，三二七枚。目前各廠僅開六四〇，八五八錠，計不足十二萬餘錠。各廠少開之原因應查明責任。余以為：
(一)第三廠工房何以尚未修竣總公司應負責任。目前向公司承包修屋者共有幾家，是否均在積極工作，關於修屋事宜是否家數太少，工務處建築課是否應予加強，投標範圍是否應予擴大，應由本會督同工務處切實注意。

(二)第六廠之工人多病不能成為少開紗錠之最好理由。

(三)第七廠工房尚未修竣總公司應負責任。

(四)第八廠缺電可應用後方辦廠之精神，以數架汽車引擎聯合發電，如有適當之柴油引擎亦可購用。

(五)第十二廠所開尚不足六萬錠，究於何日能將紗錠開齊，工務處應時時催促。又該廠所餘布機一千餘台應設法利用。

(六)第十四廠電力設備方面缺少2300 Volt Buo Supporter，各廠存貨中如有此項物料希通知機電總工程師室。

(七)拠第三機械廠報告，因所購洋元內中夾灰不能應用，須另用舊貨改造，致第十五廠之配件未能如期交貨。查此項洋元係何人經手訂購，應由工務處查明責任。

(八)第十七廠工房須兩個月始克修竣，未免過遲。應俟廠方部份修竣後即部份排車最近期間並盼即增錠。

(九)第十八廠錠數無多應速開齊。

(十)第十九廠紡粗支紗既感前紡不足則可改紡細支紗，總之以開組紗錠為是。

(丁)討論事項：

1. 第三紡織廠提：單身工人因病死亡，其服務時間尚未滿半年者依照公司規定不給任何津貼。惟單身工人在滬舉目無親，可否請公司酌給喪葬費俾可辦理後事。

   討論結果：工人因疾病而死亡，服務未滿半年者擬給喪葬費暫以二十萬元為限。

2. 工務處提：日來滬東各廠在浦東工人因戒嚴或輪渡停開受阻未能上工，此等工人工資預備不給，賞工則照給，是否有當請公決。

   討論結果：工資不給賞工保留

3. 同仁互助保險問題。

討論結果：

(1)原則贊同請同人福利委員會擬具具體辦法再行討論。

(2)在國外有所謂Social Security辦法係由政府向職員薪水中抽扣此款，除作賠償死亡外亦作養老及津貼殘傷之用。又有團體保險辦法由職員出款若干，公司出款若干，如有意外情事由公司按職員出款之多寡加倍付給保險費。凡此辦法似均可供同人福利會之參攷。

4. 紡織人才培養訓練問題。

討論結果：關於紡織人才之培養訓練似可規定：(1)實習辦法(2)訓練辦法(3)任用辦法。請由紡管會及工務處擬具具體辦法。

5. 棉紡織廠增加生產問題：

討論結果：目前生產未能積極增加係受環境影響，如生產之條件完備則即可增產。

6. 機械廠加開夜班及製造整套機器問題。

討論結果：修配工作因並非為連續性之工作，工具及工作責任均有問題，似不適於加開夜班。調換工人大規模之製造工作比較有固定性，可以換班工人增開夜班。目前修配工作雖應按不暇，但為使兼能製造整套機器及顧慮一百五十名工人之工作起見，似可以第二機械廠中之一個分廠專任製造工作。紡織機器公司所未接受之一百五十餘名工人即安插於此分廠中。

7. 向紡織機器公司訂貨問題。

討論結果：該公司之生產能力本公司未盡明瞭，故似可先函請該公司告知一年之生產能力再斟酌決定訂貨若干。又該公司出品能否完全合用尚無把握，似可先請試製若干，經應用滿意後再大量訂製。

8. 標準廠之一所之技術人員全數用日人充任問題。

討論結果：紡織廠辦理成績之優劣似並非祗為技術問題，尚有管理問題。而管理與政治及社會環境均有關係。在日人經營時代，以壓力馴服工人，故工作效能淂以提高。目前環境不同，如乃由日人管理廠務非特將為外界人士所不諒，抑且將為本廠工人所反對。故技術人員如悉數用日人充任，仍須延用我國技術人力協同管理。如是則開支將不免增加。日人以往辦廠確有成績，但我人辦廠亦未尝不思進步。故目前與其將技術事宜全部交由日人辦理，毋寧先研究如何使工人服從管理，籍以提高工作效能。而各廠如加添一、二日人提供技術方面之意見，而由我國技術人員執行，則或可收观摩之益。再者日人技術缺點亦多，以往日廠工作成績之所以優良在於：(1)原料標準化，故出品亦淂維持標準(2)重視同人福利，員工均安心工作(3)普遍發展，一般均好。但目前留用之日人對於Staple　Length不規則之原料並無若何把握以調整gange之距離，而對於心不在意之工人更恐難以駕馭。督導團日人之所以較能表現成績恐在於用口不用手。總之我人亦希望將各廠辦好。目前正領導同仁一鼓作氣，竭全力以赴，但願環境日有改進，生活淂以安定，使同仁工作不致氣餒。

奉批：　各廠所陳意見甚是，自以不辦為是。

第三十次廠長會報記錄

三十五年七月三十一日(1946年7月31日)

(甲)出席者：

束主任委員	吳副總經理	劉文騰	黃雲騤	黃季冕
黃樸奇	龔蔭三	方玉卿	朱洪健	高公度
王毓傑	張昂千	劉稻秋	陳輝山	嵇秋成
壽賢襄	顧鉅仁	吾葆真	李向雲	張方佐
孫文勝	鄭彥之	劉益遠	秦德芳	曹致澄
唐偉章	范本烇	徐維謹	陸紹雲	吳欣奇
蔡　謙	陳賢凢	郭立茂	王君明	陸芙塘
許學昌	王子宿	朱仙舫	龔滌凢	嚴仲簡
駱仰止	章兆植	傅銘九	蘇麟書	夏恩臨
程養和				

(乙)缺席者：魏亦九　錢子超　吳襄芸

(丙)主任委員指示：

1. 諸君嗣後務請準時出席會報，俾免因一、二人之誤時而影響大眾。
2. 所交軍布常發生短碼情事，殊於本公司信譽有關，嗣後各廠織製壞布務應一律以四十碼為標準印染廠染整後其溢碼亦不可剪去。
3. 所產棉紗已大部用織軍布不敷配銷。目前請購二十支紗者甚多，但無以供應。又購布者多需白壞布，適與軍需相同。故今日紗布營業均無法開展。務希各廠接照會報決定之增開紗錠布機數量積極增產，俾能解除營業上之困難。
4. 本星期五社會部谷部長召開會議討論修訂工廠法，
此於建設前途關係甚鉅，倘攷慮未周執行時必感困難。在座諸君均為對於工廠有實際之經驗者，故已將工廠法油印若干份希諸君攜回研究，並將修訂意見於明日午前送總公司俾便綜合研究，提出會議中討論。對於修訂工廠法本人認為應注意下列三點：(1)廠長有管理全廠之權，工人應守紀律，不宜干涉廠方行政(2)工人待遇必須合理，且應有適當之保障(3)罷工須循正當之手續，原則上大體不出手。此諸君當有更佳之意見，希多多提出。

5. 各廠近有所謂藝徒者其將來出身及待遇、又訓練辦法均無明確規定，殊屬不妥。將來演變結果恐不免成為 half man 之類。如需訓練技術工人，事前須有一定之計劃及步驟，希討論之。

(丁)吳副總經理指示：

1. 布疋之國外貿易或將開始，荷、印、暹羅、越南、埃及等國紛紛前來洽商訂貨。務希印染廠對於外銷花色特予注意，小樣與大幫之花色品質尤應相符。
2. 軍布染色工作仍嫌不夠迅速，希各染廠加倍努力。又軍布發生短碼問題，希各廠注意改善。
3. 拠重慶來信，運渝布疋其包裝大都破損，嗣後外運成品包裝務須堅牢，所用打包材料不必過份節省，俾免為小失大。
4. 中國物資供應委員會為本會採購之棉花業有到滬，此項棉花由本公司按照美國出口時之磅碼重量收貨，故各廠進倉時雖因責任關係可以複磅，但複磅後盈虧已未便。請物資供應會負擔，故各廠對於本公司自購之原料過磅固須公道，即對於棉商送廠交貨棉花亦應公平過磅，希各廠長轉囑管倉員注意。
5. 拠第三紡織廠總務科函稱，此次送廠之物資供應委員會棉花不克，供紡二十支紗等情查美棉長度拠余所知不及7/8吋者甚少。且此項棉花經本公司棉花檢驗室用長度分析機精密鑑定，結果與供應會原等級尚符，是否真不能紡廿一支紗希工務處研究。又類此函件不應由總務課具名，嗣後應由廠長具名以符規定。

(戊)討論事項：

1. 公司業務處提：查本年冬季軍服布撥交一案，關於數量一項迭經提請注意。惟事實上七月份又將過去，所交尚不足廿萬疋，與原規定相差甚鉅。必須在八月份趕織趕染以資補足。目前又發生一新問題，印染廠紛以所收之坯布短碼為言，各軍服廠對所收之軍灰布尺碼太短為言(不及四十二碼)。過去為白布短碼軍需署來源斷斷交涉，並要求各廠及公司業務處出具證明書，尤難應付。查白坯布之長度以四十碼為標準，早經與軍需署洽定在卷，如果不能足碼攸關公司出品信譽，今後各紡織廠所織坯布務請詳加檢驗，每疋必須足四十碼(雙連足八十碼)。各印染廠加染後引伸之長度亦絕對不得剪去，否則軍需署拒收灰布，甚至要

求扣價，或各印染拒收坯布時應由各有關廠負責。特再提案敬請注意。

討論結果： 請各廠注意辦理。

2. 棉紡織廠增加生產問題。

討論結果：各廠增加生產受限制於下列各因子：(1)廠房修理需時(2)幾件不能迅即配齊(3)機工缺乏(4)電力不敷，開工時間比前減少(5)天時鬱熱，工人多病。上列各項困難如能從速解決則八月底可開七十六萬錠，否則僅能開七十二萬錠。

奉批：再另行通函。各廠限八月底務開足七十六萬錠，九月底開足八十八萬錠。

3. 藝徒問題。

討論結果:藝徒之訓練事宜似可由公司成立一『學工訓練班』以提高技工之程度，養成優良之技術，並注意品性之淘治為宗旨。招考初中畢業十六歲至二十歲之男性訓練兩年，經考試及格畢業後稱為技工，不及格者除名。詳細辦法由管訓課擬訂。

奉批：究規定十六歲至二十歲，抑規定十八歲至二十二歲，工務處及各工廠再提供意見。

4. 會計處提：抛第六、第十紡織廠等會計主任報稱，工帳部份書記工(即雇員)態度囂張，指揮不易等情，查各廠工資支出為數頗巨，對工資結祘倘不能嚴格辦理，虛糜堪虞，似應將各廠書記工予以撤換，代以職員，籍資整飭。但鑒於人工初步記錄之由，書記工辦理積習已深，又有工會關係

不無顧慮。究應如何辦理，請討論。

討論結果：(1)由各廠會計科將失職之工人姓名暨失職確實情形報告廠長予以處分(記過或開除)。如因此而引起工潮請由總公司支持(2)將原歸人事科或總務科指揮而派在會計科工作之書記工統改歸會計科指揮。

5. 第三紡織廠提：各廠修葺廠房無論工程大小必須先行申請，殊費時日，對於工務尤多影響。擬請以各廠錠數為比例訂一分級金額，凡不超過規定限額者淂因時制宜，免誤工務，當否。請公決。

討論結果：各廠每月修理備用金擬規定(1)五萬錠以上者為甲級廠，每月九百萬元(2)三萬至五萬錠為乙級廠，每月六百萬元(3)三萬錠一下為丙級廠，每月三百萬元。其他毛、蔴、絹、印染、針織、機器等廠比照辦理。

奉批：　甲級廠每月四百萬元，乙級廠每月二百萬元，丙級廠每月一百萬元。

6. 第十七紡織廠提：工友分娩疾病津貼可否變通辦法加速發給□

討論結果：分娩及疾病津貼應照章辦理並擬由廠先發報請公司備案。

奉批：不能許可。

7. 第五印染廠提：計件工升工辦法是否依其一週間不停工所淂之工資總和以六天平均之，抑另規定某一工資數作為其升工□

討論結果：按平均計标。

8. 工務處統計室提：近來各廠對平車、揩車扣錠有少有多無一定標準擬自八月一日起對平、揩等等概照故備錠扣百分之五以求統一，如何□請討論。

討論結果：各廠照實報實扣，公司統計室一律照百分之五扣，日夜一律。

9. 第七紡織廠提：目下匪徒横行，各廠除請願警多帶子彈外應設警鈴以防萬一，當否□請公決。

討論結果：原則通過。每個警鈴均二百餘萬元，擬由各廠自裝。

10. 第一毛紡織廠提：警訓大隊隨時向各廠調警訓練，如不合格並另換新警補充。此項警察訓練完畢分發各廠，能否負責殊屬疑問。在分發之前應否征淂廠長同意□請討論。

討論結果：廠警受訓因不合格而需更換時，擬請於事先徵淂各該廠廠長之同意。

第三十一次廠長會報記錄(密件)

三十五年八月七日(1946年8月7日)

(甲)出席者：

束主任委員	劉文騰	張方佐	高公度	郭立茂
黃季冕	李向雲	龔蔭三	黃樸奇	方玉卿
王毓傑	徐維謹	蔡　謙	顧鉅仁	劉益遠
壽賢襄	黃雲騤	陳賢凡	范本煃	唐偉章
王子宿	嵇秋成	章兆植	嚴仲簡	蘇麟書
張昂千	朱洪健	吳欣奇	吳襄芸	錢建庵
駱仰止	陸芙塘	吾葆真	秦德芳	王君明
許學昌	陳輝山	宣慰民	袁隱谷	陸紹雲
陳維稷	錢子超	朱仙舫	張似旅	何葆琪

(乙)缺席者：魏亦九

(丙)主任委員指示：

1. 接收處理敵偽物資工作清查團已抵滬，本公司接收情形亦在清查之列，希各廠注意兩點：(1)接收物資是否與特派員辦公處移交之清冊相符。(2)各廠倉存物料已否接照移交清冊清點。本公司接收時多依照特派員辦公處所造之清冊接收。茲接敵產處理局轉奉行政院命令應照敵偽原始清冊接收，否則以貪污論罪。特派員辦公處並未正式將原始清冊移交本公司，其負任自非本公司所應負擔，關於各廠接收清冊究應是否依照敵偽原冊或依照其他清冊點收請劉處長查明。
2. 後方勤務部來交，又以第一印染廠所交染布六千疋中有七百疋短碼情事相質詢。關於短碼情事一再提醒注意，不料仍未改善，影響信譽殊非淺鮮。又出品牌子之好劣關係營業收入甚大，誠以牌子即是資產。以往日人經營出品之牌子甚好，吾人接辦後自應注意品質，維持客戶對原牌子之信仰。如將牌子做壞，不易追回，今抝業務處報告，客家批評缺點：(1)坯布與樣品不符，不合標準，或有次劣混入。(2)第一印染廠將不同之坯布染色後打在一包。(3)印花布色質不同。(4)色布裝璜不好，摺疊不齊，捲扱不整，諸如此類，業務與工務之聯繫實須加強不可僅以文字言語相指責，必須以事實作證明，以科學求真理之精神打破空乏之批評。會報時業務處可公開以貨樣供諸討論，並應隨時將市場動態調查結果、應時樣品種種供給工務處作為參攷。毛廠、蔴廠出品亦同，不能以常情判斷而與市場隔膜以致產品滯銷。

3. 依拠統計，各棉紡織廠所用員工數暨紗布產量等等可為各廠工作成績之比較。以出數論，上海、青島相仿，天津較遜；以員工人數論，上海、天津較青島用人較多。
4. 關於增開紗錠務期八月底開足七十六萬錠，九月底開足八十八萬錠，勿再有延，請工務處督促之。最近青島運來坯布品質不在上海之下，近來滬市白坯布不敷應市出數，亟須增加，青島、天津近來工務進展頗速，上海方面各廠應請加倍努力。
5. 上次會報關於招攷藝徒入廠，年齡規定十六歲至二十歲，抑規定十八歲至廿二歲，再請討論。

   討論結果：藝徒入廠年齡規定自十六歲至二十歲。其已進廠者以不超過實足年齡二十歲為限。
6. 前次救濟蘇北難民星期日工作之給資辦法今特規定：是日工作以七小時作十小時計䘵，超過七小時者不另給資，不足七小時者仍須照扣，即六小時以九小時論，餘類推。
7. 關於平車、揩車扣錠計䘵辦法，上次會報討論結果，照5%似嫌太多，應改以4 %扣䘵。
8. 拠報告機械廠尚有盈餘，惟拠各方報告，本公司機械廠製品多較市仾為高，以後各廠向機械廠訂貨仾格應合理計仾，或用投標方式。如因訂貨件數太多致使成本增高，其須訂之配件為其他紡織廠所需要者可多製備若干，由公司備仾購儲，一方面可使成本減輕，一方面可使各廠需要時立即供給。此項辦法對於機械廠及紡織廠均有裨益，余意並非使機械廠發生困難，但望其在競爭中求進步。
9. 救濟總署屢以UMRRA棉花用以紡製軍布相責，本公司應付此事至感困難。其實訂製軍布僅八十萬疋，所需原棉不足十萬担，而本公司自購棉花前後共有160萬担，而與UMRRA所訂棉花100萬担合同尚未交齊。紡製軍布自非必須取給UMRRA棉花而可，況且UMRRA棉花嘜頭不清，不易認辨，苟欲劃清亦覺困難。果UMRRA必須查究UMRRA棉花用以紡製軍布則庫存何以尚存UMRRA棉花，盼各廠同人此後對於應用UMRRA棉花查詢時加以注意。

第三十二次廠長會報記錄(密件)

三十五年八月十四日(1946年8月14日)

(甲)出席者：

束主任委員	劉文騰	黃雲騤	王子宿	唐偉章
許學昌	范本煃	黃樸奇	朱仙舫	高公度
龔蔭三	壽賢襄	吾葆真	蔡　謙	黃季冕
郭立茂	張昂千	秦德芳	王君明	魏亦九
顧鉅仁	劉益遠	方玉卿	王毓傑	陳輝山
夏恩臨	鄭彥之	蘇麟書	吳欣奇	朱洪健
陳維稷	陳賢凡	吳襄芸	嵇秋成	龔滌凡
嚴仲簡	徐維謹	陸芙塘	章兆植	張方佐
錢建庵	錢子超	張似旅	駱仰止	程養和

(乙)缺席者：無

(丙)主任委員指示：

1. 本人擬於本星期五離滬赴天津、青島二地視察分公司及各廠業務情形，為期約三星期至四星期。在此期間希同人工作特別努力，處事特別謹慎。蓋外界對於我人仍十手所指、十目所視，環境未見改善，舉動易於淂咎，例如，紗布內銷論者謂與民爭利，紗布外銷論者又謂影響物價。不知何以予盾乃兩但。諸君儘可安心工作，如有事故發生皆本人之責任。惟有一點應請各同人注意，即辦理各事無論大小，手續須清楚，各廠長尤應以身作則，奉公守法，勤慎服務，如自身無暇可指，則外界非議均可無須顧慮。
2. 豐田自動車廠及日本機械製作所第五廠早應由中國紡織機械製造公司前來接收，但工人等問題未能解決，
遷延至今已有三四月之久。最近洽商六項條件，該公司始訂於九月一日接收。此六項條件中重要者，如該公司至少選用原有工人三百五十

人，本公司讓予羅拉創床衝床龍門鉋床共十部，該公司又需豐田紗廠之豐田織機半製品及翻紗型圖樣，而最感困難者須請本公司維持其一年之工作，查中紡與中機係屬姐妹企業，自應協助其業務之進行，允予訂貨。惟本公司自身亦有機械工廠需要工作，故余意如允訂製半年之工作量則於已無損於人已作合理之幫助。故各廠如需訂製大牽伸(余意以OMB式大牽伸為佳)，或有布機需要修理，希於二日內報告工務處，由工務處彙齊研究後向該公司洽談交易，但其伭格以不超過市伭為原則。

3. 本公司各機械廠亦應規定其中心工作，以工作單純數量眾多而兩場不雷同為原則，所有工作母機甲廠有餘而乙廠不敷者，自可斟酌作合理之調整。如缺少必須之工作機而在國內無法購置者，可酌量向國外訂購，希工務處注意辦理。

(丁)公司業務處報告：

目前有原料三萬餘包推存外棧，倉租不貲，請各廠將可以利用之空屋侭量供應存儲，並希不必計及此項原棉是否將為本廠所用，又善後救濟總署後有三萬包棉花交貨，並催詢提貨日期。故現共有六萬包原棉，請各廠侭量容納。

第三十三次廠長會報記錄

三十五年八月二十一日(1946年8月21日)

(甲)出席者：吳副總經理　劉文騰　王君明　顧鉅仁　鄭彥之
陸紹雲　黃季冕　黃樸奇　陳輝山　高公度
朱洪健　龔蔭三　吾葆真　方玉卿　魏亦九
王子宿　黃雲騤　唐偉章　許學昌　陳維稷
王毓傑　朱仙舫　范本煃　曹致澄　徐維謹
嚴仲簡　吳欣奇　壽賢襄　張昂千　吳襄芸
駱仰止　夏恩臨　蘇麟書　張方佐　劉益遠
陳賢凡　錢子超　傅銘九　嵇秋成　陸芙塘
孫文勝　秦德芳　章兆植　汪大燧　程養和

(乙)缺席者：李向雲　郭立茂　龔滌凡

(丙)吳副總經理指示：

1. 外匯率調整後本公司之業務情形恐為諸君所關懷，玆順便一提。
本星期一外匯率公佈後紗布市場殊為兇險，一般市價較上星期六漲百分之十以上，國營民營各紗廠奉令不淂將售品加價，是日民營廠未有開盤，本公司棉紗則仍照上週未價格開售。昨日開市大都仍照上星期六售價，有數種產品並反較降低，因本公司售價之穩定致市上紗布價格亦波動殊微。計紗伝祇漲百分之七、八，布價祇漲百分之二、三。惟此現象能維持幾時頗難臆測。蓋牌價市伝既有差額，商人抛售准購單轉手獲利。前昨兩日請購者計棉紗三萬餘件，棉布八萬餘疋。政府能否長此犠牲頗成問題，宗院長指示各廠應積極增產，並將青島所餘產品源源運滬應市。
希各廠長努力增產以渡難關。惟自匯率調整後7/8吋之中級美棉每市担成本須達二十萬元左右，本公司能否長此獨負穩定紗布價格之重任，亦殊無把握也。

2. 軍布織染工作仍希加緊進行，織廠應注意尺碼，不淂短少，染廠應注意色澤與原樣相符。查交色軍布最易加染，且染料成本並不昂貴。我人應足料足工，認真辦理，以維信譽。

(丁)本會業務處報告：

1. 清查小組工作進行已有月餘，查出資產甚多。以內外棉總公司言，業已查出田地九百餘畝，暨房屋等等。此項田地擬即辦理租賃手續。各廠如有田地資產需要清查者，請告知清查小組。關於田地租賃辦法各廠如有高見亦希多多見告。
2. 本公司前以駐廠稅員工作不力影響客商出貨，商請財部設法改善。茲准上海貨物稅局來函，嗣後稅票可由各廠自行填製，該局僅派稅員一人駐廠擔任查核工作，並請將各廠填稅人員姓名、履歷、印鑑送該局備查。請各廠照辦送由公司彙送。
3. 麥克阿瑟元帥總部需要我國接收廠產之估計價值，請各廠長將接管之敵產分機器、房屋、地皮、原料、成品、機物料、生財運輸工具等項，按民國廿六年價值估計後，並按其製造年份計祘至接收時之年月按使用年數折旧之。

(戊)討論事項

1. 為使各廠資產估價有所準繩起見，推定下列諸君會商決定估伭原則。由本會業務處及公司工務處召集之。
   棉紡：陸紹雲　王君明　秦德芳　吳襄芸
   毛紡：方玉卿　孫文勝　張訓恭　唐偉章
   印染：高公度　傅銘九　陳賢凡
   機器：朱洪健　許學昌
   絹紡：嵇秋成
   機電：陸芙塘
   建築：劉養和

2. 第十七紡織廠提：同人宿舍之煤氣費已由總公司通知按字收費，惟各同仁待遇菲薄，可否請求略給限額由公司負擔，如有超過者按字收費。請公決。

吳副總經理指示：自同人待遇減低後關於福利事宜似應由公司多予注意。煤氣水電之免費尺度似可酌予放寬，希同人勞工兩福利委員會研究整個辦法。俟總經理回滬後簽請核定，如認為急不容緩亦可去電請示。

3. 第十九紡織廠提：查公司對於生產工人之公殤疾病已有規定津貼辦法，惟關於門警、茶役、棧司、司機等尚未有規定辦法。遇有公傷疾病情形無法辦理，而彼等以同在廠內服務不應厚彼薄此，且藥物費昂亦感不勝負擔，屢有要求。擬請規定辦法以便遵循。

討論結果：擬與生產工人同樣待遇，俟福利會與民營廠接洽後再行實施。

4. 第六印染廠提: 查警訓工作實施後添雇新警均歸警

衛大隊訓練班孜取，廠長已無權過問，萬一發生事端誰屍其咎，而在抽調其中既不准增補警額，無形中已令原有警衛力量消滅三分之一，且抛報受訓廠警原繳之保單尚須移交警衛大隊部保管，則在服勤期間各廠總務課恐亦難負監督、分別之責。綜上三端，本廠對於此次整訓廠警辦法認為尚有改進必要，特此提請公決。

吳副總經理指示：

(1)在抽訓期間警衛力量請各廠自行調整，惟第六印染廠地處南市，廠地廣大，情形特殊，希警衛大隊章大隊長特予注意。

(2)警訊受訓完畢派回各廠服務時仍歸廠長指揮督導。

討論結果：請公司秘書處擬定廠警任用管理規則俾憑辦理。

第三十四次廠長會報記錄

三十五年八月二十八日(1946年8月28日)

(甲)出席者：李副主任委員　吳副總經理　劉文騰　唐偉章　陳輝山
孫文勝　方玉卿　王毓傑　壽賢襄　張似旅
劉益遠　鄭彥之　黃季冕　黃樸奇　蔡　謙
曹致澄　黃雲騤　吳欣奇　范本烇　章兆植
王子宿　龔蔭三　高公度　顧鉅仁　蘇麟書
傅銘九　魏亦九　朱仙舫　李向雲　陳維稷
張昂千　陸芙塘　王君明　朱洪健　吾葆真
張方佐　陸紹雲　嵇秋成　秦德芳　駱仰止
錢建庵　吳襄芸　嚴仲簡　陳賢凡　徐維謹
許學昌　龔滌凡　程養和

(乙)缺席者：錢子超

(丙)吳副總經理指示：

一週以來紗布市價仍形動盪。本週開始市價兇□，本月則較低落，惟收盤仍高，政府對於穩定滬市棉紗價格已有決定及指示，茲向諸君一談。

關於穩定棉紗價格辦法，王部長來滬後已與民營廠商討兩次，現已至結論階段。本公司配售紗布仍照原定辦法辦理，售價亦暫不變動，日後市場較行穩定再行斟酌將售價調整。民營各廠則決定採取聯合配銷辦法。本公司除掛牌配售外尚須撥一部分棉紗加入聯合配銷。聯合配銷之目的在以集中力量統一步驟致力於紗價之穩定，故各廠須準備大量之籌碼俾便及時應用尤以二十支紗最為需要，蓋本公司撥給聯合配銷之棉紗，第

一期或需一、二萬包，內中二十支紗應佔一半以上，務希各廠盡可能

多紡二十支紗以資應付難關。

(丁)本會業務處及公司工務處報告：

接收敵產估計事宜，前經召集小組商定估價原則後，現正由工務處將估伝之詳細方法整理彙印分發各接收單位，希各廠於文到一星期內估填送還工務處。各廠如有問題詢之處，希逕洽張副處長方佐以資迅捷。

(戊)討論事項：

1. 各廠接收敵資產中有黃金、美金、偽儲備券及各種有伝証券，應如何估伝□請公決。

   討論結果：請會計處速擬定黃金、美金、偽儲備券及各種有價證券之估伝辦法，通知接收單位照辦。

2. 第一絹紡織廠提：查國定放假日工資照給是否已到工日或月份為限度□請討論。

   討論結果：國定假日之上一日到工者，其翌日，即國定假日之工資湑照給。

3. 第十五紡織廠提：各廠停電期間抝聞有將保全部長日工提早放工，及予運轉部不到廠工作之加油工亦發給全日工資者，似欠一致。究應如何辦理擬請公決，俾免軒輕，而便管理。

   李副主任委員指示：請各廠注意，應照規定辦理。

4. 第三紡織廠提：本公司前有規定九修理汽車費用在十萬元以上者須先申請核准。查目前汽車修理費動

   輒須十萬元以上而申請核准手續往往須費時一星期或十天，影響工作。可否請將毋須申請之費用限度予以放寬□請討論公決。

   討論結果：請將限度放寬規定，修理汽車費用在四十萬元以下毋須先經申請核准手續。

5. 第五紡織廠提：工人經核准所借之款項，如工人中途離廠而無法追回時應如何銷□請討論。

   討論結果：工人借支款項應由廠長追回，如其無法追回時，湑由廠長酌情核銷，報公司備案。

第三十五次廠長會報記錄

三十五年九月四日(1946年9月4日)

(甲)出席者：束主任委員　劉文騰　黃樸奇　許學昌　嚴仲簡
王君明　龔滌凡　龔蔭三　高公度　王子宿
徐維謹　范本烇　鄭彥之　蔡　謙　唐偉章
王毓傑　陳輝山　駱仰止　黃雲騤　顧鉅仁
魏亦九　朱洪健　章兆植　方玉卿　張昂千
吾葆真　劉益遠　蘇麟書　吳欣奇　張方佐
李向雲　孫文勝　陸芙塘　秦德芳　朱仙舫
錢建庵　陸紹雲　錢子超　壽賢襄　吳襄芸
傅銘九　嵇秋成　黃季冕　陳維稷　張似旅
程養和

(乙)缺席者：無

(丙)主任委員指示：

1. 此次至華北視察津、青分公司暨所屬各廠，觀感所及為諸君一談。

(一)天津分公司轄七廠，青島分公司轄十二廠，範圍較總公司為小，處理方便，且氣溫適宜，工作良好，惜技工缺乏，補充不易，工人動作亦嫌遲鈍，諒係北方工業發展較遲，工人技術水準較低所致。

(二)津、青各廠機器設備未必較滬廠為優，惟有若干廠設計頗佳，例如天津第六廠材料雖屬普通而設計堪稱特出。各廠因時值夏令出數亦差，平均為點六，據云三星期後當可逐漸提高。

(三)天津各廠所留用之日籍技術人員僅六、七人，目下始
覺不敷應用，如向滬廠借調，事實上有所難能。或將出於向東北各省調用之一途，青島各廠日人亦多返國，僅第一場留用較多，有八、九人，工作可稱努力。余常謂我人經營紡織廠應有新精神，如以在我國

紗廠工作之一套習慣方法接辦日廠，使逐漸『國粹』化，恐非所宜。對於放走日人之津青各廠余不無杞憂。

(四)天津第一、四、五、六等廠係日人所設，機件較新，第二、三、七等廠原係華廠，由日人收買經營者，內中第三廠前由日人經營時尚未徹底改良，致一切均較落後，現由我人接管，應即注意改善。第七廠在日人經營時已予改善，其印染部份在華北允稱獨步。余已面囑應先照日人原圖樣印染再求研究改進，而切勿隨意更改。對於此廠余期望頗奢，總公司應督其積極進行。惟華北印染人才奇缺，余已囑派員來申研習。在天津余亦已指定兩標准廠，一為第四廠代表日人所設之廠，一為第七廠代表日人收買之華廠。

(五)天津恆源、北洋兩民營廠余亦曾往參觀，其辦理情形似不及本公司各廠之佳，保全尤感疏忽，再過數年機器以保全不善或將陳舊無用。

(六)青島氣候溫和，環境適宜。余曾言辦理工廠有四化主義，即『工廠花園化』，『工廠家庭化』，『工廠軍隊化』，『工廠學校化』。所謂『花園化』即花木扶疏，空氣新鮮。『家庭化』即感情融洽，效率增加。『軍隊化』即紀律嚴明，有條不紊。『學校化』即研究不倦，刻刻進步。青島八、九兩廠地處海濱，景色宜人，可稱已完全花園化。

(七)青島機器廠規模宏大，其翻紗設備可容二千台工作機，前途未可限量，如辦理淂宜嗣後各廠配件均可由青島廠統籌供應。

(八)青島亦有印染廠，惟自被處理後已七零八落。內中人造絲機二百台被劃歸中蠶公司，該廠每日亦可印染五千疋，惟印花紋頗不雅觀，拠云北方合銷此等花樣。關於青島天津兩印染廠工作情形，希工務、業務兩處特予注意。

(九)津、青各廠對於體育頗為注意，各廠均有體育會之組織職員工人共同運動，既可健康身體，復可溝通感情。津七廠籃球隊並獲淂市府杯錦標，拠云並擬遠征上海。我總公司各廠將何以應戰□

(十)津、青各廠均有合作社之組織，上海各廠如有需要亦可辦理，並以各廠自辦為宜。但辦法必須統一，合作社職員之薪津不淂向公司報支，但當其週轉不敷時淂向公司以低息借貸周轉金，合作社所經營之業務處不宜龐大，以供應若干種日用必需品為限。

(十一)北方民風淳厚，對於本公司尚無漫罵情事，余在津、青兩地聆取同仁意見，無不希望將本公司辦理有所成就，而總公司及滬廠同仁亦無不以國家為至上，希望為我國紡織界奠定一基礎。本公司同仁既均奮發有為，余深信我人之事業必有良好之成果。本公司之組織及業務在國內可稱空前，即在國外亦難覓倫比。如成績優良非特為我人之光榮，抑且為中華民族之光榮，是時英美人士及戰敗之日人均將為之側目，但當我人埋頭若干之際，社會人士何

以祇願惡意批評而不願善意督導□

(十二)在華北除視察紡織廠外，對於原料問題亦曾留意。本年國產原棉希望殊微，河北約可產七十萬市擔，但內中三十餘萬市擔係在不安定區內，且品質多已退化。山東生產情形如何仍為未知數。鄂省沙市一帶雖約可產七十萬市擔，但適於紡二十支者僅有六萬市擔左右。國棉二十支原料既生產無多，對於十六支原料將勢非兼收備用不可。

2. 外匯率調整後物伝發生波動，紗布一項奉令不滒漲價。自國家及社會立場言，能有力量使物伝不漲則自以不漲為妥。但我人之力量目前尚嫌薄弱，希各廠努力生產，務盼於九月底能開八十五萬錠，十月底將所有紗錠全部開足，而與津青各廠相媲美。此次奉宋院長電召提前回沪其任務為壓平紗布伝格，萬望各廠多開紗錠，增加生產。
3. 在天津時有日籍技術人員向余進言添購機料不能祇憑貨樣而應憑圖樣，以往日人經營時任何機料均有圖樣可憑，如祇憑貨樣配件則二年以後全部機器均將難以配合，工作效率安能維持□此項建議甚為中肯，應由工務處通知沪、津、青各廠照辦，如日廠原圖樣有已遺失者，可重新測繪。
4. 青島各廠以有若干種產品較原商標之品質已有改進，擬即變更商標，經面囑暫緩，可由總公司統籌辦理。余意如有新出品可與老牌子懸掛相同之牌伝，如銷賣通暢然後將老牌子淘汰。此事應由工務、業務兩處配合進行。
5. 廠警訓練其效用為：(1)思想不正及加入工會者可甄別淘汰(2)滒武裝配備但與情願警不同，本公司仍有指揮之權，希各廠對於業已訓練調派之廠警不妨試用，如有不合再申請另換。
6. 論者謂中國須有紡錠一千萬錠，實則談何容易□縱有發國難財者可添購若干萬錠，但所添無多。目前日人即可開工之紡錠有三百六十萬

枚，與我國相仿，我人既不能以量勝，即應以質勝。戰前日本以不產原棉之國家挾一千餘萬之紗錠，竟取擁有四千餘萬紗錠之英帝國一部份市場而代之，此種精兵主義之精神足資效法，況我國自產棉花，其條件較日本為有利，再者我國如不能自製紡機，則紡織業永無進步。如不能將紡機研究改進，則紡織業仍進步無多，此兩問題常縈迴於余腦際，希諸君注意技術研究，余將不惜經費補助進行。

(丁)討論事項：

1. 第一絹紡廠提：康樂會每月經營費應如何徵集□
   主任委員指示：可由福利委員會撥助一部份經費，但會員仍應擔任一部份之費用以表示其熱心與興趣。
2. 第十七紡織廠提：工人存工工資頗多，積存數月未來領款。是項存工工資可否用公告通知限期領取，如逾限未領即充作福利費用，其辦法應如何規定，請公決。
   主任委員指示：可規定六個月不來領取即歸公，充作工人福利費用，其用途由廠長支配並報總公司備案。
3. 第十七紡織廠提：近來蔬菜魚肉伝格日昂，若照規定伙食費，每月按米伝六斗、八斗之計夵方法辦理，則伙食質料勢必減低方能不超過規定，是對於同仁營養方面至有影響，如何設法補救，請公决。
   主任委員指示：自九月份起可將米伝提高為每擔六萬五千元，職員伙食費仍按八折計夵，工人仍按六折計夵。
4. 第五紡織廠提：工人希望中秋節日與星期假日對調，可否照准□請討論。
   討論結果：各廠需要對調者可照為對調，惟應於事先三天通知機電總工程師室。

第三十六次廠長會報記錄(密件)

三十五年九月十一日(1946年9月11日)

(甲)出席者：束主任委員　劉文騰　許學昌　范本烇　鄭彥之
魏亦九　黃雲騤　黃季冕　陸紹雲　顧鉅仁
壽賢襄　張昂千　龔滌凡　龔蔭三　高涵如
陳賢凡　蔡　謙　錢子超　徐維謹　秦德芳
嵇秋成　蘇麟書　黃樸奇　章兆植　王君明
唐偉章　嚴仲簡　吾葆真　傅銘九　王毓傑
劉益遠　陸芙塘　吳襄芸　方玉卿　張方佐
吳欣奇　李向雲　陳維稷　駱仰止　朱洪健
朱仙舫　陳輝山　王子宿　程養和

(乙)缺席者：高公度

(丙)主任委員指示：

1. 停電期間各廠長日工均應照常工作，如未到工照扣工資，各廠並不淂因無電而提早放工致使他廠蒙受影響。
2. 星期日加工應切實工作，其工作鐘點應照規定辦理，加工日之生產數量應由工務處加以比例攷核。
3. 各廠增開錠數原訂八月底須開足七十五萬錠，九月底須開足八十五萬錠，惜以受電力限制致未能如願。為配合電力供應起見，各廠輪流規定星期休假勢在必行，其辦法如何希諸君研究，並由工務處擬定呈核。
4. 各廠之優點或特長希望公諸於他廠共同研究，俾收切磋進步之益。不寧唯是本公司將各廠優點研究之結果，亦應公之於國人而不必嚴守秘密。查六十年來我國紡織界以缺乏研究故無多進步，此後無論國營、民營，各廠應互研
求改進，以獲取國際間之地位。本公司各廠之高級技術人員應分班交

互至他廠攷察參觀，並每隔若干時日舉行技術性之專題討論會，由余臨時指定人員主持之。至其具體辦法希工務處擬定呈核。

5. 添購機料須憑圖樣，在上次會報中余已提及，嗣後各廠機件均應繪圖編號由各廠將機件種類報告工務處歸類編號，如需添購衹須將號碼通知工務處即可憑圖照配，俾購料易臻準確。
6. 本公司各機器廠亦應充份利用製造機器以準確為第一，工作母機之準確性尤屬首要。目前國內如缺乏良好之工作母機，無妨向美國購買全新或八成新者，其費用以一、二億元為度。蓋機器廠之工作如未能準確，則對於紡織廠之保全頗有影響也。
7. 成本計祘工作兩月以來已略有進步，因一、二廠之未能恪守定章致整個成本仍無法核祘。希各廠長督飭工務人員與會計人員切取聯繫。又成本之準確性亦已逐漸提高，但仍多不合理處。對於計祘技術方面尚須切實改進，例如：原棉一項進價雖有不同，但一律照目前市價計祘較為合理，如市價較進價為高，其差額可作為購料盈餘及再生產之資本。再如修配機件其暫時性者可隨時開支，其有長期性者應於另立之修配準備金內開支，此項準備金可按各廠錠數攤派，則各廠成本之計祘易臻一致。以上種種希會計處通知各廠配合辦理。
8. 毛、蔴、絹紡、印染、機器、針織等廠如何計祘準確之成本，
希會計處參照前項規定研訂方案。
9. 印染、機器、針織各廠迄未訂定工作標準，應由工務處速即擬定，余固機器廠之工作標準及產品成本最難確定，但何妨一試□如能定有初步之方法則亦不無可循，希工務處會同朱洪健、許學昌兩廠長辦理之。
10. 日來紗布價漲，承購商人莫不獲利，尚呶呶不休，謂本公司分配不勻，抑余調查客商尚有已購而未提者，希各廠將客戶未提數量查明列表，限明日報告總公司。

(丁)討論事項：

1. 第一印染廠提：本公司員工應否參加中央信託局物價指數團體保險，
並由公司津貼保險費二分之一□
主任委員指示：關於職員保險余認為與其向中信局或其他保險公司投

保，不如同人互助自保較為實惠。在二十九次會報中余已提及，余並繼續思攷，已有二種方法逐漸成熟，一為同仁儲蓄，一為同仁保險。前者尚未至發表時期，後者余意各同仁如每人每月出資六千元，以全體同仁四千人計，共有二千四百萬元由同仁組織一委員會保管此籌款存儲生息，同仁中設有不幸去世者由該會賻儀六百萬元日後基金較充裕時賻儀並可隨之酌增。如同仁中途離職者可按其出資數在存款內比例攤还。諸君今日回廠請徵求各同仁意見後，用書面報告總公司。如大多數同

仁贊同此建議，則余決付諸實施，並請汪大燧、章兆植兩位擬定具體辦法。

2. 第一紡織廠提：停電期間長日工應做足鐘點，可否由公司發一通知飭各廠照辦□

主任委員指示：可由工務處發通知。

第三十七次廠長會報記錄

三十五年九月十八日(1946年9月18日)

(甲)出席者： 束主任委員　劉文騰　范本烇　許學昌　黃雲騤
龔滌凢　黃季冕　王毓傑　章兆植　顧鉅仁
張昂千　蔡　謙　吳襄芸　龔蔭三　嵇秋成
鄭彥之　方玉卿　朱仙舫　唐偉章　吳永恆
陳輝山　魏亦九　朱洪健　吾葆真　陳賢凢
陸紹雲　吳欣奇　嚴仲簡　李向雲　王子宿
壽賢襄　蘇麟書　王君明　陳維稷　傅銘九
黃樸奇　劉益遠　張方佐　錢健庵　陸芙塘
秦德芳　駱仰止　錢子超　徐維謹　高公度
程養和

(乙)缺席者：無

(丙)主任委員指示：

1. 關於電力供應問題，本日與吳市長、趙局長及民營廠代表等會談市府方面提出下列三點意見：

A：各廠可輪流規定星期休假。

B：星期日可添做夜班。

C：每晚十一時至翌晨八時電力較為充裕，可儘量增開紗錠。

對於A、B兩點各廠原已故慮施行，故當經同意辦理。至於工人方面吳市長並允代為督導遵辦。對於C點，事實上各廠能開夜班之紗錠已全部開足，而白晝之工作以限於錠額，無法併於晚間舉行，故每晚十一時至翌晨八時電力雖較充裕但仍無法利用。

2. 關於本市各紡織廠輪值星期停電辦法，本公司各廠之錠額應以原定八月底開足之七十五萬錠為計祘標準，將來實開錠數增加時仍須比例增加每日停電之锭數，至多以十五萬錠為度，即每日單班至少须開足六十萬錠，每萬錠需電以三百K.W.計，每日單班共需電一萬八千K.W.，務須向電力公司交涉如數供應。

3. 本市民營廠之紗錠總額較本公司各廠之紗錠總額為多，但目前被拉電力均按各半計祘，殊有未妥，應向電力公司交涉按錠額比例計祘。
4. 電力雖受限制，但各廠未整理之機件仍應加緊修配裝置，俾便一旦電力充裕時即可全部開齊。
5. 各廠已招藝徒余已矚由工務、秘書、稽核三处會擬整編辦法，將各藝徒加以攷試，不合格者則予革除，此項辦法純係不淂已之補救辦法，務希各廠此後萬勿抎自招收藝徒，造成特殊階級而增公司之困難。

(丁)陸總工程師報告：

1. 各廠輪流停電規定星期休假辦法業已擬定，各廠共分為四組，每四星期循環一次，內中有一組廠每星期須休假兩天，其餘三組則均休假一天，其休假兩天者內中一天應給半天工資。
2. 目前各廠以停電關係每星期祗能工作四個日工及六個夜工，輪值星期辦法實施後每星期能工作五個日工及七個夜工，計共增多二工。
3. 目前工人每四星期內僅有三八四小時休息，新辦法
實行後，可有三九六小時休息，故工會或不致反對，惟工資如何結祘似應預為規定。
4. 輪值停電休假辦法自下星期日即九月廿二日起實施。

(戊)討論事項：

1. 第二機械廠提：關於生铁、焦炭、砂心砂品質低劣不符採購貨樣影響翻砂工程甚鉅，究應如何補救□請公決。
主任委員指示：應由工務處於購料時特別注意，如有與貨樣不符可予退還。
2. 第五紡織廠提：各廠機件出品廠商年份頗多相同，關於繪圖事宜其機件雷同者似可分工合作，俾免重複，惟此項繪製圖樣事宜應由何人主

辦□請討論。

主任委員指示：應由工務處主持並制定人員辦理。機械廠對於繪圖事宜較為熟練，且繪圖人才亦較多，可協助擔負一部份責任。各廠機件名稱工務處雖已有調查分類，但為免萬一掛漏起見，應由各廠另行開送清單，俾資核對。關於各廠機件圖樣原本是否尚有留存，應向留用之日籍技術人員一查，又毛、蔴、絹紡、印染等廠機件亦均應繪製圖樣。

第三十八次廠長會報記錄

三十五年十月二日(1946年10月2日)

(甲)出席者：吳副總經理 劉文騰 顧鉅仁 黃樸奇 嚴仲簡
黃雲騤 鄭彥之 朱仙舫 吾葆真 龔滌九
龔蔭三 魏亦九 陳維稷 黃季冕 蘇延賓
王子宿 王君明 徐維謹 方玉卿 王毓傑
李向雲 陳輝山 吳永恆 唐偉章 高公度
張昂千 袁隱谷 劉益遠 蘇麟書 郭立茂
傅銘九 秦德芳 吳欣奇 嵇秋成 吳襄芸
范本煃 朱洪健 蔡　謙 陳賢凢 章兆植
錢健庵 錢子超 駱仰止 張方佐 陸紹雲
陸芙塘 許學昌 程養和

(乙)缺席者：李錫釗 壽賢襄

(丙)吳副總經理指示：

1. 本星期來棉紗價格步步高升，迄本日稍緩，但黑市仍甚活躍。影響紗價上漲之原因大別有四：(1)匯率有可能調整之推測及謠傳百物隨美鈔猛漲。(2)秋銷暢旺北幫採購甚殷，價格逐難控制。(3)央行停結外匯後售出美貨之游資無法再購進美貨，逐趋向競購紗布一途。(4)銀行幫施搜購物資之故技，查自八月十九日外匯率調整後本公司奉令不淂將售伝提高仍維持原伝懸牌出售，惜力量單薄，獨挽狂瀾殊感未逮比經聯合民營各廠組織配紗委員會第一期，配紗三萬件，配價以廿支雙馬為標準，每件由140萬元降至130萬元，市伝由146萬元抑平至135萬元，辦理不無成效。第二期仍配紗三萬件，王部長並有祇准跌不准漲之指示。惜市
伝以受上述各種影響猛跳不已，民營廠不願再事犧牲，故配伝已逐漸

調整至一五五萬元，仍遠較市伝為低，為抑制此漲風，王部長對於紗布有進一步管理之意，市政府對於棉布亦有採取評伝制度之擬議。各界對於紗伝問題認為本公司生產過少，不足以應付非常局面。而配伝如能穩定亦可以安定人心。余告以目前紗布生產受機件、電力、原料之牽制，至穩定配伝，如產量不足，市伝仍□，徒為商人獲利。以往人造絲配售情形殷鑑不遠，國營各廠犧牲固在所不惜，但民營各廠則未必樂願也。

最近紗布情形有如上訴業務與工務關係過密，故不揣煩贅為諸君一談要之。如產量不增則吾人將無法控制伝格，故仍希各廠設法增產，非特棉紗產量需要增加，即裳布產量亦須增加。

2. 原棉問題亦日趨嚴重，紐約市場之美棉即期伝已漲至每磅三角八分，並有續漲之勢。本埠一吋美棉市價已漲至每担二十六萬元，其原固在於本年美棉欠收，而各國紗錠日增，原棉存底日薄，返顧吾國情形，華北棉區運輸命脈之隴海路仍未暢通，鄭州打包廠且為軍事機關所佔用，故縱使本年棉產有着而打包運輸等均在發生問題，能否及時供應沿海各廠仍無把握，為未雨綢繆，計已向央行洽商請准予訂購美棉期貨，惟此項期貨須明年一、二月間始克到滬，在此青黃不接期間原棉供應或將略感拮据。而回十二支原料更將有一度中斷之可能，盖以往善後救濟總署供應之原棉大都為一吋以下之短絨而未能照合約之長度撥供，固此使吾人對於42支原料一時不易另籌補充，本年新棉上市後關中之斯字棉、華東之德字棉及河南之灵寶棉雖可採購一部用以和紡，但際茲各國珍視長絨面之秋，務希各廠對於一吋及以上之原棉侭量愛惜蓈用以渡難關。

3. 紗布暢銷供不應求，客商退貨情事淂以減少，但因色樣不符而引起之糾紛不免仍有發生。新冬色布銷旺，希各印染廠注意改善。毛織品銷路亦日見起色，希各毛紡織廠把握時機，增產合銷之呢絨。

(丁)陸總工程師報告：

頃接電力公司通知，有一萬K.W.之發電機發生障礙須予修理，自即日起至本星期六止，第一組各廠即第一、五、十二、十七A、B各紡織廠自下午五時半起至十時止無電供應，另一組各廠，即第十九、十四、三、二、十五、十六、十、六、七各紡織廠自下午六時至十一時無電供應，請各廠收日夜班工作起點時間照為更改。

(戊)討論事項：

1. 第八紡織廠提：時間恢復標準制度後郊區各廠五時半後回廠殊感不便，可否將會報時間提早□請討論。

   討論結果：下次起會報以下午二時開始。

2. 第五紡織廠提：民營廠有無日工作二十四小時者□何以不受停電影響□應否查究，請討論。

   討論結果：擬請本會函市府請責成電力公司將各紗廠□廠每月用電度數查當俾憑研究辦理。

   茲隨函檢送第卅八次廠長會報記錄一份即希查收並依照辦理。第卅九次會報訂於十月九日(星期三)下午二時在漢口路一三〇號中國紡織建設公司會議室舉行，仍希準時出席。自本次起會報提早改於下午二時舉行，併希注意為要。此致。

   上海第二紡織廠

第三十九次廠長會報記錄(密件)

三十五年十月九日(1946年10月9日)

(甲)出席者：束主任委員　王子宿　劉文騰　顧鉅仁　魏亦九
蘇延賓　黃樸奇　吳襄芸　傅銘九　方玉卿
范本烇　吳德明　朱洪健　高公度　吾葆真
黃季冕　吳永恆　徐維謹　王毓傑　李向雲
陸芙塘　嚴仲簡　蔡　謙　秦德芳　陸紹雲
陳賢凡　黃雲騤　蘇麟書　劉益遠　張昂千
唐偉章　嵇秋成　張方佐　章兆植　陳輝山
壽賢襄　龔滌凡　龔蔭三　駱仰止　袁隱谷
陳維稷　錢子超　吳欣奇　朱仙舫　王君明
張似旅　鄭彥之　程養和

(乙)缺席者：許學昌

(丙)主任委員指示：

1. 本公司出品常有不合標準者，第一印染廠之陰丹士林布品質尤劣，曾有人為此事呈訴最高當局，故希望各廠嗣後對於成品務加嚴密檢驗，無論坯布或染色均須注意其已否達到標準，籍維商標信譽。關於第一印染廠之工作情形希工務處特予注意。
2. 抛報有一、二廠為競賽工作有杜造成績情事殊屬非是，蓋科學純屬真理，而機器亦從未騙人，如以杜造或僥倖思想處理科學，結果將錯誤百出，終有曝露真相貽笑大方之一日。希諸君有則改之無則加勉。
3. 工務應與業務配合余屢已提及，但目前本公司業務、工務兩處仍未十分聯繫。時行風尚如何，紗布、呢絨以何種
品質花色最為合銷，應由業務處隨時通知工務處，俾便將產品研究改進。
4. 第一紡織廠所擬之本公司技術研究會簡章前已油印分送諸君，希詳加

研究並加以補充或修正，對於該項簡章，余認為：

1)技術研究會集會時其所在廠之技師、技術員在不妨礙工作之前提下淂參加研究。

2)各廠技師、技術員如有心淂或意見可請廠長提會討論研究。

3)除棉、毛、絲、蔴各組外應另設印染一組，又總公司之專門委員及課長等，其對於技術有專長者均可參加。

4)朱廠長仙舫所提在各廠設立研究分會余頗贊同，各廠可自動辦理，亦盼訂一簡章，每次研究討論情形並希報告總公司。

5)技術研究會應着重研討精神，勿使成會議式之具文，每次研究時祇須一個中心題目而不在乎多為一次研究，提哦阿倫不淂結果下次再提研究，如二次研究仍無結果三次再提討論，切勿使該會形同具文，等於虛設。

(丁)公司業務處報告：

本公司現約有二萬二千餘包棉花堆存外棧，每包每月棧租拁洋行開來帳單須一萬七千餘元之鉅诚屬駭聞。目前新棉包開始收購，善後救濟物資如開放有□拁稱有五萬包棉花即可交貨，倉儲問題與日俱艱，務希各廠如有空屋即告知業務處，俾便儲存原棉。

各廠尚能堆塞原棉之空屋經主任委員面詢各廠長淂結果如此：

第一紡織廠：尚有草棚可存三四千包，惟不甚安全。

第四紡織廠：倉庫內可存五百包。

第五紡織廠：有洋灰空地一處，牆未倒可加盖利用。

第六紡織廠：可存一千包。

第七紡織廠：可存二、三千包。

第十二紡織廠：可存四千包。如工房及飯所內義民撤離後可存一萬包。

第十四紡織廠：可存五百包。

第十五紡織廠：可存三百包。

第十六紡織廠：可存五百包。

第十九紡織廠：屋頂修理後可存四千包。

第四毛紡織廠：可存五百包。

第二製蔴廠： 製酒工場漏水，修理後可存五百包。

惠美廠房： 漏水修理後可存數百包。

(戊)討論事項：

1. 公司業務處提：本公司裝運各分支機構之紗布，其包裝方面應予改良，每件紗布其包縫應移於兩角邊隅外，各加竹爿兩根將蔴布接縫央在其中，其餘兩角則多加竹爿一根俾根損耗，請討論辦理。

主任委員指示：可一律將包縫移於邊隅，用六根竹爿包裝。

2. 第十九紡織廠提：前定停電調理日程至本月十三日

止，以後如何規定請討論決定，以便照辦。

討論結果： 下期調班情形請機電總工程師室於十一日下午五時前決定後通知各廠。

3. 第十九紡織廠提：職工出差伙食費原定職員一千六百元，工役八百元。現物伝增漲，不敷頗多，擬請調整案。

主任委員指示：可由秘書、稽核兩處研究調整。

第四十次會報訂於十月十六日(星期三)下午二時在漢口路一三〇號中國紡織建設公司會議室舉行，仍希準時出席，又此項會報着重於廠務之討論，自下次起改由紡建公司主持併仰知照。

此致

上海第二紡織廠

經理部紡織事業管理委員會

茲隨函檢送第四十次廠長會報記錄一份，即希查收並照辦理為要。

此致

上海第二紡織廠

經理部紡織事業管理委員會

第四十次廠長會報記錄(密件)

三十五年十月十六日(1946年10月16日)

(甲)出席者：	束主任委員	劉文騰	范本烇	唐偉章	龔滌凡
	龔蔭三	許學昌	高公度	吾葆真	陸紹雲
	王君明	秦德芳	陳輝山	吳永恆	王毓傑
	方玉卿	蘇延賓	吳德明	嚴仲簡	李向雲
	劉稻秋	黃季冕	嵇秋成	蘇麟書	徐維謹
	陳賢凡	朱仙舫	黃雲騤	蔡　謙	劉益遠
	朱洪健	駱仰止	傅銘九	顧鉅仁	黃樸奇
	鄭彥之	錢子超	錢建庵	吳欣奇	袁隱谷
	陸芙塘	魏亦九	王新元	程養和	
(乙)缺席者：	張昂千	王子宿	吳襄芸	壽賢襄	

(丙)主任委員指示：

1. 本人已辭去本會主任委員會職務，今日上午並已辦理交接手續。辭職原因實以本公司業務過忙，無暇兼任。以往本人對於本會無所建樹，屢思辭職未獲機會。此次蒙准，於公於私均有裨益，因嗣後可集中精力專辦公司業務矣。
2. 本公司及各廠同仁中有以為公司命運不過二年，現一載將逝，而公忠為國辦理完善之各廠不久將轉讓他人，衷心不無惶惑。但本人之觀念則微有不同，只問所辦各廠能否益臻完善，其他一切似可置而勿論。故望諸君領導同人確能注意下列數點，余意必可美滿結果。(1)思想須前進，切勿以古典作風辦新穎之事業而故步自對。(2)技術須準確。(3)辦事須澈底。如是則各方對於我同仁將刮目相看，重金禮聘之不遑前途豈有可慮之理□反之如各同仁不自求
進步，即在本公司服務期間亦有受淘汰之可能也。

3. 修配準備金現每一紗錠僅提六百八十四元，殊感不敷，應由會計處重行計祘每錠應增提至一千五百元左右，並自本年七月份起補提。
4. 各廠所產布疋應嚴密檢驗，不良之坯布不能染成良好之色布，以常理言之，本公司各廠之坯布交由本公司各廠印染原可免去一番檢驗手續籍以減輕成本，惜各廠之坯布品質未盡適合標準，故印染廠對於坯布仍不可不嚴格檢驗。遇有次布寧願無布可染而停工，不可通融，並不必留情，查明責任報告總公司。至於次布標準，不應由各廠自定，希工務處速擬訂統一之標準。

(丁)陳專門委員賢凢報告：

卅六年度夏服軍布拠國防部派員來稱，需一百八十五萬疋，請於本年十二月底前撥清，其色布並請注意長寬度，前項數量過鉅，當非本公司短期內所能擔任，現業務處擬與洽商上海方面十一、十二兩月擬每月撥交十四萬疋，十月份擬共拨交四萬疋，合計卅二萬疋，故請各印染廠將工作增加一倍，於年底前交足。

(戊)討論事項：

第二印染廠提：各廠撥來坯布中時有𫜹扣、𫜹綜、破片發現，應請各紡織廠嚴密注意，預先清除，以免印染廠之軋光機械與出品受損，當否□請討論。
主任委員指示：應由各紡織廠將坯布嚴密檢驗，嗣後不淂再有類此情事發生。
第四十一次廠長會報訂於十月二十三日(星期三)下午二時在漢口路一三〇號本公司會議室舉行即希準時出席為荷。
此致
上海第二紡織廠
中國紡織建設公司

第四十一次廠長會報記錄(密件)

三十五年十月二十三日(1946年10月23日)

(甲)出席者：束總經理　劉文騰　黃雲騤　范本烇　吳襄芸
龔蔭三　龔滌凡　許學昌　袁隱谷　郭立茂
劉稻秋　錢健庵　陳輝山　魏亦九　鄭彥之
王子宿　高公度　張方佐　傅銘九　蘇延賓
張昂千　唐偉章　蘇麟書　嵇秋成　嚴仲簡
王毓傑　方玉卿　吳德明　陸紹雲　李向雲
王君明　顧鉅仁　黃季冕　秦德芳　吳永恆
徐維謹　高越天　朱仙舫　陸芙塘　吾葆真
吳欣奇　錢子超　蔡　謙　夏恩臨　陳賢凡
黃樸奇　朱洪健　張似旅　劉益遠　駱仰止
程養和

(乙)缺席者：無

(丙)總經理指示：

1. 技術研究會，顧名思義應以研究技術為主，惟近閱第一次會議記錄覺提議各案已超乎技術研究範圍，此種提案諸君或可另行向余建議，但切勿在技術研究會中提出。第一次會議記錄希勿油印分發，以免流傳而引起外界人士之誤會。技術問題亟須研究者殊多，例如：用棉如何標准化，機器如何設計改良，成品品質如何提高等，均須不斷研究，否則失之毫厘謬以千里。務希諸君顧名思義，嗣後拘束研究會應專在技術改進方面着想，勿旁及題外之事，以免一無建樹此會形同虛設，幸甚幸甚。
2. 過去數月來以外滙無法申請原棉供應甚為艱困，本公司月耗原棉二十餘萬担，存底並不豐厚，美棉供應雖嗣後不致絕對無盈，但為扶持國棉起見，本公司不得不大量採購國棉，惟年來品質退化，3/4吋之原棉不得不兼收並購，而棉農棉商尚重視物資，不顧輕易出售，購棉工休費力多而成就不易，嗣後供應之棉其品質恐不能如諸君之希望，故務希諸君對於短絨棉如何攙用加以研究。

3. 善後救濟總署及物資供應局時有機器物料出讓，我人應時與接觸並索閱售品表，俾購得若干與紡織染有關之物資，希工務、業務兩處隨時注意前往接洽。

(丁)討論事項：

1. 第七紡織廠提：各廠接到社會部勞動服務登記處通知囑各廠將技術員工開列姓名由其發給員工證明書，但每名應付國幣弍百元作為證明書之費用，是否應予照辦□乞討論。

   討論結果： 推由工務處與勞工福利委員會會商決定，據商定結果以此項登記事宜係員工個人之情事，登記手續應由個人自行辦理，登記費用應由個人負擔。

2. 第一製蔴廠提：輪流停電新辦法實施後，長日工工資應如何計祘□請規定。

   討論結果：由工務處列表規定，通知各廠。

3. 第十七紡織廠提：查本公司人事規則第四十三條規定：『職員請假於一年內未逾規定之半數(事假不逾七日半，病假不逾十二日半)而未曠職者年終加發所得薪津一個月之獎金，到職未滿一年者減半計祘，未滿六月或已給予特假者，無得獎金之權利』。查到職十一月與到職六月相差五個月之多，而獎金並無差別，又到職六月與到職五月僅一個月之差別，而前者有獎，後者無獎，似均非允當。再者所謂『特假』者係指婚喪假及分娩假而言，職員本人婚嫁，父母翁姑配偶之喪，女職員生育兒女，均係萬不得已而請假，與其本人勤惰無關，似亦不宜列為限制給予獎金之條件。擬請將獎金按到職月數比例計祘，而請特假者仍予照給。本條擬修正為『職員請假於一年內未逾規定之半數(事假不逾七日半，病假不逾十二日半)，而未曠職者，年終加發薪津一個月之獎金。到職未滿一年者，按照實際到職月數(滿十五日做一個月計秝，不滿十五日者不計)比例計給應淂之獎金，其應淂假期日數依照本規則第三十六條附表之規定』。是否有當□敬請公決。

討論結果：贊成修正。根據本公司人事規則第一〇一條之規定，擬請總經理核定後，提出最近之董事會中討論修改。

第四十二次廠長會報記錄

三十五年十月三十日(1946年10月30日)

(甲)出席者：

束總經理	劉文騰	范本熢	高公度	嵇秋成
陸紹雲	黃雲騤	黃季冕	魏亦九	嚴仲簡
方玉卿	許學昌	顧鉅仁	劉稻秋	王子宿
張昂千	王君明	龔蔭三	蘇延賓	吾葆真
李向雲	鄭彥之	蘇麟書	吳永恆	徐維謹
王毓傑	秦德芳	錢健庵	唐偉章	傅銘九
朱洪健	陸芙塘	蔡　謙	陳輝山	吳欣奇
張方佐	吳襄芸	吳德明	高越天	張似旅
袁隱谷	陳賢凡	劉益遠	駱仰止	朱仙舫
錢子超	夏恩臨	程養和	錢世傑	

(乙)缺席者： 龔滌凡

(丙)總經理指示：

1. 本公司增開紗錠計劃限於電力缺乏無法實現，茲已撥購6000 K.W.發電機設備，可資補充部分電力，各廠現開紗錠六十餘萬枚，希望電力充沛即能加開至八十八萬枚，查上海電力公司供電能力至明年二月間可望加強，屆時本公司即無自行供電之必要，是以務須把握時機，使此項撥購電機得以充分運用，應由工務處詳查各廠現有完好未開紗錠若干，待修者若干，擬訂修理機器進度表於一星期內呈核。
2. 聞英國商業攷察團團員懷德白德爾言，日本紡織廠以長度5/8之棉花60%攙紡20支紗，在自動織布機用作經紗拉力可達60磅。余意此一課題殊值吾人效法研究，如能成功則收棉標準可稍放寬，於國計民生均有裨益。茲指定由滬西區第二、五紡織廠，滬東區第十五、十七紡織廠各以紗錠二千枚實驗，并將實驗結果具報。

3. 各廠對公司表報種類過多，難免有疊牀架屋之弊，嗣後除有特殊查詢事項外，凡一般性之表報應予統籌規定，可由工務處、秘書處、會計處、統計室及棉紡織、毛紡織、印染廠長各一人會商簡化表報事宜，由統計室召集議訂。
4. 留用日籍技術人員請求匯款至日接濟家屬一案，迭經簽呈政院并向有關方面接洽，茲接中央銀行業務局林局長鳳苞來書謂已由處理局派顧問赴日與麥師洽商，已淂初步洽議，匯款折合率亦經中央銀行厘訂，呈財部核示中，希各廠長將此事轉告各留用日籍技術人員。
5. 明日欣逢蔣主席六秩華誕，各廠應照同業公會規定慶祝辦法，於門首懸旗掛燈結綵以申祝嘏。

(丁)報告事項：

1. 業務處報告：軍政部交製冬季制服布，因交貨時有剔除缺碼布疋情事，此次承製夏季制服布務望各廠嚴加注意，每疋坯布尺碼必須足長四十碼，寬三十六吋，又以後布疋染畢打包時，每包應附碼份單一紙。
2. 購料委員會報告：本公司各廠鋼絲布缺乏，現正準備向美國躉批定貨。各廠欲訂購者可將所需鋼絲布之(一)製造廠名(二)何年式樣(三)尺寸(四)鋼絲針號頭等四項開明詳單，於下星期六前送由本委員會彙辦。

(戊)討論事項：

1. 秘書處提：層奉部令本公司各廠應改採法定度量衡，□度不淂沿用英制及其他法定以外之度量衡制，實行有無困難□請討論案。
討論結果：我國紡織業向沿用英制，遽予全部變革，牽動太多，尤以技術方面更難立予糾正。可初步先將原料及成品之度量衡制更改，以市制為正英制為輔(英制書於括號內)。由工務處製更正表通知各廠。
2. 統計室提：本公司各廠產紗統計，對售紗及自用織布紗素不分開，須俟月底盤存特始能知悉，現紡管會限令每日呈報售紗及自用紗產量，實行有無困難□請討論案。
討論結果：由工務處通函各廠遵辦。

3. 第十一紡織廠提：各廠工人連續工作六日工、七夜工者加賞半工，職員可否同樣辦理□

總經理指示：職員不應援用工人待遇辦法，至如何酬報可由工務、秘書兩處另擬妥善辦法呈核。

4. 第一絹紡廠提：本廠職物工場為常日班，對於停電工資計䘵似與日夜班比較進益較少，應如何結䘵□請指示案。

總經理指示：印染、毛紡、製蔴、絹紡各廠應不列入停電範圍，候總公司再向有關方面交涉後決定。

第四十三次廠長會報記錄

三十五年十一月六日(1946年11月6日)

(甲)出席者：	束總經理	劉文騰	傅銘九	王君明	吳德明
	魏亦九	顧鉅仁	龔滌凡	龔蔭三	唐偉章
	吾葆真	吳襄芸	朱仙舫	鄭彥之	劉稻秋
	蘇延賓	李向雲	嵇秋成	王毓傑	駱仰止
	黃季冕	蘇麟書	秦德芳	陸紹雲	方玉卿
	徐維謹	陳輝山	范本煃	朱洪健	吳永恆
	張昂千	王子宿	錢健庵	夏恩臨	陳賢凡
	蔡　謙	張方佐	劉益遠	嚴仲簡	余　純
	黃雲騤	許學昌	袁隱谷	錢子超	高越天
	張似旅	陸芙塘	錢世傑		

(乙)缺席者： 高公度

(丙)報告事項：

工務處報告： 關於積極修理紗錠，俾自備發電機裝竣後即可儘量增開紗錠一案，經於第四十二次會報奉總經理指示由本處擬定修機進度表呈核在案。抛查本公司現開紗錠計七十三萬六仟枚，待修紗錠十五萬餘枚，預計本月底可增開二萬枚，至明年二月底可以開至八十八萬八仟枚。

奉總經理指示：修理布機亦應擬訂計劃呈核。

(丁)討論事項：

1. 秘書處提：前於第三十六次會報奉總經理指示，本公司同人應自辦互保壽險，茲經擬定該項保險辦法草案是否可行□請討論案。

討論結果：修正通過。并推定汪大燧、錢健庵、章兆植、陸紹雲、嵇秋成、劉稻秋、劉益遠七人為同仁壽險保費保管委員會委員奉。

總經理指定以汪大燧為召集人，召集會議，商定保費之繳款手續、攤還及中途退款辦法，以及運用方式呈核。

2. 工務處提：請購機物料應由請購單位繪附準確圖樣，以免舛誤。前經通函，各廠遵照在案，惟以各廠缺乏繪圖人手實行不無困難，應如何解決□請討論案。

總經理指示：應儘量利用原有圖樣，如無原圖樣者，可洽由承辦廠商繪製，并於第二、三機械廠各抽調繪圖人員二人，分赴各廠繪製重要圖樣以供應用。

第四十四次廠長會報記錄

卅五年十一月十三日(1946年11月13日)

(甲)出席者：	束總經理	吳副總經理	劉文騰	高公度	王君明
	范本烇	錢健庵	顧鉅仁	魏亦九	方玉卿
	吳永恆	蔡　謙	吳襄芸	袁隱谷	龔滌凡
	龔蔭三	劉稻秋	黃季冕	秦德芳	許學昌
	嚴仲簡	鄭彥之	劉益遠	蘇延賓	吳德明
	陳輝山	王毓傑	唐偉章	蘇麟書	吳欣奇
	張昂千	徐維謹	嵇秋成	傅銘九	陳賢凡
	吾葆真	李向雲	陸紹雲	王子宿	朱仙舫
	黃雲騤	駱仰止	夏恩臨	朱洪健	陸芙塘
	張方佐	錢子超	錢世傑		

(乙)缺席者：張似旅　章兆植

(丙)總經理指示：

本公司擬向美蕓批訂購鋼絲布，惟各廠規格不同，應由需要鋼絲布各廠將所需鋼絲布之牌□尺寸等列單送購料委員會，以便彙計。前經於第四十二次會報報告紀錄在卷，茲為免遺漏起見，特再限於三日內開單呈報，并將希望購置數量列入備核，又鋼綜極易損壞，亦擬一併向國外大量定購，其規格則一律採用十一吋者。將來各廠通用配換可以便利，此外重要機物料，如油類等必須向國外定購者，亦應由各廠估計六個月之需要量於十日內列表呈核，各分公司俟上海各廠需要數字彙齊後亦同樣辦理。

(丁)吳副總經理報告：

本人此次出發視察各屬歷平津東北及隴海平漢一帶所見所聞有足供同

人之參攷者撮要述之。

(1)東北紡織業情形：九一八前東北僅有奉天紗廠、營口紗廠等數家，淪陷後均先後被日人收買，十四年來日人努力經營，現東北已有紗廠十一家，計(A)瀋陽區四家，共有紗錠約十六萬錠，布機數千台，其中一家被蘇拆走，三家迭遭蘇軍及□□□□劫掠破壞，殘存無幾。現總計可能修復紗錠不過數千枚，均由東北生產局接管運用。(B)大連區三家共有紗錠約二十二萬枚，其中以內外棉廠為最大，紗錠在十萬枚以上，該區現歸蘇軍駐守，據聞迄今為止尚無重大破壞。(C)其他有遼陽、營口、錦州三廠均已由本公司接收，計遼廠有紗錠七萬八仟枚，布機一千四百台，其中有大倉庫一所被共軍於撤退時焚燬，營廠有紗錠五萬五仟枚，為東北惟一自備有原動力之紗廠，所發電力并足供應外界需要。該廠在瀋陽設有染廠一所，亦已接收。錦州廠規模最宏，機器亦最新，有紗錠五萬一仟枚，濶布機七百台，狹布機一仟餘台，附設印染廠，有印花機多部，該廠儲存之物料亦極多，惟大部為原接收該廠之軍政部被服廠運去。以上三廠自經本公司接收后，遼營兩廠已開紗錠約五萬枚，錦廠已開紗錠約一萬枚。各廠工人冗濫優劣不齊，現正逐步汰選，以期工作效率之提高。此外尚有安東紗廠一所，計一萬六仟錠，及人造纖維廠一所，最近國軍收復安東以進展迅速，共軍未及澈底破壞，現已由東北分公司派員前往辦理接收。人造纖維利用木漿製造棉花，日產可十噸。據專家意見可以改為人造絲廠。綜計東北紡織業原有紗錠五十五萬餘枚，布機二萬台，各廠大部均附設染整廠，將來經蘇軍拆遷、共軍破壞后究能留存若干，現時尚無把握。至原料一項，東北本不產棉，自經日人努力推廣，去年產量估計約八十萬市担，惟以農民惕於日人棉產統治政策未敢怠忽，故產量頗佳，今歲統制一泄，產量驟減，約可收三十餘萬担。日人在東北收棉只收籽花，以便統制棉種，然後選優良種子發售農民，故棉種極為純粹。遼陽以南概採用『關農』一號種植者佔棉田面積百分之九十以上，該種絲毛短，成熟期早，衣份厚，可紡二十支紗，東北以十六支紗為合銷，故此項棉花足適東北之用。遼陽以北氣候較寒，則採用『遼陽』一號，該種係中棉種選育而成，纖維長度約13/16，日人在東北之棉花統制機構為滿州棉花株式會社，下設軋花廠十八所，分佈各地，吾東北分公司已接收其六，查東北人口四千餘萬，糧食有餘而衣着問題頗為嚴重。東北分公司現正辦理以布易棉，与農民直接交易頗著成效，收花極旺，大致估計該分公司原料可以自給至明年八月間當無問題。惟東北原有火車列車大部為蘇軍駛向北滿或西伯利亞境內，以致運輸力薄弱，煤荒嚴重，此為東北各廠增產之首要困難。此外蔴紡在東北亦有長足之進展，日人採用俄國蔴種，莖幹高大，產量特豐，年產總計有十三萬噸，設有製蔴廠五家，兩家在共區，其餘三家曾往參觀，設備均稱完善，現由軍政部及東北生產局分別接辦，毛紡廠共四家，其一在哈爾濱，其三現均由軍政部改為製呢廠，惟大部機械為蘇軍運去，故生產量不多，東北現有羊約三百七十萬頭，年產毛約四萬噸，毛紡原料似不虞匱乏，至於絲織業在東北並不重要，安東區域盛產柞蚕，有丝廠三十餘家，均未脫小型工業階段。

(2)西北平漢隴海一帶棉花收購情形：金秋華北華中氣候適於棉之結實，各地收成甚佳，本公司津分公司在北寧路、平漢路一帶設有收花據點，八處惟以時局關係迄今僅收棉一萬餘担，價亦較其他各區為高，每市担約國幣廿四餘萬元，是以天津分公司明年原料大成問題，西北以陝西棉為最佳，質量俱優，42支紗之原料亦不少，今年產量可望達七十萬市担，蓋不特涇渭渠等地區收成美滿，即其他旱地產量品質亦俱達水準也，該區產棉除供應當地及重慶各廠需要外，本公司收花二十萬担當無問題。河南豫北豫西一帶棉產約有五十萬市担，其品質可做32或42支紗之原料，本公司或可收到十五萬担。灵寶一帶棉種日益退化，農民作偽尤烈，深望以後能由政府檢驗取締，或可改進。湖北棉品質最次，大部分可供十支、十二支紗之用，農民商業道德低落，作偽攙雜無所不至，惟以本公司之立場，為救濟棉農生計起見，未便不收，該區新花上市時適值棉花市價波動劇烈，花行於高價時貪收以致大受損失，故本公司收購尚屬順利。綜觀各區棉產如欲順利供應沿江沿海紗廠用途尚有待於鐵道運輸之改善，目前隴海路路政腐敗，車輛缺乏，如不加以整頓，實關係西北棉產之興衰，而鄭州打包廠之復工尤為當務之急。

(3)外界對中紡之意見：本公司初開辦時，國人鑒於過去國營事業之失敗，均以懷疑期待之目光相視，嗣後本公司次第接收各廠均能於短期內復工並積極增產，於是觀為之一廈。一般意見均認為本公司機構健全，人選整齊，操守亦尚清白，故其工作效率甚高。本人聞之深為感奮，此皆總經理領導全體同仁共同努力所致，決非偶然也。惟本公司規模龐大，在吾國史無前例，不諒者輒以過於着眼贏利，企業獨佔及不与外界合作相責難，此則於本公司不無誤解也。

(戊)業務處報告

准第六區機器棉紡織工業同業公會函，為維持廠方信譽，配紗品質不可降低，且須以現在實際生產品提交客戶，希各廠查照辦理。

(已)工務處報告：

紡織廠等級標準表業經擬定，將來巡迴督導團第二次視察即依此表所定標準，希各廠閱後於下星期提出意見。

(庚)討論事項：

1. 第七紡織廠提：擬請總公司將各廠生產情形，如：每錠產額、各機速度、職工人數、各支配花等，每星期列表寄交各廠以資觀摩，當否□請討論案。
   總經理指示：可由統計室照辦。
2. 機電室提：准上海電力公司通知，原規定五時至八時停電停工之一班現擬改為四時至七時停電停工，如此則該班上工時間亦須提早至清晨五時半，查現值冬令，五時半天尚未明，實行有無不便□請討論案。
   總經理指示：本案每各民營紗廠亦有關係，可提請紡管會討論解決。
3. 第十紡織廠提：查十三次廠長會報討論事項第五項曾經議定：工人帶工做時淂以該工人工資之半數給与帶做之工人，實行以來尚無不便，惟查本公司工人服務規則第四章工資項下並無帶做工資分配之規定，應否予以增訂□請討論案。
   總經理指示： 既有決議案可循，即照決議案辦理。

4. 第十紡織廠提：查工人每因傷病分娩請假人數過多，為免工作脫節計，所遺工作常需雇用臨時工代理，惟臨時工似不能援用本公司工人服務規則第一章第二条之規定於試用一星期後請求正式錄用，擬請將該條條文修正為"各廠添雇工人概須先由廠方登記，經審查并淂主管人員核准後，試用一星期，如認為合格再行正式錄用。但養成工及臨時工另有規定，不在此列"當否□請討論案。

討論結果：贊成修正。

第四十五次廠長會報記錄(密件)

卅五年十一月二十七日(1946年11月27日)

(甲)出席者: 束總經理 劉文騰 黃季冕 方玉卿 吳襄芸
錢健庵 吳永恆 嵇秋成 李向雲 龔滌凡
龔蔭三 袁隱谷 陳賢凡 顧鉅仁 蔡 謙
徐維謹 吳欣奇 張昂千 朱仙舫 王子宿
錢子超 朱洪健 夏恩臨 傅銘九 嚴仲簡
蘇麟書 蘇延賓 范本煃 許學昌 劉稻秋
王毓傑 秦德芳 王瑞基 王君明 魏亦九
吳德明 鄭彥之 吾葆真 張似旅 黃雲騤
陸芙塘 張方佐 駱仰止 劉益遠 陳輝山
唐偉章 陸紹雲 錢世傑

(乙)缺席者: 章兆植 高公度

(丙)總經理指示:

1. 本公司上海第一門市部門原為推銷處理局託售物資而設，玆以可利用該門市部將部份衣着品平價供應市民，並以增加用戶對本公司出品之認識，故決予繼續經營，惟前數日余視察該門市部，見營業尚佳而貨品殊不完備，婦女衣着用品固屬闕，如本公司之優等出品亦未列市應銷，余意該門市部既須繼續經營，則其業務實有加強之必要。以後凡本公司出品上等呢絨、各種花色布等，應由業務處酌撥銷售。毛繩、軍氈銷路均佳，各毛紡織廠應趕製毛繩，第十八紡織廠可織製上等棉毛氈，第一針織廠應織製各種衫襪以分別供應市民需要。又絨布一項，各廠今歲未有生產，工務處應予列入明年生產計劃內酌予織製。又余觀上海一般商店之售貨員往往對於招待顧客之禮貌不事講求，余不願本公司之附屬機構沾染此種惡風。關於此點業務處應隨時督導，並轉飭該門市部同人切實注意為要。

2. 棉花打包所用鐵皮如於拆包時勿予損毀仍可作打紗包之用。前經通函各廠遵照在案，值茲國步維艱，斯亦撙節物資之一道，望各廠勿以瑣屑而忽之，並應通告各分公司照辦。

(丁)天津分公司王副經理瑞基報告：

本人此次來滬述職，得藉此機緣相諸同仁先進請益，私衷不勝欣幸。關於天津分公司接收及辦理情形，前次楊經理亦周於七月中來滬時曾向諸同仁先進報告。茲接收工作早已完竣，清查團來津時於本分公司接收成績殊表嘉慰，各廠開錠數月有增加，現已達到預期目標。惟各廠工人素質較滬地為差，煤荒亦仍嚴重，現正分別力圖改善中。本公司暨所屬各分公司自成立以來於接收、復工、增產三部曲，莫不竭力以赴達成任務。惟反觀日本國內豐田、遠東各廠實力仍極雄厚，生產成本又較吾國為低廉，以後角逐世界市場仍不失為我國紡織界之勁敵。當如何確保我戰勝國之光榮，與日本爭取遠東紡織事業之牛耳，津分公司願在總經理領導之下追隨諸同仁先進後竭其棉力。

(戊)工務處報告：

1. 此次第六區機器棉紡織工業同業公會攷察各工廠工人工資狀況，不少民營工廠論貨工工資超過規定標準，聞國營廠間亦有此現象，希各廠切實注意改正。
2. 各廠和花應適量攙用回花，前經提請各廠切實照辦，茲查各廠尚有以處理手續較繁於回花尚未充分利用者應請切實改正，其剩餘回花可送交第十五、十八紡織廠整理利用。

(己)討論事項：

1. 第十七紡織廠提：查各廠伙食費計祘方法原以米價為標準，惟近月來米價增漲無多，而蔬菜、魚肉、油、糖、蛋類等較前價格陡增倍蓰，以致原定伙食費不敷應用，如何補救□請討論案。

總經理指示：可予酌增，由事務課及總公司伙食團參照實際情形擬定增加額，通知各廠照辦。

2. 第十七紡織廠提：本廠迭拠工會請求於每月發放工資時代扣會費，可否照辦□請討論案。

討論結果：未便代為扣繳。

3. 秘書處提：據第二毛紡織廠呈為該區警局義務警察中隊請捐助義警服裝費，又第二機械廠呈為該區警局函請派員參加義警，各廠是否有同樣情形□需否由總公司統籌辦理□

討論結果：各廠既均須派員擔任義警，自毋庸再行捐款，至各廠擔任義警人數應以最多二人為原則，由秘書處與警局洽辦。

4. 工務處提：職員連續做夜工七天，其加給報酬之方法不應與工人相同。前於第四十二次會報奉總經理指示由本處擬定辦法記錄在卷，茲擬職員連續做夜工七天者，按職員加工待遇給加工薪資一天，當否□請討論案。

討論結果：通過。

5. 第八紡織廠提：本場屬寶山縣境，茲已有工人三名編入該縣民眾自衛隊赴縣受訓，並准該管區公所函請免予扣除受訓工友之半日工資，等由可否允准□又本公司係國營企業，其工人應否緩役□請討論案。

總經理指示：本公司工人請緩役一案已呈行政院核准中，如蒙邀准當通函各廠知照，在未奉准前該受訓工人三名之半日工資姑予照給，以顧全工人生活。惟如該縣以後仍須繼續調訓，而本公司各廠工人又未能緩役時，則應另議妥善辦法。

6. 第二印染廠提：查本廠出品羽綢行銷市場素著聲譽，惟以坯布未能源源供應以致羽綢產量不繼，擬請各紡織廠供給是項坯布以便增加生產，擴充業務案。

總經理指示：可由工務處與有關各廠商討解決。

7. 第十九紡織廠提：本廠成包間工作繁忙，停電日亦照常工作，可否於其工作時間應淂之工資外仍照支停電日之半日工資案□

總經理指示：未便照支。

8. 第十九紡織廠提：准市社會局函請津貼受訓員工之服裝費應如何辦理

案□

總經理指示：由勞工福利委員會與六區公會及市社會局洽妥後通知各廠辦理。

9. 第一紡織廠提：查直接稅務局過去係就布徵稅，現改為就紗徵稅，因此須多担一小部份，回絲之稅款且在制度更張期中，不免有徵稅重複之虞，應如何處理案□

總經理指示：由業務、工務、會計三處會同研究此項變更辦法，其負擔是否公允、合理，並將研究結果具報以憑核辦。

第四十六次廠長會報記錄(密件)

三十五年十二月四日(1946年12月4日)

(甲)出席者：劉文騰　范澄川　顧鉅仁　黃雲騤　許學昌
魏亦九　吳襄芸　嵇秋成　劉稻秋　袁隱谷
龔滌凡　龔蔭三　李向雲　吳永恆　范本烓
張昂千　吾葆真　蘇延賓　嚴仲簡　陸紹雲
王子宿　蘇麟書　高公度　秦德芳　吳德明
黃季冕　錢健庵　蔡　謙　王毓傑　夏恩臨
朱仙舫　傅銘九　陸芙塘　張方佐　王君明
方玉卿　唐偉章　錢子超　鄭彥之　吳欣奇
章兆植　劉益遠　陳輝山　朱洪健　陳賢凡
駱仰止　張似旅　錢世傑

(乙)缺席者：徐維謹

(丙)青島分公司范經理澄川報告：

本人此次來滬向總公司報告工作，並有所請示，淂以觀摩上海各廠獲益匪淺。關於青島分公司之情形，謹為諸同仁略述如次：
青島市有四項優點適於紡織業之發展，(一)天時。青島係海洋性氣候，無祁寒酷暑，雨季為時甚暫，空氣高爽適於紡織業之技術條件。(二)地利。青島背後廣大之內陸為國內主要棉產區，以後膠濟路交通恢復，自陝西以東之棉產運青供應極便，原料取給不虞匱乏，又青島係不凍港，對外運輸常年無阻，較天津之地理形勢為優越。(三)人力。吾國北方人民質樸耐勞，堅強直爽，長於服從，雖有知識水準過低，缺乏自發性與判斷力，易於受人煽動、利用之短，然大體言之，工人素質可稱優良。(四)物資。青島分公司係從日人原始清冊直接接收，故除少數物資，如汽車等零星物品外，其餘物資均能保持完整，接收時仍在開工狀態，尚有日人移交時不列帳物資本，分公司亦均分別清理登帳，掃數歸公。

查青島分公司接收工作始於本年一月十三日，當時由渝飛青之接收人員共八十人，以人手不敷分配，故開始時仍利用原有日人，以後逐步予以淘汰，復以四面遭受共黨包圍，工人不易控制，措施倍感困難，以後形勢日漸好轉，開錠數亦經積極增加，惟以物資及電力之限制，迄今開錠數約達89%，今後青島分公司當在總經理暨副總經理領導之下，更力求進步，尚望諸同仁時予指教。

又青島分公司尚有外在之困難二點，(一)人事。由於當地紡織技術人才之缺乏，故不淂不借材異地在吾公司，但求迅赴事功，原無畛域之見，而邦人不察，狃於地方觀念，以為本分公司歧視北人，本人雖時時剴切解釋此種誤會，迄尚未能消除。(二)待遇。本公司人員待遇介於民營紗廠與公教人員之間，以從業者同工同酬之原則言，較之民營紗廠瞠乎其後，而一般公教人員方且竊議其待遇之優，實則以現在之生活程度言之，本公司之待遇似已有不足鼓舞工作情緒之象，凡此二點皆本人心所謂危，敬以質之諸同仁，請有以教我。

(丁)討論事項：

1. 第二印染廠提：查同仁報酬所淂稅，茲奉公司函知自四月十六日至七月底亦須按照新稅率全數補繳，為數甚鉅，同仁多感無力負擔，擬請總公司設法墊付案。

   討論結果：由會計處向直接稅局交涉，視交涉結果如何再行決定。

   奉批：應歸本人負擔。

2. 第三、二紡織廠提：時屆冬令，本公司前發職員制服不足禦寒，擬請即發呢質冬季制服一套，以壯觀瞻，當否□請討論案。

   討論結果：一致贊成，並擬請總公司配售冬季呢大衣每人一套，工料半價，仍俟總經理核示。

   奉批:不可能。

3. 秘書處提：關於提高伙食標準一案，上次會報奉總經理指示，由事務課與伙食團會同核議，茲擬職員每人每月伙食費改按每石米價之九折，警役等按每石米價之七折計祘，以維營養而免虧累，當否□請討論案。

討論結果：一致贊成。俟呈請總經理核定後實行。

奉批：職員改按八五折計祘，工役改按六五折計祘。

第四十七次廠長會報記錄

卅五年十二月十一日(1946年12月11日)

(甲)出席者：	李副總經理	劉文騰	朱仙舫	陸紹雲	劉益遠
	吳襄芸	吳永恆	方玉卿	范本烇	王君明
	蘇延賓	魏亦九	錢健庵	顧鉅仁	王毓傑
	劉稻秋	蔡　謙	吾葆真	王子宿	蘇麟書
	龔滌凢	吳德明	龔蔭三	張昴千	鄭彥之
	秦德芳	吳欣奇	袁隱谷	陳賢凢	徐維謹
	傅銘九	錢子超	朱洪健	黃季冕	嵇秋成
	黃雲騤	陸芙塘	張方佐	許學昌	高公度
	高越天	夏恩臨	嚴仲簡	李向雲	周典禮
	唐偉章	駱仰止	錢世傑		

(乙)缺席者： 張似旅　　陳輝山

(丙)李副總經理指示事項：

工廠年終盤存關係至為重要，原料是否節省或浪費，成本之低昂，均須盤存之後方能淂最準確之數字，此為稽核處最重要之工作，惟以本公司範圍之廣，以稽核處現有人數擔任全部盤存工作實感不敷分配，應由各廠廠長就本身範圍切實辦理盤存後，由稽核處派員抽查，其詳細辦法由稽核處擬訂呈核。

(丁)業務處報告：

此次第六印染廠繳付之染黃軍布以色澤不一以致退貨者計九十六疋，希各印染廠注意免再發生類此情事。(據第六印染廠申述，此次染布色澤不同原因由於：(一)水汀不足，染色溫度時高低。(二)常遭斷電致不淂不自行發電，影響所染光色極大。(三)申請或調撥染料種類多而數量少，且同一染桶內往往含有成份不同染料，致花色不易一致。(四)染黃軍布一部份利用接收後栈存染料拼色而成，其弊與第三項同。)

(戊)勞工福利委員會報告:

(1)准直接稅局函，工人所淂稅並無免繳之規定，工會派代表赴京請願亦未邀准。現自十一月份起照稅額減半徵收，七至十一月份應照補，如工人有抗稅情事，各廠應責令工會出具書面證明，以昭責任。
(2)本公司工人服務規則上海市社會局尚擬予以修正，惟本公司各廠仍應遵照頒佈原規則辦理。
(3)准市警察局通知，各廠上下工電笛有與警報聲類似者，應予糾正，茲已請警局劃一規定，俟復到再通知各廠照辦，希注意。

(己)工務處報告：

最近電力公司以一萬K.W.電機損壞故斷電特甚，值此電力困難，各廠衹可聽其自然庶免意外損失。
奉李副總經理指示：電力公司有二萬K.W.電機，一月中可望修峻，大約明年一月底左右當不再有斷電之虞。

(庚)會計處報告：

奉經濟部令轉奉最高國防會議電，以监察院提公教人員所淂稅，應照原薪扣繳津貼，不計議決通過，本公司應自本月份起遵照辦理。

(辛)討論事項：

(1)業務處提：本處調查各印染廠軍坯布存數及草黃平布生產情形覺最嚴重者為：(一)顏料供應缺乏。(二)坯布存量甚少。查本月底應繳軍黃布式拾柒萬疋，照現在情形，拾柒萬疋恐尚不易繳足，應如何克服困難□請討論案。

討論結果：依照工廠生產能力不過十五萬疋，顏料供應缺乏問題應由購料委員會從速辦理。又向英定購燒碱，下月當可運到。關於申請外匯困難因而影響購料工作之效率一點，擬請總經理解決。

(2)上海第八紡織廠提：奉總公司函飭編繕機器、房屋及地產點收清單三種，查此項工作殊屬繁重，且已有接收清冊報備，可否免予辦理之處□請討論案。

討論結果：應免辦理，惟接收清冊份數尚未繳足者，應即補繳足數。

(3)上海第十九紡織廠提：工會請求從速發給年賞，應如何辦理案。

奉李副總經理指示：應與民營紗廠採同一步驟，本公司未便單獨解決。

(4)上海第九紡織廠提：工人昇任職員後可否仍兼任工會理事案。

奉李副總經理指示：工人昇任職員已不再為工人身份，自不應仍兼工會理事。

第四十八次廠長會報記錄

卅五年十二月十八日(1946年12月18日)

(甲)出席者：束總經理 劉文騰 魏亦九 王子宿 陳賢凢
黃季冕 吳襄芸 范本煃 蘇麟書 錢健庵
陸紹雲 劉益遠 王毓傑 吳永恆 蔡 謙
張昂千 黃雲騤 嵇秋成 龔滌凢 龔蔭三
傅銘九 夏恩臨 朱洪健 秦德芳 章兆植
高公度 吾葆真 張方佐 許學昌 劉稻秋
蘇延賓 唐偉章 方玉卿 顧鉅仁 陳輝山
吳德明 嚴仲簡 徐維謹 周典禮 鄭彥之
錢子超 王君明 李向雲 朱仙舫 袁隱谷
吳欣奇 陸芙塘 駱仰止 張似旅 錢世傑

(乙)缺席者：無

(丙)總經理指示：

上海第一門市部業務應予加強，本公司出品上等呢絨、各種花色布應酌撥銷售，毛紡織廠應製毛繩供應，第十八紡織廠可製上等棉毛氈，針織廠製各種衫襪應市，前經於第四十五次會報指示記錄在卷。玆余思苧蔴為吾國特產，而此項工業吾國殊不發達，反將原料供應外國，而從外國購進製品，一轉移間金錢外溢，可慨熟甚。余觀製蔴廠及絹紡廠此項出實尚不夠標準，希望竭力研究改良，並將出品交由門市部銷售，又今觀染廠出品之印花被單等花色尚未臻上乘，應更製第一流貨品應市。總之上海市場貨品銷賣有兩種最為適宜，一為優等貨，價格不妨稍高，但品質、式樣、花色應絕對講求，使能吸引雇主之購買慾；一種為普及品質，料雖次，定價極廉，亦能受廣大民眾之歡迎。至如高低不就之貨品，恐難求銷路之廣泛，供應門市之出品雖僅本公司業務之餘緒，却係技術表現之最佳方法，有關外界對本公司之觀感頗鉅，應由業務處、工務處擬訂具體辦法呈核。

(丁)討論事項：

(1)稽核處提：關於本年度年終盤存業經訂定辦法，實行時有無技術上之困難請討論案。

討論結果：照所訂辦法辦理抽查，範圍並應包括第一門市部在內。

奉總經理指示：盤存抽查應不僅一年一度於年終辦理，以後每月月底應由稽核、會計、工務三處會同派員抽查數廠，以資覆核，又關本公司有數廠尚有帳面與實物數量不符情事，雖為數極微，而事實證明純係聯繫不善，尚無舞弊情事，然總非應有現象，因此種手續疏忽如一時未能發現，時日一久無從記憶，一旦查有短少即無法交代，希各廠暨會計方面與經管原物料人員切實注意。

(2)第四紡織廠提：各廠自行購料規定款額過低，值茲物價飛漲早感不敷，擬請增加案。

奉總經理指示：可增加。由購料委員會統籌規定後通知各廠照辦，惟各廠自購機料應逐日列表送核，並將價格註明。

(3)工務處提：准六區工會函請發給工人年賞布代金並規定發放辦法案。

奉總經理指示：所訂辦法措辭含混，應由駱副處長仰止請六區公會解釋，以憑辦理。

第四十九次廠長會報記錄

三十五年十二月二十五日(1946年12月25日)

(甲)出席者： 束總經理 劉文騰 吳襄芸 陳輝山 蘇延賓
王君明 黃季冕 王毓傑 方玉卿 范本烇
秦德芳 蘇麟書 龔滌凡 龔蔭三 顧鉅仁
高公度 劉稻秋 陳賢凡 吳永恆 錢子超
錢健庵 嚴仲簡 許學昌 王子宿 吾葆真
陸紹雲 吳德明 魏亦九 徐維謹 朱洪健
劉益遠 傅銘九 陸芙塘 嵇秋成 鄭彥之
駱仰止 朱衡石 吳欣奇 張方佐 章兆植
夏恩臨 黃雲騤 蔡　謙 唐偉章 朱仙舫
李向雲 張似旅 張昂千 錢世傑

(乙)缺席者： 無

(丙)總經理指示：

(一)工人年賞工資四十天，責任工年賞工資六十天，助理責任工五十天。所謂責任工人應負有管理其他工人之責任者為限，其詳細區別已訂定標準有案，各廠應照表復核，不可濫發。棉紡織廠發給責任工及助理責任工年賞應不超過其工人總人數百分之十，毛紡織廠、絹紡織廠、紗帶廠應不超過各該廠工人總人數百分之八，印染廠、機械廠、製蔴廠、針織廠應不超過各該廠工人總人數百分之五，其有同一廠而兼營兩種不同性質之業務者，各從其類之規定。上項年賞應於十二月三十日照十一月份生活指數發放，并應將工人實際人數報總公司，至不請假賞工七天則於年終後仍照十一月份生活指數發放。
(二)警役、司機等年賞由勞工福利會事務課厘訂等級後通知各廠照辦。
(三)查紗廠產紗量其最高額可以以羅拉速度計𥘵之，玆核閱各廠所報生產數字竟有超過羅拉速度者，此必係減報開錠實數所致，應知技術毫無假借數字應求準確，望減報錠數之廠即將錯誤改正，以後應力戒虛矯，腳踏實地做去。

第五十次廠長會報記錄(密件)

卅六年一月八日(1947年1月8日)

(甲)出席者： 東總經理　劉文騰　黃雲騤　陳輝山　吳欣奇
魏亦九　陳賢凡　王子宿　吳德明　唐偉章
范本烇　吳襄芸　劉稻秋　陸紹雲　嵇秋成
方玉卿　王毓傑　蘇延賓　徐維謹　王世勛
傅銘九　蔡　謙　朱仙舫　錢健庵　高公度
龔滌凡　王君明　蘇麟書　李向雲　鄭彥之
章兆植　許學昌　吾葆真　顧鉅仁　吳永恆
秦德芳　劉益遠　張昂千　錢子超　嚴仲簡
張似旅　陸芙塘　朱洪健　陳步韓　張方佐
夏恩臨　錢世傑

(乙)缺席者： 駱仰止　周典禮　黃季冕

(丙)總經理指示：

(一)本次會報為卅六年之第一次，回顧卅五年一年之工作，尚無大謬，謹以十二分之誠意感謝諸君與余之通力合作，惟是本公司之規模宏偉空前，深願諸同仁以不懈不怠之精神協助余完成吾國紡織建設之偉業。
(二)卅五年度中攷績表已發交各廠長，各廠長認真攷核於本月二十日前送公司以憑覆核。又低級技術人員攷核其能力較差者應報總公司，以便統籌訓練，他如事務及管理人員(如會計、總務、人事課人員等)，將來亦須加以訓練以資培養幹部人才。
(三)各廠應盡量多用國棉以防美棉來源不繼。

(丁)業務處報告：

頃准聯勤部經理署亥世代電，以本公司所交軍布每有短碼情事，卅六年夏服布總數壹佰陸拾壹萬疋，如照以往情形短碼數可達二萬六千疋以上，匪獨影響整個剪裁，抑且本署不堪負擔此種損失，囑以後務將合乎規格之布疋儘先撥歸軍用，等由查關於軍布短碼事件過去枝節甚多，事後補救大費周章，茲特重申，前請煩為注意下列各點：(一)坯布必須足四十碼，絕對不得短少。(二)加染後引伸長度，第一印染廠必須達四十二嗎以上，其餘各廠四十一碼以上，如有超過絕對不得剪去分毫。(三)校準碼尺派幹員精密檢驗每疋兩端加戳列表記錄(於交貨時請提貨人蓋章)。(四)凡不合上列標準之布疋另行堆儲，另案出售，切勿混入。以上各點關係公司信譽甚鉅，希各廠切實注意為要。

(戊)稽核處報告：

各廠積存之廢料應即填具清單，報廢料標售委員會處理，惟應請各廠慎重估計價格，以供參酌，訂定標底。

(已)討論事項：

(一)稽核處提：查本公司上海各廠漿紗用澱粉已往係招商提製，茲擬改由各廠員工消費合作社承包，辦法照前，惟各合作社應指定專人負責，並逐月公佈其盈虧，當否□請討論案。

奉總經理指示：原則決定交各廠合作社辦理，具體辦法應由稽核處購料委員會同仁及勞工福利委員會參照從前規定辦法擬定後通知各廠。

(二)上海第二印染廠提：查各紡織廠所產十二磅特細布六千號漂白坯布及嗶吱等，其每疋長度普通以四十碼、三十碼者居多，但為減少縫頭工作以節省人工及製造費用起見，可否加長至八十碼、九十碼或一百二十碼□請討論案。

奉總經理指示：由工務處就布疋種類分別規定其應織長度通知各廠照辦。

第五十一次廠長會報記錄(密件)

三十六年一月十五日(1947年1月15日)

(甲)出席者：束總經理　劉文騰　陸紹雲　魏亦九　范本熣
吳襄芸　黃季冕　徐維謹　吾葆真　王毓傑
蘇麟書　朱洪健　龔滌凣　傅銘九　蘇延賓
顧鉅仁　鄭彥之　黃雲騤　李向雲　王世勛
陳賢凣　錢健庵　唐偉章　陳輝山　王子宿
王君明　吳永恆　方玉卿　高公度　吳德明
張似旅　張方佐　嵇秋成　蔡　謙　章兆植
朱仙舫　張昂千　嚴仲簡　駱仰止　陸芙塘
秦德芳　劉稻秋　錢子超　周典禮　許學昌
吳欣奇　劉益遠　夏恩臨　錢世傑

(乙)缺席者：無

(丙)總經理指示：

(一)春節停工日數經六區公會與民營紗廠初步協議為：(A)廢曆除夕、元旦、初二停工三天，工資不給。(B)廢曆正月初三、初四、初五均開工，到工者以雙工計秝。(C)向上海電力公司交涉，此三日期中免予停電。(D)在此三日期中各廠有□逢□期者按放假辦理，不做停工計秝。以上各點尚未經最後決定，將來確定辦法另由總公司正式通知。

(二)各廠職員仍照紡織業慣例於停工及開工時由廠方備酒筵款待，茲定為每桌最多十五萬元，十二人一桌，警役每桌四萬元。廢曆元旦及初二日職員每桌加菜二萬元，警役每桌加菜壹萬元。

(三)各廠對有關警憲軍等機關淂配備禮品以表慰勞，惟不淂致贈現款，其禮品價值大廠應以國幣八十萬元為限，小廠應以國幣四十萬元為限。

(四)職員年終獎金發給辦法前經通函各廠照辦在案，各廠應將所屬職員

之有記過處分而無記功可資抵銷者速開明情節加具意
見呈候核定應發獎金數額。至請假超過規定者，其超過規定之日數應不得領年終獎金，其詳細辦法另由總公司正式函知。

(丁)討論事項：

第十五紡織廠提：查本月十六日為本公司上海各棉紡織廠接管一週年紀念，是否舉行儀式或用其他方式以資紀念□請討論案。
奉總經理指示：毋庸集體舉行紀念儀式，各廠如有願利用此時機檢討一年工作進展情形或略備餘興助興，可自行辦理。

第五十二次廠長會報記錄(密件)

卅六年一月廿九日(1947年1月29日)

(甲)出席者：吳副總經理　張方佐　范本燵　王君明　方玉卿
王毓傑　吾葆真　吳德明　吳襄芸　黃季冕
蘇延賓　顧鉅仁　鄭彥之　王子宿　蘇麟書
錢健庵　陳輝山　錢子超　陸紹雲　許學昌
秦德芳　高公度　黃雲騤　嵇秋成　傅銘九
魏亦九　周典禮　蔡　謙　朱洪健　嚴仲簡
吳永恆　唐偉章　陳賢凡　駱仰止　張昂千
朱仙舫　陸芙塘　劉稻秋　夏恩臨　李向雲
龔滌凡　徐維謹　章兆植　劉益遠　吳欣奇
王世勛　錢世傑

(乙)缺席者：劉文騰

(丙)吳副總經理指示：

(一)本公司需用之美棉原料以外匯申請困難務須節省使用，儘量利用國棉。去年棉花收購成績尚佳，令歲收棉季節結束時總計可望達一百三十萬市擔，所收國棉，如陝西、河南所產改良棉等，足可用為四十二支紗原料。望各廠儘量攙用。

(二)關於紡管會收購國營、民營紗廠產紗半數辦法，現正積極進行，凡需用織布紗各廠仍應將產紗半數逐期繳解，再向紡管會按實際需用數量購回，為節省運費起見，應將留用紗逐期報數轉賬，各廠對留用紗數量務須核實填報。

(三)本公司應繳軍布迭准國防部經理署函催如期支清，現上年十二月份及本年一月份已共欠繳五萬餘疋，二月份應繳卅餘萬疋，希各廠加緊趕製。

(四)本公司業務對外應有守正當秘密之必要，凡有外人逕向各廠調查業務情形應妥為應付，或婉詞拒作答復。

(丁)討論事項：

(一)業務處提：本公司稽核處巡迴稽核渝漢各地，發現本公司出品包裝欠完善以致運輸途中時有鉤傷釘傷及水漬情事，建議恢復戰前包裝辦法。查如照戰前包裝高貴布匹木箱內附鋁皮箱，蔴布、白布打包之貨除原有牛皮紙外，加包厚油紙一層，成本雖有增加，運輸損失可以減少，是否有當□請討論案。

討論結果：由於外匯困難，加附鋁皮箱暫難辦到。高價貨品可以牛皮紙包外加柏油紙裝箱，蔴布、白布打包之貨仍加用牛皮紙。

(二)業務處提：查筒管紗一項極合客戶目前需要，甚至有若干織廠願備筒管送各廠應用，擬請各廠儘量加做筒管紗案。

討論結果：可以照辦，惟購筒管紗之客戶輒不將筒管送回，以致增加生產受其限制，應規定凡不繳還筒管者停止其配紗，以資限制。

(三)上海第五紡織廠提：本場倉庫離工場較遠，一遇雨天□□工人不能工作，可否置備雨衣俾工人遇雨時領用案。

討論結果：雨衣不便工作，可購置雨笠備用。

(四)秘書處提：商辦滬西區救火會函請滬西各廠逐月補助經費，應否照辦□請討論案。

討論結果：由滬西有關各廠一次各補助國幣伍拾萬元。

第五十三次廠長會報記錄

卅六年二月五日(1947年2月5日)

(甲)出席者：

吳副總經理	劉文騰	許學昌	蘇麟書	王子宿
蘇延賓	魏亦九	吳襄芸	黃雲騤	方玉卿
吳德明	范本烇	陳輝山	劉稻秋	吳永恆
顧鉅仁	唐偉章	陳賢凡	吾葆真	蔡　謙
高公度	黃雲騤	王君明	李向雲	傅銘九
王毓傑	章兆植	陸紹雲	秦德芳	吳欣奇
張昂千	陸芙塘	朱洪健	嚴仲簡	龔滌凡
嵇秋成	劉益遠	錢子超	駱仰止	鄭彥之
錢健庵	夏恩臨	王世勛	徐維謹	周典禮
朱仙舫	張方佐	錢世傑		

(乙)缺席者： 無

(丙)討論事項：

1. 秘書處提：關於崇信紗廠函請第一絹紡廠捐助修築葉家宅路經費，該路與本公司滬西各廠有無關係，應否照捐□請討論案。
   討論結果：由滬西有關各廠六家(第一、六、七紡織廠，第一毛紡織廠，第一製蔴廠，第一絹紡廠)合捐國幣捌百萬元。
2. 第四紡織廠提：本公司職員卅六年度制服兩套擬請早為規定質料以便織製案。
   奉吳副總經理指示：由唐專門委員偉章檢様呈候核定。
3. 第四紡織廠提：近來米價陡漲，員工伙食費不敷支配，擬請提高標準以維營養案。
   奉吳副總經理指示：物價不時波動，為免時時調整起見，可由總公司員工伙食團及秘書處事務科擬定一有彈性之辦法呈核。

4. 第一紡織廠提：據本廠產業公會請求，女工分娩淂提前借支分娩費一案，查本公司規定分娩費計產前產後各四星期於銷假到廠時發給，可否於女工生產時預支產前四星期之津貼□請討論案。

奉吳副總經理指示：女工分娩費於銷假到廠後一次發給，所以防止工人取巧跳廠。該產業公會所請一節可否照辦應由勞工福利委員會洽詢六區公會各民營廠意見後核復。

5. 第一紡織廠提：各廠義務警察所佩手槍係由警局代購，其費用應否由廠負擔案。

討論結果：由秘書處洽警察局後通函各廠照辦。

第五十四次廠長會報記錄(密件)

卅六年二月十二日(1947年2月12日)

(甲)出席者：	吳副總經理	劉文騰	朱洪健	許學昌	劉稻秋
	高公度	吳襄雲	陳輝山	魏亦九	朱仙舫
	范本煃	王君明	王毓傑	錢健庵	方玉卿
	黃雲騤	鄭彥之	陸紹雲	黃季冕	吳永恆
	蘇延賓	顧鉅仁	蘇麟書	吳欣奇	秦德芳
	夏恩臨	王世勛	徐維謹	李向雲	吳德明
	傅銘九	唐偉章	蔡　謙	吾葆真	龔滌凡
	嚴仲簡	錢子超	王子宿	周典禮	張昂千
	駱仰止	陸芙塘	張方佐	劉益遠	嵇秋成
	高越天	錢世傑			

(乙)缺席者： 陳賢凡

(丙)吳副總經理指示：

1. 上海市電荒本月終可望解決，本公司自備發電設備最遲於三月終亦可完成，屆時本公司紗錠八十八萬枚及織機應即全部開出，各廠如有準備，尚未完成者希從速進行。
2. 各廠留用織布紗應速核實填報以便轉報紡管會，經於上屆會報提請各廠從速辦理在案，凡尚未填報各廠應尅日按期填報。

(丁)秘書處報告：

1. 關於國民黨徵募特捐一案，前經總經理函奉公司各單位轉諸同仁個別捐助，玆上海尚有數廠未曾繳解，請迅速辦理以資結案。
2. 關於調整員工伙食費標準以維營養一案，經呈奉總經理核定改為職員伙食費每人每月十二元，警役伙食費每人每月八元，按上海市政府頒佈上月份職員生活總指數計䛜，希各廠查照辦理。

(戊)討論事項：

會計處提：查現以小票缺乏，員工薪津尾數無從發放以致帳面數字與庫存時常尾差，為顧全實際情形起見，員工薪津可否䛜至千元為止，馀數四舍五入或以五百元為單位尾數不計，當否□請討論案。
討論結果：為免工人發生誤會起見，仍照向例發放，尾數併入下月工資計䛜。

第五十五次廠長會報記錄

卅六年二月十九日(1947年2月19日)

(甲)出席者：吳副總經理　劉文騰　黃季冕　傅銘九　秦德芳
陸紹雲　魏亦九　顧鉅仁　劉稻秋　朱洪健
唐偉章　范本烇　黃雲騤　王子宿　吳永恆
嚴仲簡　高公度　錢子超　蘇延賓　錢健庵
吳襄芸　陳輝山　方玉卿　吾葆真　許學昌
吳德明　蘇麟書　王毓傑　蔡　謙　王君明
李向雲　周典禮　張昂千　吳欣奇　徐維謹
王世勛　嵇秋成　駱仰止　張方佐　鄭彥之
龔滌凡　陸芙塘　夏恩臨　陳賢凡　劉益遠
朱仙舫　萬作深　錢世傑

(乙)缺席者：無

(丙)吳副總經理指示：

各廠工務日報等應按期造報，總產量、自用紗量及交售紗量三項應準確填注，以便計祘留用紗。

(丁)討論事項：

(一)業務處提：現以棉價增漲工繳甚鉅，低支紗獲利困難，又政府計劃棉紗外銷亦□高支紗較合南洋一帶需要，擬請增加六十支以上之棉紗產量案。

討論結果：由工務處擬定高支紗增產計劃呈核。

(二)第一紡織廠提：物價增漲尤以五金原料為甚，總公司核定各廠自購機料款已不敷應用，請增加案。

吳副總經理指示：自購機料單之審核工作應求迅速，購料委員會並應將機料行市每週通知各廠兩次，自購機料款准照原數加倍計，甲等廠每日六百萬元，乙等廠每日四百萬元，丙等廠每日弍百萬元。

(三)第一紡織廠提：總公司核定各廠每月修缮費亦以物價激增不敷應用，可否增加案。

吳副總經理指示：准增加百分之五十汽車修繕費，每次不得超過國幣六十萬元。

(四)第八紡織廠提：出差膳費不敷應用，請增加案。

吳副總經理指示：已由會計處會同稽核處擬定中，俟核定後通知各廠。

(五)第五紡織廠提：伙食費前奉調整改為職員每月十二元，警役每月八元，按生活指數計紡，惟警役伙食與職員伙食原為三與四之比，今調整後警役伙食較低，可否酌予變更□請討論案。

吳副總經理指示：警役伙食費改為每月九元，按生活指數計紡。

(六)第十六紡織廠提：國棉含水分較美棉為高，可否在經營標準分別規定以符實際案。

吳副總經理指示：由工務處修正。

第五十六次廠長會報記錄

三十六年二月二十六日(1947年2月26日)

(甲)出席者：	束總經理	劉文騰	范本烇	許學昌	王毓傑
	方玉卿	吳德明	魏亦九	王子宿	周典禮
	顧鉅仁	王君明	蘇延賓	鄭彥之	張昂千
	錢健庵	朱仙舫	劉稻秋	嚴仲簡	吳永恆
	蘇麟書	陳賢凡	夏恩臨	傅銘九	吳欣奇
	李向雲	陸紹雲	吳襄芸	張方佐	唐偉章
	錢子超	高公度	陸芙塘	黃季冕	徐維謹
	王世勛	朱洪健	劉益遠	駱仰止	龔滌凡
	章兆植	張似旅	蔡　謙	錢世傑	

(乙)缺席者： 無

(丙)總經理指示：

(一)本公司承製軍布以發生缺碼及染色不勻等情事致經理署嘖有煩言，并經層轉行政院令飭改善，該署駐滬專員曹君亦來函有所建議。查現以外匯困難顏料陸續購進，色澤不一，軍布需要甚急，數量甚大，本公司各印染廠之設備又不齊，凡此技術困難固吾人所深悉，但未必能求諒於外界，望工務處督率各廠凡技術上可能克服之困難，務須盡其在我力予改善，以維出品信譽而免外界指摘。

(二)本公司及所屬各分支機構之經常費用應互相比較，總公司與分公司相比，辦事處與辦事處相比，廠與廠相比，以明瞭其有無浪費，進而求節流之道。應由會計處、統計室及事務課會同將去年本公司及所屬各分支機構經常費開支狀況列比較表呈核，以後并應逐月列報。

(三)本公司印刷費用甚鉅，應可設法節省，又除原物料之購置已由總公司統籌辦理，外其他雜物之購置應由秘書處事務課會同稽核處、會計處及購料會擬定何者由公司統籌，何者由各廠自辦，并估計每月用量呈核。

(四)本公司各廠出品成本之計祘殊嫌未臻準確，例如原料、物料之消耗應照當時市值列帳，不能以進價為準。余意欲求成本會計之完善，必須各單位有密切之聯繫，對行市之變化亦隨時明曉，方克有濟。可由會計處會同業務處、工務處、秘書處、購料會擬定改良方案呈核。余并將指定滬西、滬東紡織廠各二家及毛紡印染廠各一家先行實施，以作示範。

(五)本公司暨各分支機構全部員工人數及平均待遇時有變更，統計室應每月將此項數字詳盡列表呈送備查。

(六)開辦技術人員訓練班早經決定辦法，各廠能力學驗較差之工務人員應即由廠長開具名單報請受訓，以後會計事務人員訓練亦將次第舉辦。

(丁)購料委員會報告：

(一)本公司上海第一毛紡織廠自製漿紗絨布已有出品，各織廠如有需要請將品質數量通知本會，以便統籌定製。

(二)前為向美統籌訂購機物料，函送調查表請各廠填報重要機物料之丰年用量，茲尚有多廠未曾填報，希速造送以利進行。

(戊)討論事項：

(一)第四紡織廠提：原棉派送各廠，望將品級按各廠需要平均支配，又各廠保持若干日用量，勿過偏枯，當否□請討論案。

總經理指示：原則甚是，惟本公司存美棉不充，不無困難，應由業務處儘可能設法改善。

(二)第六、十四、十九紡織廠提：生活指數已經政府凍結，而工會方面仍望以實際生活指數結祘工資，應請早為決策，以資應付案。

總經理指示：應遵政府規定照一月份指數先行發放，其餘差

額貼補候政府辦法公佈後遵照辦理。

(三)第十六紡織廠提：商號購用筒管紗輒不依限繳還筒管，以致妨礙工作，擬請提高筒管押金，并限未繳筒管商號尅日繳還，否則停止配紗案。

總經理指示：押金可增為國幣陸拾萬元，逾期不繳還筒管停止配紗，各廠尅日將未繳還筒管之客戶列報以憑辦理。

(四)工務處提：本年度職員制服料兩套奉飭撿樣呈核，茲撿同樣本請圈定案。

總經理指示：冬季制服採用上海第四毛紡織廠出品之三六三號藏青嗶嘰，夏季制服採用上海第二製蔴廠出品之一〇〇六(A)號白蔴交布，各分公司及辦事處由總公司統籌辦理以資一律，貼補工價由事務科查明呈核。

第五十八次廠長會報記錄

卅六年三月十九日(1947年3月19日)

(甲)出席者：

束總經理	劉文騰	吳德明	方玉卿	范本烇
嚴仲簡	鄭彥之	黃雲騤	黃季冕	魏亦九
顧鉅仁	高公度	蘇麟書	吳襄芸	秦德芳
徐維謹	周典禮	陳紹雲	許學昌	陳賢凡
傅銘九	陳思堯	王君明	吳永恆	李向雲
吾葆真	嵇秋成	陸芙塘	劉稻秋	唐偉章
王子宿	蔡　謙	夏恩臨	朱洪健	張方佐
駱仰止	王世勛	龔滌凡	劉益遠	張昂千
邱　陵	王毓傑	吳欣奇	錢子超	朱仙舫
程潤生	錢世傑			

(乙)缺席者： 章兆植

(丙)總經理指示：

(一)門市部不必過於利用廣告宣傳，希業務處注意。又本公司開辦以來共耗廣告費若干由稽核處查報。

(二)技術人員訓練班即將開辦，各廠未派定受訓人員者應尅日將名單具報。

(三)各廠如舉辦接收週年紀念，應以不妨礙工作為限。

(四)已離職職員而尚佔住本公司宿舍者，及以本人之宿舍借於外人頂名居住者，應由秘書處同人勞工福利委員會會同清查具報各廠，并應協助辦理。

(五)去年指定之各標準廠經營已達一年，其成績進展如何，應由工務處擬定攷核辦法以憑奬懲。

(六)煤片配給困難，最近或有斷絕之虞，希各廠除工務上之必需外，其他用煤應竭力節減。

(丁)討論事項：

(一)第十六紡織廠提：工人購買飯單價格經上年五月二十九日第二十一次廠長會報決定：長飯單每隻扣壹仟七百元，短飯單每隻扣壹千元，買一送一，每人每年限領兩隻。迄今尚未修改，現物價升騰，原定價格不敷工料成本甚鉅，本年應否重行訂定案。

奉總經理指示：飯單含有福利性質，可暫不增扣。

(二)第十六紡織廠提：請修正消費合作社申請批購本公司織成品辦法第二條條文於『不淂申請紡織原料及各種下腳』句下增列『斬刀紗鋼絲、長漿頭除外』以符實際而免窒礙案。

奉總經理指示：可照修正。

(三)第十四紡織廠，第二製蔴廠提：去年應攷各廠書記工、技工成績如何，准否昇格，請迅予發表案。

奉總經理指示：管訓課應迅予辦理。

第五十九次廠長會報記錄

卅六年三月二十六日(1947年3月26日)

(甲)出席者：

束總經理	吳副總經理	劉文騰	桂季桓	陸紹雲
方玉卿	魏亦九	吾葆真	吳襄芸	劉稻秋
范本煃	黃雲騤	鄭彥之	王子宿	張昂千
朱洪健	黃季冕	周典禮	吳德明	王毓傑
秦德芳	高公度	王君明	許學昌	顧鉅仁
蘇麟書	陳思堯	夏恩臨	傅銘九	唐偉章
蔡　謙	吳欣奇	徐維謹	王世勛	嵇秋成
嚴仲簡	陸芙塘	邱　陵	駱仰止	張芳佐
朱仙舫	龔滌凢	吳永恆	錢子超	陳賢凢
李向雲	劉益遠	張似旅	錢世傑	

(乙)缺席者：章兆植

(丙)總經理指示：

(一)各廠工人仍以論日工為多，毛紡織廠尤甚，工務處應排除萬難逐步改為論貨工，以增工作效率。

(二)余日前視察上海第二機械廠，覺其所有工作機確極貧乏，製造成本自難望其減低，工務處應即擬定逐步擴充計劃，分期實施。

(三)絹紡廠接受印度定貨，以交貨衍期印商深表不滿。余固知衍期原因咎不盡在我，惟絹紡廠之出數仍應設法增加。

(四)製蔴廠原料困難，本公司正多方設法，并委託農林部推廣植蔴以樹自給基礎而求根本解決。

(丁)報告事項：

(一)吳副總經理報告：關於紗布外銷問題，政府擬外銷全部產量十分之一，惟去年全國棉紗產量為九十餘萬件，今年產量可達一百六十萬件，故吾人希望外銷量能達到全部產量十分之二。

(二)東北分公司桂經理季桓報告：謹將接收東北紡織工業以來各項工作情形撮要報告如此：(1)接收狀況。自去年八月中旬抵達東北，經半個月之交涉準備時期，於九月一日開始接收遼陽、營口兩廠，嗣後又向後勤部接收錦州紗廠。政府規復安東又隨軍先後進接安東人造纖維工廠及復州紗廠，此外并先後接受軋花廠計十四單位，現尚有大連、金州二廠尚未接收。(2)原棉供應狀況。東北棉產過去由於日人之推廣年產最高已達六十萬担。勝利後由於供需脫節，棉產滯銷，出產銳減。現本分公司竭力收購已購得十二萬担，將來可否收足二十萬担未敢斷言，以東北原棉產量趨勢觀之，對於農民植棉政府實應採有效措施予以獎勵推廣。(3)紗布供應。由於自由區之狹小及勝利時倉庫存紗存布之流入民間，以及遣散日俘留存舊衣等因素，東北人民之衣着問題尚無預想之嚴重。今年初物價波動，紗布銷路始旺，本分公司協助政府經濟政策曾平售紗布，迄今尚有布十萬疋未銷去。(4)東北分公司現共開錠約十萬五千枚，五月底可再增五萬枚，其餘四萬枚損壞較重，由於零件缺乏，尚難估定恢復時日。至於動力問題，電源權不我操，不能□其繼續供應無缺。營口廠係自行發電，但購煤困難萬分，希望以後能設法稍有積儲，工作始有保障。(5)東北不特技術人才缺乏，即技工以日、韓人所佔比例不少，自經撤退亦感缺乏。(6)材料亦甚缺乏。因勝利時被搜運入關者不少，故現在不能不向關內採購補充。又日人於戰時採用代用品甚多，故機器之保全欠佳，尚待逐步改良。(7)銷售敵偽布。在瀋設門市部推銷成績尚佳，上海如有老式花色布運東北尚可合銷。以上工作情形敬希請同人錫以指導以資研摩。

(三)陸總工程師芙塘報告：上海各電廠即將向用戶加收保證金，本公司應付保證金仍按過去辦法，由總公司彙總結付，希各廠勿逕自行付款。

(四)駱副處長仰止報告：各廠如有自浚之井應向市工務局登記，否則經查出工務局將處以罰款。

(戊)討論事項：

(一)第十五紡織廠提：擬請規定本公司工人每年事假限期，並修正工人服務規則第三章第二十一條條文，增列事假限期案。

奉總經理指示：由勞工福利會提六區公會討論後再行核辦。

(二)第五紡織廠提：查員役伙食費自經核定改為職員每月十二元，警役每月九元，按職員生活指數支給後，適遇政府凍結指數而物價仍行飛漲，此項調整辦法仍不敷用，應如何補救□請討論案。

奉吳副總經理指示：由秘書處伙食團及同人勞工福利委員會擬定永久性辦法通知各廠。

(三)第十九紡織廠提：本公司消費合作社向業務處採購布疋等品請酌予優待案。

奉吳副總經理指示：(1)可享第一級優先配購之權利。(二)如經批准可於准購後五天付款。(三)如有其他可予合理優待之處由消費合作社總社擬定辦法呈核。

第六十次廠長會報記錄(密件)

卅六年四月二日(1947年4月2日)

(甲)出席者：	束總經理	劉文騰	顧鉅仁	傅銘九	黃季冕
	高公度	周典禮	鄭彥之	王毓傑	王子宿
	方玉卿	李向雲	蘇麟書	范本燵	秦德芳
	吳葆真	蔡　謙	張昂千	嚴仲簡	陸芙塘
	嵇秋成	吳襄芸	黃雲騤	徐維謹	劉稻秋
	吳德明	吳永恆	夏恩臨	陳賢凡	王世勛
	張方佐	唐偉章	邱　陵	王君明	朱洪健
	龔滌凡	駱仰止	吳欣奇	劉益遠	錢子超
	陳思堯	陸紹雲	朱仙舫	程潤生	錢世傑

(乙)缺席者：魏亦九　許學昌　章兆植

(丙)總經理指示：

(一)歷次會報指示及決定事項已否全付實施及其實施情形如何，應由負責記錄人員逐項查明彙總呈核。

(二)時屆暮春，白晝漸長，以後會報時開可改於下午三時開始舉行，惟各廠長等務須遵守時間準時出席。

(三)本公司之財產貨品等擬自行保險，業務處應即擬訂辦法呈核。

(丁)討論事項：

(一)第十六紡織廠提：近以生活高漲，同人每感入不敷出，如遇婚喪疾病，所需費用尤感無法籌措。擬請規定臨時借支及婚喪疾病特別借支辦法以資補救案。

奉總經理指示：臨時借支碍難照辦。至婚喪疾病借支可由秘書處、會計處、稽核處會擬辦法呈候核定後公佈施行。

(二)工務處提：本公司技術研究會建議設立圖書館以利進修而便參攷，擬請(1)各廠抄送存書目錄送公司彙編總目分發各廠以備借閱。(2)在員工福利金項下指撥專款擴充圖書、設備。(3)在滬東、滬西各指定適當及寬敞地點作為館址。(4)請工務處張、駱兩副處長及研究小組棉、毛、蔴、絹、機、印六組長負責主持。以上是否可行□請核示案。

奉總經理指示：成立圖書館余甚贊成，惟應逐步推進，不必好高騖遠，如需撥款擴充書籍、設備，可預計數量呈核，所需館址第一及第十四紡織廠既可設法撥借可逕行洽辦，又如由兩副處長及六小組長共同負責，恐事實上無暇兼顧及成無人負責之現象，不如另指專人負責之為愈，余以事冗對研究會未暇參加，至為遺憾。惟余意研究會對每一提出問題應集中精力謀淂解決，積累時日成績自見。過去研究會提案廣泛，實行或解決者恐不甚多，應將過去提案加以整理，將未了者逐一謀求解決。

第六十一次廠長會報記錄(密件)

卅六年四月九日(1947年4月9日)

(甲)出席者：束總經理 許學昌 秦德芳 唐偉章 蘇麟書
高公度 魏亦九 吳襄芸 邱 陵 王毓傑
黃季冕 陳思堯 夏恩臨 鄭彥之 范本煃
方玉卿 吳德明 嚴仲簡 傅銘九 吳永恆
嵇秋成 蔡 謙 錢子超 劉稻秋 周典禮
吾葆真 朱洪健 張昂千 徐維謹 高越天
張方佐 王子宿 王君明 顧鉅仁 陳賢凡
朱仙舫 吳欣奇 黃雲騤 張似旅 龔滌凡
陸芙塘 駱仰止 劉益遠 錢世傑

(乙)缺席者：劉文騰 李向雲 陸紹雲 王世勛

(丙)總經理指示：

(一)自本屆起廠長會報時間改自下午三時開始，已於上週會報時通知在案，各廠長務須準時出席。

(二)邇來本市火災頻，仍本公司各工廠倉庫對消防工作務須特別注意，夜間巡查務須周詳，電線尤應詳細檢查，并應由秘書處函外埠分支機構注意。

(三)沙市棉本埠價格已達每包壹百拾萬至壹佰弍拾萬元，六十支原料埃及棉等已達每包弍百伍拾萬元，而本公司二十支棉紗牌價迄今不過三百伍拾萬元，較紡管會議價尚低二十萬之請，至八十支棉紗牌價較黑市竟低達壹仟萬元，惟本公司力量有限，若政府不能就原料價格設法穩定并充沛供應，則紗價難期穩定。

(丁)討論事項：

(一)第十六紡織廠提：本公司各廠消費合作社由總公司貸給十五日之週轉金，利息五分似覺太高，可否該按公司存銀行利息計𫝀□請討論案。

奉總經理指示：可照本公司向銀行借款利息計𫝀，改為月息三分，如以後本公司欠銀行款項歸清，則合作社週轉金利息可以酌減，又週金之運用期間僅十五日似覺稍短，可否酌予延長□及合作社可否迳向合作金庫借款，由本公司為擔保人□統由合作社指導小組查明呈核。

(二)第十六紡織廠提：夜班津貼費原規定為職員每班三角，工人每班一角五分，各按其生活指數支給，近以物價高漲，可否酌予增加案。

奉總經理指示：可增為職員每班四角，工人每班二角，仍各按其上月份生活指數支給。

(三)第十二紡織廠提：奉總公司頒發駐衛警察大隊廠警服務規程勤務辦法給假規則，獎懲實施辦法實施不無困難，請予修正案。

奉總經理指示：交秘書處研究。

(四)第十七紡織廠提：工人參加消防隊擬請酌予獎勵，消防演習擬請視其成績優劣予以獎懲，又本廠附設發電廠煙囪過低，對安全與衛生均有妨礙，擬請准予加高案。

奉總經理指示：消防工作之獎懲由管訓課擬定辦法呈核，煙囪可即加高。

(五)勞工福利委員會提：關於工人每年事假應否規定限期，經第五十九次廠長會報奉總經理指示由本會提六區公會討論後再行核辦在案。茲經洽商結果僉以工人每個月不淂累積礦工六天，亦即一年累積曠工日數最多可達五十天，事假限制過少則與上項礦工限制相抵觸，過多則失其意義，不如不予規定而由廠長從嚴核准給假日期之為愈，是否有當□請討論案。

討論結果：事假限期暫不規定。

第六十二次廠長會報訂於四月十六日(星期三)下午三時在江西路一三八號本公司會議室舉行，即希準時出席為荷。

此致

上海第二紡織廠

第六十二次廠長會報記錄

卅六年四月十六日(1947年4月16日)

(甲)出席者： 吳副總經理　劉文騰　許學昌　嵇秋成　鄭彥之
吳德明　劉稻秋　蘇麟書　黃季冕　秦德芳
吳永恆　魏亦九　黃雲騤　陳賢凡　張昂千
唐偉章　范本煃　邱　陵　嚴仲簡　方玉卿
吾葆真　朱洪健　王毓傑　劉益遠　顧鉅仁
陸芙塘　李向雲　錢子超　高公度　王君明
吳襄芸　王世勛　夏恩臨　陳思堯　龔滌凡
蔡　謙　王子宿　朱仙舫　吳欣奇　陸紹雲
張方佐　傅銘九　章兆植　程潤生　錢世傑

(乙)缺席者： 駱仰止　徐維謹　周典禮

(丙)吳副總經理指示：

(一)公務員配給布壹萬伍仟疋於月底交貨，希各廠從速趕製。
(二)第二、五印染廠過去代客染整，現在成本高昂而本身工作正忙，代客染整應即停止。
(三)羊毛來源缺乏，近收購駝毛一批應急，并擬收購團產羊毛以資接濟。

(丁)討論事項：

(一)第一印染廠提：本廠坯布供應中斷以致今日無工可做，請迅撥坯布以利工作案。
討論結果：由於軍布項下增加白布之供給量，及配給公務人員白斜紋与冬夏換季等關係，以致供染坯布一時銜接不上，可由業務處與工務處會同設法調整。

(二)第八紡織廠提：請由公司合作指導小組負責統籌推銷各廠合作社麵筋并統辦運解案。

討論結果：各廠尚無此需要，第八廠合作社推銷麵筋如有困難，合作指導小組可予協助。

(三)第四紡織廠提：請從速辦理攷績案。

奉吳副總經理指示：攷績應從速發表，惟已支最高薪額，如處長、廠長等無法再行晉升，尚待提董事會解決。

(四)第十七紡織廠提：查公司通知雇用女工須由廠醫檢查，未懷孕者錄用，惟初期妊孕不易檢定，可否規定凡工作滿六個月而生產者准予發給津貼案。

奉吳副總經理指示：由勞委員與六區公會洽商後決定。

(五)第二紡織廠提：請調整伙食費案。

奉吳副總經理指示：自四月一日起按前訂辦法，職員增加百分之五十，工役增加百分之四十計祘。

第六十三次廠長會報訂於四月二十三日(星期三)下午三時在江西路一三八號本公司會議室舉行，即希準時出席為荷。

此致

上海第二紡織廠

第六十三次廠長會報記錄

卅六年四月廿三日(1947年4月23日)

(甲)出席者： 束總經理　劉文騰　李向雲　劉益遠　陸紹雲
王世勛　夏恩臨　程潤生　蔡　謙　陸芙塘
駱仰止　張方佐　方玉卿　陳思堯　嵇秋成
吳永恆　許學昌　高公度　黃雲騤　錢子超
劉稻秋　陳賢凡　吳襄芸　蘇麟書　嚴仲簡
戚海民　王子宿　張昂千　王毓傑　王君明
吾葆真　范本烓　周典禮　顧鉅仁　鄭彥之
秦德芳　唐偉章　邱　陵　龔滌凡　吳欣奇
章兆植　徐維謹　黃季冕　吳德明　朱洪健
傅銘九　朱仙舫　錢世傑

(乙)缺席者： 無

(丙)束總經理指示：

(一)毛紡廠出品未臻完善應注意改進。
(二)毛紡廠工人仍以輪日者為多應切實改革。

(丁)討論事項：

(一)第十五紡織廠提：五一勞動節對工人給獎辦法不無流弊，擬請取消案。
討論結果：獎勵辦法不外記功，嘉獎係社會局通函全市同一辦理，毋庸取消。
(二)第十九紡織廠提：查女工分娩津貼照規定應於雇後進廠工作後方能發給，以核准手續遲緩，在物價不穩定期中工人不無損失，應如何補救案。
奉總經理指示：交勞工福利委員會研究補救辦法呈經核定後通知各廠辦理。

第六十四次廠長會報記錄

卅六年四月卅日(1947年4月30日)

(甲)出席者：束總經理　陳思堯　高公度　鄭彥之　唐偉章
黃季冕　吳襄芸　陸紹雲　夏恩臨　周典禮
嵇秋成　秦德芳　蔡　謙　蘇麟書　王子宿
王君明　方玉卿　高越天　徐維謹　張方佐
朱洪健　許學昌　邱　陵　吾葆真　駱仰止
吳欣奇　劉稻秋　吳永恆　傅銘九　陸芙塘
戚海民　劉益遠　顧鉅仁　李向雲　張昂千
朱仙舫　黃雲騤　陳賢凡　吳德明　錢子超
王毓傑　范本煃　劉文騰　龔滌凡　張似旅

(丙)總經理指示：

一. 天津青島工務狀況前曾由巡迴督導團查過，嗣後派李總工程師致一復查，據報要點如左：

(一)津青各廠噴霧率皆不勻，恐係管理不良所致，上海各廠是否有同樣情形務請各位注意。

(二)天津地勢甚低，一旦白河氾濫，各廠均有浸水之虞，然日人□日所以在津地大規模設廠者乃因對水利有大規模之計劃，故吾人對於該地各廠防水問題應請工務處注意研究，並飭該分公司早為設法防備。

(三)天津鋼絲針布所用號碼以粗者為多，雖新而不宜紡細紗。

(四)日人對清花機曾加改良，上海方面聞亦有一、二處已改良者，吾人亦可仿行。

二. 曾聞日人對前紡(包括清花鋼絲兩部門)特別有優點，茲據報告確有改良處，吾人亦應仿效，對於用棉的科學方法應切實加以研究，本人深信紡織事業為國際性的，而非個人性的，每一部門均應研究一確切而不可移之辦法。

三. 上海各廠今已開紗錠七十餘萬枚，布機亦開至百分之九十五，如各機械廠能如期將所配零件交齊則可於五月底前將未開部份完全開齊，故機械廠應速謀加強工作效能。

四. 十二廠尚有未開紗錠一萬八千枚，所缺洋線車可由九廠撥交應用，此事並請工務處主持。

五. 購料委員會對購料工作應力求迅速。

六. 各處室派定假日值班人員應於前一日開列名單報核，各廠亦應將值班人員報告廠長，又總公司各部門及各廠主管人員九於假日外出，應將行踪告知家屬以便遇事聯絡。

七. 本公司及各廠離職人員應由秘書處同人福利會會同各廠查明，請即遷讓宿舍，並查明各宿舍及工房對於使用水電是否照章辦理。

八. 五一勞動節各廠人事課應特加注意。

九. 各廠及各分公司所需主要物料前曾函請查明陳報，究竟已否照辦應由有關部門查明報核。

十. 天津、青島中下級職員能力較差者應依照總公司辦法開班訓練。

十一. 天津第六廠之房屋設計機器排列等均佳，惟現任職員多為無經驗之學生，致成績欠佳，保全惡劣，其職員可與他廠互相調用，並應由工務處特別督率改進。

十二. 總公司及各廠辦理成本會計必先訓練人才，茲已擬定『本公司成本會計講習班實施辦法』一種，可油印分發各有關部門，本辦法規定：自各單位調集學員四十三名班主任，由本人自兼並請吳欣奇、王世勛二位為副主任，此外有數位日人(二位係來自東北，上海亦有一人)對此頗有研究，可聘為講師，訓練地點在第一廠最近期內即將開班授課，函調訓人員其承辦工作必要時可
分配該部門其他人員延長辦公時間，另給加班費。

十三. 本公司成立迄今過去一般成績尚佳，尚望諸位認清使命之重大，蓋紡織事業為我國建設之基礎，觀於世界工業史不難置信，今後吾人應繼續努力，切勿將過去成績毀於一旦，是所厚望。

第六十五次廠長會報記錄(密件)

卅六年五月七日(1947年5月7日)

(甲)出席者：	吳副總經理	劉文騰	王子宿	黃雲騤	黃季冕
	劉益遠	范本烇	戚海民	吳襄芸	王君明
	朱洪健	李致一	方玉卿	陳賢凡	王毓傑
	嵇秋成	章兆植	陳思堯	顧鉅仁	劉稻秋
	陸紹雲	吳德明	嚴仲簡	吳永恆	鄭彥之
	朱仙舫	張昂千	張方佐	許學昌	駱仰止
	唐偉章	蔡　謙	蘇麟書	錢子超	邱　陵
	高公度	龔滌凡	周典禮	吾葆真	秦德芳
	王世勛	徐維謹	夏恩臨	吳欣奇	陸芙塘
	傅銘九	程潤生	李向雲	錢世傑	

(乙)缺席者： 無

(丙)吳副總經理指示：

(一)束總經理赴杭小休，各同仁應各照常安心工作。

(二)成本會計訓練班受訓人員請於本月十一日前報到。

(三)紡管會轉來一至三月份本公司各廠出品棉紗檢驗成績表，較前退步，希各廠注意。

(四)電力公司自下星期一起要修爐子，一只須一星期方能完成，各廠用電單上註明 stand by之廠應自動停電。

(丁)青島分公司范經理澄川報告：

青島分公司近況謹撮述如次：(1)自膠濟路復告中斷，青島形勢吃緊，惟人心尚安定，本公司各廠警力單薄，電網又被拆運前线奸人搗亂堪虞，茲惟有飭屬嚴密防範。(2)本公司擬出售民營同人工作情緒不無低落，當地人士竟有主張青島各廠應歸魯省人士受購者，益加深人心之惶惑。(3)生活指數凍結，本公司待遇較民營廠更形低落，同人生活確屬困難，而於請求捐款之應付尤感困難。(4)原棉原煤

存底均將告罄，不淂已已將夜班全部停止。(5)青島分公司之特點研究室為惟一建設性之工作，俟整理完竣，當送請指正。

(戊)討論事項：

(一)第八紡織廠提：米價漲至每石卅萬元，員役伙食費又不敷用，請予調整案。

奉吳副總經理指示：自五月一日起暫按職員每月米八斗，警役每月米六斗，以米價卅萬元計秝，試辦半個月。

(二)第十四紡織廠提：請總公司購貯三個月食米以防青黃不接案。

奉吳副總經理指示：由總公司合作指導小組統籌辦理。

(三)第十四紡織廠提：藥品價格激漲，可否請公司規定每人每月衛生費底額二角，按生活指數計秝，以為採購之標準案。

奉吳副總經理指示：交事務課核擬具報。

(四)第八紡織廠提：本埠出差費不敷應用，請即改訂標準案。

奉吳副總經理指示：可由人事課修訂呈核後通知各廠。

(五)第十七紡織廠提：五月一日工人提早放工應否補做□請討論案。

討論結果：仍應補做。

第六十六次廠長會報記錄

卅六年五月十四日(1947年5月14日)

(甲)出席者： 吳副總經理　劉文騰　王子宿　嵇秋成　朱洪健
陳賢凡　劉益遠　李致一　徐維謹　戚海民
黃雲騤　邱　陵　方玉卿　范本烇　陳思堯
周典禮　黃季冕　傅銘九　吳永恆　王毓傑
李向雲　劉稻秋　張昂千　許學昌　唐偉章
錢子超　嚴仲簡　吳德明　蘇麟書　夏恩臨
秦德芳　朱仙舫　鄭彥之　顧鉅仁　陸紹雲
陸芙塘　蔡　謙　張方佐　高公度　龔滌凡
陸仰止　吾葆真　王君明　高越天　程潤生
吳襄芸　吳欣奇　錢世傑

(乙)缺席者： 無

(丙)報告事項：

(一)業務處報告：公教人員配給布以一部份公教人員要求改發現款，各廠已織好而未裁斷之配給布請勿切斷，又棉花供應情形已見好轉，仍希各廠多配用國棉以資撙節。

(二)機電總工程師報告：接英商上海電力公司通知，供電能力略增強，原擬拉電者可以不拉，惟規定停電者仍須停電，希查照，又第八紡織廠之供電問題正由本公司洽請公用局轉向永安紗廠交涉中。

(丁)討論事項：

(一)第七紡織廠提：物價增高，過去規定各廠自購機料限額不敷應用，請增加案。

奉吳副總經理指示：增加一倍，即甲等廠一千二百萬元，一等廠八百萬元，丙等廠四百萬元。

(二)第七紡織廠提：物價增漲，過去規定各廠修缮費用不敷應用，請增加案。

奉吳副總經理指示：亦照原規定加倍，汽車修理費增為一百二十萬元。

(三)第十四紡織廠提：本廠去年奉總公司核定康樂會經費每月二十萬元，現以物價飛漲不敷應用，請增加案。

奉吳副總經理指示：康樂會經費向未普遍規定，茲酌定為甲等廠每月一百萬元，乙等廠八十萬元，丙等廠六十萬元，仍希撙節開支，不必每月全數動用。

(四)第十四紡織廠提：本公司醫院應有夜班醫師、護士，并備救護車以便急症之就治案。

奉吳副總經理指示：夜班醫師及護士即可設立，至於救護車一節，事務課洽詢車價後再議。

第六十七次廠長會報記錄

卅六年五月廿八日(1947年5月28日)

(甲)出席者：吳副總經理　劉文騰　劉稻秋　鄭彥之　高公度
黃季冕　王子宿　吳永恆　陳賢凡　吾葆真
戚海民　周典禮　許學昌　嵇秋成　嚴仲簡
龔滌凡　夏恩臨　黃雲騤　范本煃　劉益遠
秦德芳　顧鉅仁　唐偉章　章兆植　方玉卿
王毓傑　張昂千　張方佐　吳德明　傅銘九
朱洪健　蘇麟書　邱　陵　駱仰止　吳襄芸
吳欣奇　陳思堯　陸紹雲　錢子超　陸芙塘
王君明　蔡　謙　徐維謹　朱仙舫　程潤生
錢世傑

(乙)缺席者：李向雲　李致一

(丙)吳副總經理指示：

(一)指數自本月份起解凍，工資計标與以往辦法略有變更，現正由六區公會研究其缺點及補救方法，俟有決定當即通函照辦。

(二)各廠書記工昇格攷試去年已舉行一次，茲為免選拔有所遺漏起見，本年六月份應再舉行昇格攷試一次，可由管訓課擬定辦法呈核辦理。

(三)各廠標準工作法應速編送。

(丁)討論事項：

(一)第十九紡織廠提：查政府規定工人薪金改按當月份指數發給，惟指數公佈須在廿五日之後，是以每月一、二、三，三個星期不湯不暫照上月指數發放薪津，如遇跨月之星期即生困難，可否規定以每月一、

八、十六、廿四，四天為工資結示日期案。
討論結果：照辦。

(二)第十四紡織廠提：查運廠煤斤含水量比率甚高，不有規定之驗收標準，無法防止運輸商人之取巧，擬請由主管單位訂定標準，以憑嚴格檢驗案。

奉吳副總經理指示：運輸事業積弊重重，於統購統銷之煤行為尤甚，儲運課對押運工作首當加強，以防運輸途中之作弊，如能有適當地點自設煤棧，派人駐守，尤可減少轉手，社絕作弊。關於訂定含水量標準一節，資委會煤業總局既有統計，可印送各廠參照。

(三)第五紡織廠提：藝徒每日工資僅有七角，實不敷生活，請予補救案。

奉吳副總經理指示：可由管訓課按等級擬定增加額呈核後通知各廠，惟等級應以年資、學織、工作成績等為標準。

(四)第十一紡織廠提：查公司規定凡赴成本會計訓練班受訓所遺工作由其他同人兼辦者，滑照支加班費，而赴技術進修班受訓者其所遺工作目仍須他人代理，惟是否亦可援用會計訓練班之辦法□請討論案。

奉吳副總經理指示：代理他人事務超過每日工作時間以外者可支加班費，在同一辦公時間兼代他人工作自不滑視為加班或予兼支其他待遇，惟如長期兼代他人職務卓著宰勞者滑列入攷績紀分內。

(五)業務處提：物價增高甚鉅，筒管押金可否自六月一日起增為七十萬元案。

奉吳副總經理指示：照辦。

第六十八次廠長會報記錄

三十六年六月四日(1947年6月4日)

(甲)出席者：

吳副總經理	劉文騰	劉益遠	秦德芳	戚海民
吳永恆	王毓傑	范本煃	邱　陵	唐偉章
黃雲騤	劉稻秋	李致一	顧鉅仁	周典禮
吾葆真	張昂千	陳賢凡	許學昌	嵇秋成
朱洪健	吳德明	吳襄芸	蔡　謙	駱仰止
蘇麟書	高公度	吳欣奇	嚴仲簡	李向雲
張方佐	章兆植	方玉卿	錢子超	夏恩臨
黃季冕	龔滌凡	陸芙塘	徐維謹	陳思堯
程潤生	王子宿	錢世傑		

(乙)缺席者：無

(丙)吳副總經理指示：

(一)全國度量衡制之劃一，政府甚為重視。紡織業原採英制，亦奉部令改用法定度量衡，惟工務方面事實尚難更改，製成品則應遵照本公司過去規定辦法兼列法定度量衡以符規定。

(二)旬前本公司上海各廠長等推派代表進京謁見行政院張院長及王董事長有所建白，茲奉經濟部代電囑各同人，體念時難，安心工作，希各知照。新經濟部陳部長日內來滬當再與商決一切。

(丁)討論事項：

(一)勞工福利委員會提：前以生活指數凍結業將夜點費基數增加在案，茲生活指數既已解凍，夜點費基數自應恢復過去職員每次三角，工人每次一角五分之規定，以昭公允。又代辦伙食每餐仍以八合米計祘，當否□請討論案。

討論結果：照辦。由勞委會函知各廠，自六月一日起實行，并按當月生活指數支給。

(二)第八紡織廠提：本廠以電源發生問題停電一星期，停電期中工資減半支給，惟工人恐停電時期延長影響收入，人心甚為惶惑，應否酌議補救辦法案。

奉吳副總經理指示：停電時期當不致無限制延長，希對工人妥為曉諭。

(三)第十四紡織廠提：查停電日各廠留一部份保全工人工作，照章不淂提早放工，現據工會要求照別廠辦法提早一、二小時放工，究竟各廠有無此項情形□并可否早放□請討論案。

奉吳副總經理指示：應工作十小時。工務處即通函糾正。

(四)秘書處提：查五月上旬以來米價飛漲，指數凍結，業經規定員役伙食費暫按職員每月米八斗，工役每月米六斗，以米價叁拾萬元折标，試辦半個月在案。茲指數既已解凍，價仍見續升，為免時時調整計，擬自六月份起改訂為職員每月十五元，工役十一元，乘上月份職員生活指數案。

討論結果：照辦。

(五)第五紡織廠提：本廠臨時工工資十天一給，本月月初、月中兩旬工資應否補給本月份生活指數案。

奉吳副總經理指示：本月份臨時工工資已發給者不再标補，以後臨時工應就其類別規定每日固定工資若干，不必依照指數計标，可由勞工福利會會同管訓課訂定臨時工資標準，通知各廠以資一律。

(六)第十九紡織廠提：工人受傷、疾病、分娩等各項津貼是否照當月指數核給□惟指數在月底發表，則月初、月中申請者如何核标及補給案。

奉吳副總經理指示：照請假時之當月份指數核給，跨月照标勞工福利委員會核定准假天數由各廠按日數計款發給。

(七)第四紡織廠提：查員工消費合作社職員待遇均訂定固定薪給，自物價日漲，原待遇實覺過低，擬改定底薪按生活指數支給案。

奉吳副總經理指示：可由合作社就其本身營業情形自行酌訂，合作指導小組應將此條列入社章。

(八)第四紡織廠提：各廠請購機料應與購料委員會加強聯繫以利廠務進行，擬請：A.各廠請購機料應註明待用日期。B.購料委員會應填承辦機料通知單，註明該機料製售廠商及送廠日期、交貨方式。C.按日印發市價表以資參攷，當否□請討論案。

奉吳副總經理指示：機料採購之困難情形確屬嚴重，所提A項各廠自應招辦。B項如遇市上缺貨，機料搜購費時應從早通知請購廠。C項既據購料會申述以市價極不一致，難求標準，又類別繁多，時有斷貨，委難辦理，亦係實情。可由購料會將調查所淂連同成交機料價格每日列表通知各廠。

(九)第四紡織廠提：請總公司發表三十五年度處長廠長攷績案。

奉吳副總經理指示：處長廠長攷績問題尚待提請董事會討論解決。

(十)第四紡織廠提：請重訂售出□□收費標準案。

奉吳副總經理指示：原料課擬定後通知各廠。

(十一)業務處提：查本公司各廠用煤向由儲運課交商行承運，督率難以週密，以致時有攙水弊端，以後擬由各廠憑栈單自行提運，以求迅速而減損失案。

奉吳副總經理指示：仍由儲運課辦理，不容推諉職責。

(十二)第二紡織廠提：日人請求匯款回國，請總公司予以設法案。

奉吳副總經理指示：已由本人與央行洽有成議，俟徵淂張總裁同意後即可辦理。

(十三)勞工福利委員會提：茲准本市勞資評斷委員會函請增加工

人婚喪給假辦法前來，并經擬定工人預借疾病、婚喪、受傷、死亡、分娩津貼辦法併案提請討論案。

討論結果：給假辦法應予修改之處甚多，由勞委會提出六區公會討論預借辦法同意。

(十四)第十四紡織廠提：各廠合作社向業務處購貨須經總公司合作指導小組核轉，手續過繁，可否由合作社迳向業務處造冊請購，以資迅捷案。

奉吳副總經理指示：可。

第六十九次廠長會報記錄

三十六年六月十一日(1947年6月11日)

(甲)出席者：

吳副總經理	劉文騰	邱　陵	嵇秋成	秦德芳
魏亦九	李向雲	王子宿	吳襄芸	王君明
黃雲騤	張方佐	許學昌	嚴仲簡	方玉卿
吾葆真	王毓傑	吳永恆	李致一	高公度
范本烇	蔡　謙	蘇麟書	錢子超	傅銘九
劉稻秋	朱洪健	鄭彥之	徐維謹	王世勛
吳德明	章兆植	黃季冕	顧鉅仁	陳賢凡
唐偉章	吳欣奇	陸紹雲	夏恩臨	朱仙舫
陸芙塘	劉益遠	龔滌凡	張昂千	駱仰止
周典禮	陳思堯	程潤生	錢世傑	

(乙)缺席者：無

(丙)吳副總經理指示：

(一)各廠標準工作法務希於六月底以前訂妥呈送。

(二)半年度將了，書記工昇格攷試可即舉行。

(三)各廠應以每月一、八、十六、廿四四天為工資結祘日期，至發給日期則可各就其習慣或工作上之便利自行辦理。

(四)調整藝徒工資標準及訂定臨時工固定工資標準應由勞工福利委員會會同工務處管訓課即予擬定呈核。

(五)據六區公會各廠工資調查團提出本公司各廠工資超過規定表函囑糾正，希各廠注意糾正。

(六)政院決組商業攷察團赴日攷察，本公司擬派陸廠長紹雲參加，已呈部提請行政院核定中，各廠如有資料及意見可送供參攷。

(丁)勞工福利委員會報告：

(一)本公司已向產地購潯大批食米，自明日起分送各廠供應伙食團。

(二)本月二十日晚六區公會會員聚餐會輪由本公司作東道，擬假第十七紡織廠舉行，希十七廠派員籌備。

奉吳副總經理指示：由勞工福利委員會協助籌備。

(戊)討論事項：

(一)第十七紡織廠提：查公司規定工友死亡喪葬津貼工作在六個月以內者酌給國幣弍拾萬元，工作在六個月以上者酌給國幣肆拾萬元，目下生活高漲，可否酌量增加津貼數目案。

奉吳副總經理指示：可照原規定增加壹倍。

第七十次廠長會報記錄

三十六年六月十八日(1947年6月18日)

(甲)出席者: 吳副總經理　劉文騰　陸紹雲　吳襄芸　黃季冕
朱洪健　高公度　李致一　陳思堯　方玉卿
王毓傑　許學昌　吾葆真　顧鉅仁　鄭彥之
邱　陵　張昂千　章兆植　吳永恆　王君明
劉益遠　陸芙塘　劉稻秋　戚海民　唐偉章
秦德芳　錢子超　吳德明　黃雲騤　范本煃
嵇秋成　傅銘九　蘇麟書　王子宿　駱仰止
張方佐　蔡　謙　陳賢凡　吳欣奇　周典禮
嚴仲簡　徐維謹　夏恩臨　龔滌凡　李向雲
王世勛　程潤生　錢世傑

(乙)缺席者：朱仙舫

(丙)吳副總經理指示：

(一)經濟部陳部長索閱各廠關於工作概況之刊物，希各檢十二份於一星期內迳送總經理室。

(二)端節民營廠有發給工友粽子或代金者，本公司向無此習慣，不必發給。

(三)據悉，日本原棉缺乏利用，廢棉及絲蔴毛等雜纖維紡織者不下數百廠，總錠數約百餘萬枚，每十錠十小時可生產六或七支紗一磅，故對於吾國以廢花向日交換機物料極表歡迎，惟以必需先經盟軍總部核准，且聞美商對此項貿易亦擬積極進行，故不易邀允，鐘淵紡織公司表示擬俟九月一日以後直接與本公司訂約，再向盟軍總部依法請求承認由鐘淵供給或代購本公司所需之零件，至於廢花與所易機物料如何作價，由於法幣與日圓之匯率未定，亦尚成為問題。

(四)據第五紡織廠呈，以員工消防隊業已組織就緒，擬於演習時邀請救火會派員指導等情，茲經擬定各廠消防演習日程，并向各救火會洽請派員指導，又指導人員如須支給酬金，由總公司統籌支付，各廠演習成績經評定優等者可由總公司酌給獎品。

(五)關於本公司正在估價各廠其自用之工房，可按百分之百估價，至於本公司產權而為他人佔用之工房，應按百分之五十估價，又關於各廠性能記分稍有參差，茲請各廠廠長就本人所知之其他廠性能亦評定分數，而於本廠已定之分數如有意見亦可提出俾供參證而資調整。

(丁)討論事項：

(一)第三二紡織廠提：請根據本公司人事規則第二十二條之規定，由總經理、副總經理特許本公司工程師、醫師及日籍人員免填保證書案。

奉吳副總經理指示：候與總經理商酌決定。

(二)第五紡織廠提：端節時對警局及治安機関例致禮品，本次應如何規定案。

奉吳副總經理指示：可增為甲等廠總數不超過二百萬元，乙等廠一百五十萬元，丙等廠一百萬元。

(三)機電室提：端節適逢星期一，電力公司擬乘此修理機器，該公司表示歡迎各廠將停工日對調，可否照辦□請討論案。

討論結果：規定休假日不能變動，否則以後難以應付。

(四)第六印染廠提：邇來火警頻傳，在兩月內本廠近鄰即發生火警兩次，均賴員工奮勇撲救始免波及，上次救火後公司頒發獎金為數甚微，故此次火警時員工救火精神已不逮上次，擬請規定獎勵辦法以示激勸案。

奉吳副總經理指示：救火出力人員可予獎勵。

第七十一次廠長會報記錄(密件)

卅六年六月廿五日(1947年6月25日)

(甲)出席者：吳副總經理 劉文騰 邱 陵 王毓傑 吳德明
秦德芳 王君明 周典禮 嵇秋成 吳欣奇
顧鉅仁 龔滌凡 戚海民 吳襄芸 吳永恆
陳賢凡 李致一 張昂千 方玉卿 許學昌
劉稻秋 錢健庵 范本烇 蔡 謙 劉益遠
陸芙塘 王子宿 蘇麟書 唐偉章 夏恩臨
朱洪健 嚴仲簡 黃雲騤 徐維謹 駱仰止
李向雲 高公度 陸紹雲 傅銘九 黃季冕
吾葆真 鄭彥之 章兆植 張方佐 朱仙舫
王世勛 程潤生 錢世傑

(乙)缺席者：錢子超

(丙)報告事項：

(一)購料委員會報告：第十五次紡織廠存有40Hamk搖紗機二十四台，又細紗機10對径三八四錠長滚筒二百餘只，各廠倘有需要可以洽撥。
(二)合作指導小組報告：伙食團食米已陸續運各廠，希即售予職員，每人壹石價二十八萬元。

(丁)討論事項：

(一)工務處管訓課提：關於各廠消防演習經洽請市消防處派員指導，據告必需先授以消防技術，然後舉行演習方可獲益，并介紹消防服務社可以代各界辦理消防訓練，本市國、民營工廠等委託該社辦理訓練事宜者甚多，應否請其為本公司開辦消防訓練班之處□請討論案。

奉吳副總經理指示：可以辦理滬東、滬西分兩組訓練，大廠派員工最多以十人為限，小廠酌派四、五人，以後即可自行傳習，由管訓課再洽該社後決定。

(二)勞工福利委員會提：夏節工人粽子代金前經廠長會報討論決議不予發給記錄在卷，茲迭據工會代表請求援照民營廠例，每人發給五千元可否照准之處□請討論案。

討論結果：本公司向無此習，應不發給。

(三)秘書處提：近迭准各廠函以製發參加義警職員之制服皮

鞋報請核備等由，查過去義警制服費係由廠列支此次夏季制服每人兩套，皮鞋每人一雙，應否歸廠方支付案。

奉吳副總經理指示：准予由廠支付。

(四)第十四紡織廠提：紗布棧租原規定從第二週起收費弍仟元，是否可予提高案。

奉吳副總經理指示：可提高，業務處擬訂提額通知各廠。

(五)第十四紡織廠提：據工人報告，工人值班津貼有某廠仍照二角計祘，最近並有某廠織部提高底薪由五分至三角者，究竟有無其事案。

奉吳副總經理指示：設果有其事應予議處，由管訓課調查具報。

(六)第十四紡織廠提：本廠所在地區公所代楊樹浦憲兵隊募贈汽車一輛，本廠應攤約四百萬元，應否照捐案。

奉吳副總經理指示：洽六區公會辦理。

(七)第一毛紡織廠提：各毛紡織廠機器估價標準開差過大，應如何依據案。

奉吳副總經理指示：可逕向毛紡室洽辦，必要時各毛紡廠可開會討論。

第七十二次廠長會報記錄

三十六年七月二日(1947年7月2日)

(甲)出席者：束總經理　吳副總經理　劉文騰　許學昌　方玉卿
陳思堯　朱洪健　王子宿　張昂千　嵇秋成
吳襄芸　范本烇　王毓傑　王君明　吳永恆
黃雲騤　顧鉅仁　朱仙舫　吾葆真　黃季冕
劉稻秋　吳欣奇　蘇麟書　蔡　謙　高公度
唐偉章　鄭彥之　周典禮　王世勛　傅銘九
戚海民　秦德芳　陳賢凢　陸芙塘　邱　陵
錢子超　陸紹雲　張方佐　龔滌凢　嚴仲簡
程潤生　駱仰止　錢世傑

(乙)缺席者：劉益遠

(丙)總經理指示：

(一)本公司職員除特經核准者外不淂在外兼職，早經通飭知照在案，希督率所屬共同遵守。

(二)據報有數紗廠棉紗布疋成色不佳，希各注意。

(三)第十八紡織廠設備固屬欠佳，惟管理及工作方面亦有欠缺，故成績平庸，工務處應特加注意改進。

(四)工作標準法統希承辦各廠於七月二十日以前，又原棉研究教材儘八月內編竣呈閱。

(五)成本會計訓練成績尚屬滿意，各廠於試秝時應對受訓人員多予指示，并充份供給資料。

(六)各廠按廿六年單價估價請速趕辦送總公司，關於性能記分可由公司辦理。

(丁)討論事項：

(一)勞工福利委員會提：准六區工會通知以正洽請社會局准許發給本業工人工資改按上月份指數計祘，現正交小組研究中，請本公司本月底發薪仍照上月份指數先借發，應否照辦□請討論案。

討論結果：暫照上月份指數借發。

(二)陸總工程師芙塘提：電力公司機器近又損壞，茲准通知夜工應一律遲開一小時準備停電，各廠須按表自動停日班一天案。

奉總經理指示：停電時間本公司最為遵守，而聞民營廠仍有取巧辦法，於規定停電時期照常開工者，余將面向市府交涉，請其嚴格執行以求公允。并由市府派員會同國營、民營廠交互調查，如有私自開工者應予嚴懲，及停電問題日益嚴重，應即設法購煤以備自開發電機。

(三)勞工福利委員會提：各廠應不淂繼續補用書記工，關於書記工及機目昇格辦法第二項，擬予修正規定：應於本公司接收時即任書記工或機目者為限，當否□請討論案。

奉總經理指示：照辦。

(四)第十六紡織廠提：請飭紡建第二醫院限期完備病房并備救護車以利診療案。

奉總經理指示：救護車第一及第二醫院可各購一輛，病房當逐漸增加。

(五)第十六紡織廠提：擬請規定職員升工取消加班辦法以資簡捷而杜流弊案。

奉總經理指示：本公司加班辦法應有重行厘訂之必要，惟茲普遍升工亦有未妥，候另行規定後再行通知各廠。

(六)吳副總經理提：前數次本人主持會報，據各廠長提出廠長、處長應如何攷績，及宿舍不敷分配請予添建二事，併請予以解決案。

奉總經理指示：廠長、處長攷績本人在辦理中，宿舍添建費用浩繁，緩不濟急，而實際本公司被人佔用宿舍如能收回當已敷用，為補救計，可由秘書處擬定房貼辦法呈核後施行。

第七十三次廠長會報記錄

卅六年七月九日(1947年7月9日)

(甲)出席者： 束總經理　吳副總經理　劉文騰　朱仙舫　黃雲騤
吳德明　李向雲　周典禮　吳永恆　高公度
劉稻秋　方玉卿　王子宿　陳賢凡　黃季冕
吾葆真　張昂千　李致一　顧鉅仁　陸芙塘
錢子超　范本烇　許學昌　邱　陵　戚海民
王君明　秦德芳　嵇秋成　鄭彥之　劉益遠
吳襄芸　吳欣奇　唐偉章　王毓傑　錢健庵
陸紹雲　朱洪健　蘇麟書　龔滌凡　蔡　謙
傅銘九　駱仰止　嚴仲簡　張方佐　夏恩臨
徐維謹　王世勛　程潤生　章兆植　錢世傑

(乙)缺席者： 無

(丙)束總經理指示：

(一)閱工務統計表近月布紗產量均稍減低，上海各廠之用棉率及次布率均趨增加，希各注意。

(二)各廠收貨、出納人員對人有無故留難等情事，希各廠負責人注意監督。

(三)各廠煤斤之消耗量是否正常，有無浪費或走漏情事，應由工務處、機電室會同稽核處購料委員會擬訂稽核辦法俾便管理。

(四)天津分公司成績頗見進步，惟所呈報統計數字尚有矛盾之處，可由督導團派員赴津實地攷察具報。

(五)機械廠之製造成本較外界為高，該兩處會計應予獨立，以便計袮盈虧，由會計處負責籌劃，自八月一日起開始試辦，又印刷所會計亦應獨立。

(丁)討論事項：

(一)工務處管訓課提：奉論重行擬訂員工加班辦法業經擬就，是否可行□請討論案。

奉束總經理指示：職員與工人加班辦法應劃分，其他尚有未妥，由工務處、秘書處、稽核處、勞委會并邀約廠長數人商討擬訂後呈核。

(二)勞工福利委員會提：各廠務須切實遵行臨時工固定工資辦法，凡三個月不能完工之工作請勿用臨時工(因政府規定臨時工工作滿三個月者應昇為正式工)，當否□請討論案。

討論結果：臨時工固定工資辦法自當遵辦，雇用臨時工不超過三個月有時亦有困難，惟應儘量避免。

(三)勞工福利委員會題：市社會局吳局長面告以本公司挨停工辦法與民營不一致可否變更□請討論案。

奉束總經理指示：仍維持一角五分底薪計祘辦法。

(四)第十六紡織廠提：請規定原棉含水量標準以利工務案。

奉束總經理指示：工務處、業務處會同厘訂。

第七十四次廠長會報記錄

卅六年七月十六日(1947年7月16日)

(甲)出席者：吳副總經理　劉文騰　秦德芳　王子宿　王君明
吾葆真　顧鉅仁　黃季冕　劉稻秋　吳德明
陳賢九　高公度　朱仙舫　夏恩臨　周典禮
嚴仲簡　方玉卿　吳永恆　邱　陵　錢健庵
張昂千　朱洪健　嵇秋成　李向雲　范本煃
蘇麟書　鄭彥之　戚海民　蔡　謙　吳襄芸
李致一　唐偉章　王毓傑　劉益遠　陸芙塘
陸紹雲　黃雲騤　傅銘九　龔滌凡　錢子超
吳欣奇　駱仰止　章兆植　張方佐　程潤生
錢世傑

(乙)缺席者：徐維謹　王世勛　許學昌

(丁)吳副總經理指示：

(一)本年國棉產量可望達一千萬担，本公司擬收三百萬担，紡紗原料百分之八十可以仰給國內。

(二)本公司業務人員訓練班即將開辦，并擬招攷人員，訓練後分發工作。

(三)迭准估價委員會函催編送估價清冊未送，各廠應速造送。

(四)職員加班辦法可再研究改訂。

(五)工作標準法及原棉研究教材請各如期訂妥。

(丁)討論事項：

(一)第十七紡織廠提：請發給各廠傳達及茶房夏季、冬季單制服各一套以資整齊而壯觀瞻案。

奉吳副總經理指示：恐影響生產工人，暫保留。

(二)第十七紡織廠提：廠警、茶役、司機、廚司、抄紗等月給工按現行廠規無疾病、分娩等津貼之規定，可否酌予規定津貼案。

奉吳副總經理指示：交事務課勞工會研究，擬訂辦法呈核。

(三)第十五紡織廠提：擬請修正『本公司所屬各廠雇員、書記、技工昇格規定』條文案。

奉吳副總經理指示：交攷試委員會討論修正。

(四)第二製蔴廠提：日籍技術人員攷績如照同人所擬薪額表辦理似覺過優，應如何辦理案。

奉吳副總經理指示：此表係高級日籍技術人員提供本公司參攷者，其所根據乃各日員過去之資歷，各廠可備供參攷。

第七十六次廠長會報記錄

卅六年七月卅日(1947年7月30日)

(甲)出席者：

束總經理	劉文騰	黃雲騤	黃季冕	方玉卿
高公度	劉稻秋	許學昌	李向雲	顧鉅仁
戚海民	朱仙舫	蔡　謙	吳永恆	陳賢凡
范本烓	顧策方	陳思堯	秦德芳	朱洪健
李致一	龔滌凡	王毓傑	吳襄芸	王世勛
邱　陵	周典禮	嵇秋成	徐維謹	鄭彥之
張昂千	劉益遠	吳葆真	王君明	蘇麟書
錢子超	吳德明	嚴仲簡	傅銘九	張方佐
章兆植	吳欣奇	陸芙塘	駱仰止	唐偉章
程潤生	夏恩臨	錢世傑		

(乙)缺席者： 王子宿

(丙)總經理指示：

(一)工務處及督導團應會同派員赴津、青實地攷查兼辦複查估價事宜。

(二)用煤必需注意防止浪費及走漏，應由稽核處會同工務處機電室速訂計核辦法限三日內呈閱。

(三)警局近有飭日籍人員覓保向警局備案情事，其保人以國人或服務機關為限，茲為解除日籍人員事實上之困難起見，可由日人向本公司具連環保由本公司向警局轉保。

(四)工程師及工程師以上階級准予免保，由介紹人員負責，但負則經管銀錢責任者不論階級均需覓保，由秘書處規定後通知各屬。

(五)全國國貨展覽會邀約本公司參加展覽，應如何準備展覽資料由業務處、工務處召集各廠開會討論後決定。

(丁)報告事項：

(一)工務處報告：經濟部估價會組織複查組赴各廠複查，希予以便利。

(二)高副總稽核越天報告：本公司印刷所鉛印、彩印均已開工多日，各廠如有印件可送所交印，擬請各廠長告知經辦人員隨時電洽。(電話22467)

(戊)討論事項：

(一)第一紡織廠提：本廠同人呈請設立英語補習班以利業餘進修，可否□請討論案。

奉總經理指示：同人有志進修本公司自樂予協助，惟參加同人切誡一暴十寒，或有始無終，可由工務處擬章則呈核。

(二)第一紡織廠提：工友徵服兵役應否仍給工資案。

奉總經理指示：不得仍給工資。

(三)勞工福利委員會提：本月份工人工資應照本月抑上月指數發給案。

奉總經理指示：仍暫照本月份生活指數發給。

(四)會計處提：奉論機械廠自八月份起會計獨立，自給盈虧，其他各廠亦應自九月份起實行，惟各廠間成品及原物料之調撥是否應照統一價格作價□其與成本或原價之差即由發貨廠劃轉總公司收入準備戶之處請指示案。

奉總經理指示：可。

第七十七次廠長會報記錄(密件)

三十六年八月六日(1947年8月6日)

(甲)出席者：

束總經理	劉文騰	方玉卿	高公度	嵇秋成
王君明	張昂千	朱洪健	王子宿	劉稻秋
鄭彥之	傅銘九	陳思堯	吳永恆	劉益遠
黃雲騤	黃季冕	吳德明	吳欣奇	龔滌凡
錢子超	李致一	范本煃	許學昌	喻會孜
王毓傑	張方佐	嚴仲簡	吳襄芸	陳賢凡
吾葆真	王世勛	徐維謹	邱　陵	戚海民
唐偉章	陸芙塘	顧鉅仁	周典禮	李向雲
秦德芳	蘇麟書	蔡　謙	章兆植	夏恩臨
陸紹雲	駱仰止	程潤生	錢世傑	

(乙)缺席者：無

(丙)總經理指示：

(一)□□□□□□□□□□□每月煤、電、水之用量若干應由會計處於本週內列表具報。

(二)此後進用人員必須先經體格檢驗，由秘書處通知各屬遵照。

(三)本公司絹廠、蔴廠、機械廠均虧本，應如何設法減低成本，由工務處定期召集有關單位開會商討。

(四)梭子筒管消耗量過大，各廠應注意節省，工務處亦應嚴格孜核並研討獎懲辦法。

(五)各廠曾經和花訓練人員回廠後應即切實應用。

(六)各廠尚有未修竣紗錠五萬二千餘錠，未修竣布機二千四百餘台，應即限期修竣，茲分別規定修復限期如下：

A：第十廠布機一〇八台既據報稱經火焚變形不易修復，應由工務處派員勘察具報憑核。

B：第十二廠紗錠六千八百枚限十月底開齊。

C：第十九廠紗錠既據報因中機公司承製，配件逾期，五月未能繳貨，應於九月底開齊市機七百五十台，限十二月中開齊。

(七)第十八廠房屋去年因漏水修理，何以今年仍復滲漏□應由工務處建築室查勘具報。

(八)同人互保壽險之保費及賻儀均有增加必要，應由秘書處通函徵詢各分支機構意見後實行。

(丁)討論事項：

(一)第一紡織廠提：普陀區向本廠徵募勞軍捐款，應如何辦理案。

討論結果：由各廠私人捐助。

(二)第八紡織廠提：聞上海市民食調配委員會對於各廠產業工人七月份核配實物申請事宜業已截止，應如何設法補救□又以後領配實物事宜應由何部分負責辦理案。

奉總經理指示：嗣後配米等類事項應由各廠合作社辦理，總公司可協助接洽，至各次配給是否需要應由合作社召開社務會議決定，如因某次停辦而發生停配情事亦由各社自行負責，至此次因工廠登記問題與社會局及民食調配會接洽事項可由總公司派員辦理。

第七十八次廠長會報記錄

卅六年八月十三日(1947年8月13日)

(甲)出席者： 束總經理 劉文騰 吳欣奇 傅銘九 陸紹雲
黃季冕 范本煃 許學昌 李向雲 嵇秋成
錢子超 吳德明 嚴仲簡 張昂千 邱 陵
唐偉章 陳賢凡 蔡 謙 劉稻秋 高公度
王子宿 吳永恆 蘇麟書 方玉卿 張一枝
王毓傑 錢健庵 戚海民 吳襄芸 劉益遠
陸芙塘 朱洪健 吾葆真 王君明 周典禮
龔滌凡 鄭彥之 秦德芳 張方佐 駱仰止
喻會孝 李致一 夏恩臨 徐維謹 程潤生
章兆植 錢世傑

(乙)缺席者： 顧鉅仁 王世勛

(丙)總經理指示：

(一)財政部積欠本公司軍布款項甚鉅，此後軍布應暫停撥付，希業務處注意。

(二)第十二紡織廠梭子缺乏，工務處查明各廠如有存梭即予撥用，舊損梭子應設法修理應用。

(三)第三毛紡織廠所擬工人生產獎懲辦法准予試辦。

(四)美金債券募銷委員會來函向同人勸購庫券，可由秘書、會計二處擬定認購標準以憑辦理。

(丁)討論事項：

(一)第一機械廠提：配售伙食團食米日趨霉變，勢難久儲，如予出售則以價格低落虧損可觀，應如何處理案。

奉總經理指示：合作指導組派員查驗，以米質不佳可向中糧公司退換。

(二)工務處提：估價會來函知摘本公司廠中機電方面負責人員有與調查人員不能合作情事，又司機服務不週，希各廠長注意案。

奉總經理指示：查明駕駛調查人員客車司機處罰，并復函致歉。

(三)第八紡織廠提：工人薪給繳納印花稅應如何辦理案。

奉總經理指示：提六區公會討論決定。

第七十九次廠長會報記錄

卅六年八月廿日(1947年8月20日)

(甲)出席者： 束總經理 劉文騰 顧鉅仁 吾葆真 戚海民
秦德芳 喻會孝 張一枝 唐偉章 吳德明
王毓傑 邱 陵 吳永恆 范本烇 張昂千
王君明 王子宿 劉稻秋 陳賢九 吳襄芸
許學昌 黃季冕 方玉卿 嵇秋成 顧策方
蔡 謙 錢健庵 朱洪健 蘇麟書 張方佐
陸芙塘 龔滌凡 夏恩臨 劉益遠 嚴仲簡
李致一 傅銘九 高公度 關德懋 章兆植
程潤生 錢子超 駱仰止 鄭彥之 徐維謹
王世勛 錢世傑

(乙)缺席者： 吳欣奇 李向雲

(丙)總經理指示：

(一)自下星期一起總公司派員前往各標準廠攷核，各廠對攷核人員應予以便利，攷核人員所需車輛由事務課撥用，必要時可雇車。又攷核報告及以後巡迴督導團報告應將各廠主要缺點及建議改善事項摘要列於篇首，以便本人與廠長及有關單位共同商榷改進。

(二)工務處編送之羅拉速度調查表下次應增列"出數"一欄以資審核其比例是否相符。

(三)上次廠長會報時據報各廠配售伙食團食米有霉變情事，茲經實地調查尚不嚴重，惟各廠如不需要此米仍可由公司代為處理。

(丁)討論事項：

(一)第十四廠提：各廠煤斤運交辦法第六條擬請修正為：『儲運課將煤

斤分配表，煤質分析報告書及煤樣并排定送煤日期分發收煤各廠』，第八條擬請修正為：『各廠收到運送之煤斤即會同承運人取樣送請化驗品質、含水量結果，如水份超過煤質分析報告書之規定限或灰份加多，B.T.U.固定炭減少，與原樣不符，應在送貨單註明檢驗結果及應賠數量，由儲運課責令承運人照數賠債』。當否□請討論案。

(二)第十九紡織廠提：關於煤斤運交辦法提供意見：(一)請由儲運課派員押運。(2)請自設倉庫存儲。當否□請討論案。

奉總經理指示：儲運課可將煤樣及檢驗報告、送煤日期通知各廠。(二)運煤所含水雜成份應逐次檢驗，灰份B.T.U.由總公司抽驗。(三)由各廠負責驗收，如有問題可隨時電儲運課洽辦。(四)派員押運徒便承運人諉卸責任，自設倉庫以無適當房屋，且多一次運卸亦不經濟，惟一辦法為自辦運輸，現正從事計劃。

第八十次廠長會報記錄

卅六年九月三日(1947年9月3日)

(甲)出席者：

束總經理	吳副總經理	劉文騰	夏恩臨	顧鉅仁
陳賢九	吳德明	劉稻秋	許學昌	王子宿
唐偉章	范本煃	邱　陵	王毓傑	吳永恆
張昂千	方玉卿	黃季冕	高公度	吳欣奇
嵇秋成	嚴仲簡	吾葆真	蘇麟書	朱仙舫
吳襄芸	錢子超	李致一	周典禮	王君明
龔滌九	鄭彥之	蔡　謙	李向雲	陸芙塘
秦德芳	戚海民	朱洪健	張方佐	傅銘九
陸紹雲	駱仰止	張一枝	夏拜言	錢健庵
王世勛	程潤生	章兆植		

(乙)缺席者：徐維謹

(丙)總經理指示：

(一)核閱各廠成本統計表，各廠有多種出品其成本高於售價。雖一部份原因由於本公司售價較市為低，但各廠在技術上仍應力求進步俾得減低生產成本。茲依據各廠陳述意見分別核示如次：

A：第十二紡織廠十支雙股原料既係採用高友斬刀花則原表所列原料成本自屬計祘過高，余意各廠亦可同樣仿行，或將高友斬刀花運交織低支紗之廠使用，以後除十支以下之斬刀花，業務處應勿予出售。

B：第十五廠擬將走錠改織棉氈可獲利潤，應由工務、業務兩處研訂計劃報核。

C：第十八廠出品大部均虧耗，應由工務處督導改善。該廠房屋漏水，去年已經修理，今年仍復滲漏，工務處建築室應即查明原因報核。

D：十二磅特細布售價低於成本，應如何改善之處由工務、業0156

務兩處研究具報。

E：據第十四紡織廠建議，外銷粗布應指定一廠專織一節，原則可採本公司外埠各廠，有無適宜承織是項粗布者，可由工務處查明報核。

F：據工務處陳專門委員賢九建議，印花布之銷售不宜採用牌價，如採定貨方式可淂善價一節，應由業務處研究具報。

G：絹紡廠出品應設法外銷，該廠工人應設法裁減。

H：工務處所擬絹紡製蔴廠減低成本方案，核尚可行，應由工務處督導執行。

I：成本統計表未列售價，各項應即補具市價報核。

J：據報自成本會計實行，各廠對機物料，如馬達等輒不願調撥他廠應用，殊不知成本之計祘並不以各物之購進價格為準，希各廠以後勿再有把持物料情事。

(二)日籍技術人員待遇之調整，前據各廠簽擬調整額前來茲以各該日員與本公司現所留用之敵廠高級日員共事歷史較久，對其技術及工作能力亦有相當之認識，經飭核簽調整額間亦有與各廠所擬不同者，由秘書處抄同調整薪額表送各廠複核，并於三日內將意見具報以憑核定。

(三)各廠未修竣機錠，前經於第七十七次廠長會報核定修復期限在案，茲據工務處□呈未修竣機錠調查表前來，應即抄發各廠，如期修竣，至應添配之機料等項，應由各有關單位分別如期供應。

(丁)討論事項：

(一)勞工福利委員會提：合作社配煤配油可否由廠整款購買案。

奉總經理指示：先由勞工福利委員會擬墊款辦法呈核。

(二)第十四紡織廠提：自煤斤運交辦法實行，本廠最近運到之
煤水份果大見減少，而灰分增加綦鉅，竟達百分之四十，應請主管單位注意防範攙雜案。

奉總經理指示：即將該承運商號名稱查報以憑辦理。

第八十一次廠長會報記錄(密件)

卅六年九月十日(1947年9月10日)

(甲)出席者：

束總經理	許學昌	王君明	吳欣奇	高公度
董德乾	吳德明	顧鉅仁	王毓傑	吳永恆
方玉卿	秦德芳	黃雲騤	李向雲	張昂千
嵇秋成	劉稻秋	朱洪健	王子宿	錢子超
劉宗予	李正極	陳賢凡	鄭彥之	邱　陵
喻會孝	李致一	嚴仲簡	王海安	陳宗鼎
吳襄芸	戚海民	吾葆真	陸紹雲	陸芙塘
王世勛	駱仰止	劉益遠	周典禮	張方佐
龔滌凡	唐偉章	錢健庵	范本煃	夏恩臨
徐維謹	蔡　謙			

(乙)缺席者：劉文騰　章兆植

(丙)總經理指示：

(一)羊毛來源缺乏，各毛紡織廠有停工之虞，原料課之工作集中於原棉收購，而於羊毛之供應不無疏於注意，工務處毛紡室應與業務處密切聯繫以免供應脫節，所有羊毛收購事宜暫由唐總工程師偉章主辦，儘量採購以期補救，又滯津駝毛應即設法運滬。

(二)本公司各廠已自九月一日起自结盈虧，俾各廠技術之優劣、成本之高低均得以比較競爭，以求進步，如各廠在技術上達到完善境界，即賠本亦属光榮完成任務，希共勉之。

(丁)討論事項：

(一)第一紡織廠提：請修正職員請假規則，增加回鄉及葬事假案。

奉總經理指示：礙難照辦。

(二)第五紡織廠提：工人患病入紡建醫院治療，所有住院及醫藥費等可否由醫院與廠轉帳案。

奉總經理指示：由紡建第一、二醫院會核具報。

(三)第一製蔴廠提：本公司在杭推廣植蔴所費不貲，而其生產品尚不敷國內應用，茲以印蔴限制出口，外國亦感蔴產供不應求，以致商人到杭收蔴準備出品者甚多，蔴價因此激漲，擬請設法防止案。

(四)第一絹紡廠提：絹紡原料亦有類似情形，以此項原料可以免稅出口，而出口後由外國製成絹匹又復運銷中國，損失既鉅，國內絹紡工業之發展大受影響，擬請設法防止案。

奉總經理指示：呈部轉函，輸出入管理委員會對製蔴袋用蔴禁止出口，絲吐等絹紡原料出口應酌收稅。

第八十二次廠長會報記錄(密件)

卅六年九月十七日(1947年9月17日)

(甲)出席者：	束總經理	劉文騰	陳賢凡	范本烇	嵇秋成
	吾葆真	劉稻秋	戚海民	王毓傑	章長卿
	吳永恆	黃雲騤	黃季冕	錢子超	朱仙舫
	許學昌	方玉卿	李致一	王君明	吳德明
	張方佐	蔡　謙	朱洪健	劉益遠	鄭彥之
	李敏齋	唐偉章	吳欣奇	傅銘九	秦德芳
	嚴仲簡	陸芙塘	夏恩臨	王海安	邱　陵
	張昂千	顧鉅仁	王子宿	高公度	徐維謹
	李向雲	龔滌凡	吳襄芸	駱仰止	章兆植
	程潤生	錢健庵	周典禮	錢世傑	

(乙)缺席者： 陸紹雲　王世勛

(丙)總經理指示：

(一)各廠紗布出數在夏季時稍形減低，今夏季已過，希望大家努力恢復出數。

(二)機械廠承製機件內有零件不宜自製者可以轉包商廠承辦，惟應規定辦法及付款方式，承包廠商尤應擇其信譽可靠、工作認真者交辦，應由黃總工程師樸奇會同各機械廠廠長及稽核、會計二處訂定辦法呈核。至第一機械廠目前亟需招商，承包之零件一批可由工務處、稽核處即為洽辦解決。

(丁)討論事項：

(一)第十五紡織廠提：本公司各廠原有參加義警人員，其人數不過一至三人，所有服裝費用係由廠供給，茲以工人等自動參加義警者為數日眾，亦請由廠發給制服費，是否可行□請討論案。

奉總經理指示：由工廠指派參加義警者應以甲等廠不超過三人，乙等廠不超過二人，丙等廠不超過一人為限，至於私人自動參加者其所需制服費用自應自備，不得由廠發給。

(二)第十二紡織廠提：本廠所存破籽四千担無人承售，堆置地點發生問題。查本廠破籽已經一道利用，較一般為劣，可否請予廉售業。

奉總經理指示：由業務處廉售。

第八十三次廠長會報記錄(密件)

卅六年十月一日(1947年10月1日)

(甲)出席者：

束總經理	劉文騰	陳賢九	高公度	錢子超
邱　陵	范本烇	吳襄芸	顧鉅仁	傅銘九
張昂千	劉稻秋	嚴仲簡	許學昌	黃季冕
喻會孝	蔡　謙	黃雲騤	方玉卿	王毓傑
吳永恆	李向雲	李銘齋	吳欣奇	戚海民
王海安	王子宿	吳德明	嵇秋成	劉益遠
李致一	吾葆真	陸紹雲	朱洪健	王君明
唐偉章	鄭彥之	章長卿	周典禮	秦德芳
錢健庵	龔滌凡	章兆植	駱仰止	張方佐
陸芙塘	程潤生	夏恩臨	徐維謹	錢世傑

(乙)缺席者： 王世勛

(丙)總經理指示：

(一)總公司與各廠職員上下班均應准時到退，高級人員尤宜以身作則，應由秘書處通函各屬嚴格遵守。

(二)外銷業務應與會計、稽核兩處時時聯繫，同時每日外銷紗布品名、數量、銷售何地、訂何條件、收入外幣若干、累積數字若干，應由業務處按週列表具報，至接洽中之交易亦應隨時將進行情形具報。

(三)據聞承售紗布人向本公司各廠出紗時有一二不肖棧司仍有勒索陋規情事，此種民營廠之惡習實不應容其潛滋暗長，各廠長應嚴密注意，如有發現上項情事應即報總公司，以憑依法懲處。

(四)余意國人對技術人員培養之方法似未臻妥善，每一技術人員就業後往往歔歷各技術部門，而實際則對每一部門均不能獲有積深獨到之經驗，其結果則博而不精，補救之法應使技術人員能安於一項工作，年資久者淂提高其待遇而不必變更其職務，可由工務處、秘書處邀請廠長若干人研訂培養專才之合理方案，以憑採擇施行。

(五)政府頒佈節約消費辦法已轉函各廠，希切實遵行。

(六)冬防將屆，各廠應嚴防火災，倉庫廠房應嚴密巡視。

(丁)討論事項：

(一)秘書處提：同人壽險保費增為一次扣繳叁拾萬元，賻儀增為叁仟萬元一案，經徵集各單位意見，以贊同者佔多數，而主張分兩個月或三個月繳足叁拾萬元者次之，其餘尚有建議多種，列表提請討論案。

討論結果：於十月份發薪時一次扣繳叁拾萬元，賻儀增為五千萬元，中途離職者退還全部所繳保費，並自十月十五日起施行。

奉總經理指示：可照辦。

(二)第五紡織廠提：本廠所屬保辦公處向本廠勸募壯丁安家費，各廠有無同樣情形□應否認捐案□

奉總經理指示：由勞委會治兵役協會後再憑核辦。

(三)第三紡織廠提：據本廠工會函，以第四紡織廠賞給工人廉價衣料、肥皂，請本廠同樣辦理案。

討論結果：查係合作社之廉價品，經合作社理监事會決議出售與廠方無涉，自不淂援例，應由廠方向工會解釋誤會。

(四)第十七紡織廠提：查本公司伙食費凍結以來物價日漲，擬請免予凍結案。

奉總經理指示：准自十月份起仍按上月份指數計标，一切辦法照舊。

(五)第一絹紡廠提：汽車加油困難，影響運輸甚大，可否由公司集中購儲案。

奉總經理指示：事務課洽辦。

(六)第十四紡織廠等提：照規定連續工作七晚者淂加半工，此次雙十節適逢本廠等廠休日，故該期實做六個夜工，是否仍淂照上項規定辦理案。

奉總經理指示：由勞委會洽詢六區公會後一致辦理。

(七)第十七紡織廠提：查近來物價高漲，各廠自購機料費已奉准自本日起增加百分之五十，即甲級廠每日壹仟捌百萬元，乙級廠每日壹仟式佰萬元，丙級廠每日陸百萬元，惟修繕費及汽車修理費似亦應同時增加，請核示案。

奉總經理指示：准各增加百分之五十，即汽車修理費原為壹佰弍拾萬元，增為壹佰捌拾萬元，修繕費甲等廠增為壹仟捌百萬元，乙等廠增為九百萬元，丙等廠增為四百五拾萬元。

第八十四次廠長會報記錄

三十六年十月八日(1947年10月8日)

(甲)出席者：	吳副總經理	劉文騰	夏恩臨	吳欣奇	傅銘九
	李致一	顧鉅仁	黃季冕	陸紹雲	章兆植
	許學昌	朱洪健	劉益遠	黃雲騤	秦德芳
	劉稻秋	嚴仲簡	范本煃	戚海民	唐偉章
	方玉卿	吳襄芸	李銘齋	吳德明	錢子超
	邱　陵	王毓傑	張昂千	吾葆真	李向雲
	朱仙舫	蔡　謙	高公度	陳賢凡	王君明
	嵇秋成	吳永恆	龔滌凡	王海安	馬鴻萬
	王子宿	王世勛	陸芙塘	張方佐	周典禮
	徐維謹	程潤生	駱仰止	鄭彥之	錢世傑

(乙)缺席者： 錢健庵

(丙)吳副總經理指示：

(一)第二機械廠劃分兩廠後，編餘女工十六名分發滬西各廠錄用，希各查照。

(二)標準工作法未繳送之廠務希於十月底編送。

(三)社會部擬定修正工廠檢查法徵詢各界意見，已油印分發各廠，如有意見希迳以書面提交管訓課。

(丁)討論事項：

(一)全體廠長提：本公司同人待遇凍結以後物價激漲不已，生活實難維持，迭據所屬同人聯名簽呈請轉呈解凍前來，擬請總公司迅轉董事會請予解凍案。

討論結果：電請總經理就近向張院長力陳困難，即日解凍，并以全體廠長名義電陳部長請准予解凍。

(二)第十七紡織廠提：自購機料費已奉准自十月一日起增加百分之五十，惟較之五金材料等激漲倍數仍不敷遠甚，請予調整案。

奉吳副總經理指示：准予自即日起照九月份原數再加百分之五十，即自購機料費甲等廠每日二千四百萬元，乙等廠一千六百萬元，丙等廠八百萬元。

(三)工務處駱副處長仰止提：此次出席六區公會工務聯席會議討論事項內有兩點：(一)請國、民營各廠劃一分娩津貼之給與辦法。(二)工人婚喪假期五天工資照給，如不滿期而來上工者是否得再給工資希各廠提供意見案。

討論結果：(一)項請勞工福利會洽辦，(二)項應不再給工資。

第八十五次廠長會報記錄

卅六年十月十五日(1947年10月15日)

(甲)出席者：

束總經理	劉文騰	顧鉅仁	嵇秋成	黃雲騤
錢子超	戚海民	高公度	許學昌	劉稻秋
陳賢凡	范本烇	張方佐	方玉卿	王毓傑
黃季冕	吳永恆	張昂千	吳欣奇	陸芙塘
朱洪健	嚴仲簡	王子宿	章兆植	劉益遠
李向雲	陸紹雲	邱　陵	唐偉章	吳襄芸
吳德明	吾葆真	秦德芳	蔡　謙	駱仰止
錢健庵	章長卿	傅銘九	朱仙舫	王海安
鄭彥之	李銘齋	龔滌凡	王君明	徐維謹
程潤生	夏恩臨	周典禮	錢世傑	

(乙)缺席者：王世勛　李致一

(丙)總經理指示：

(一)紡織界推舉立法委員國大代表，六區公會會員應有七百六十二票之選舉權，而公會攤派本公司選舉人名額只二百人，於普選精神殊有未符，應函請仍按過去出席全國紗廠聯合會代表名額之比例分派。

(二)成本會計訓練班學員華業後業已在上海第一紡織廠開始實習，俟實習終了余當指定兩三個廠試行成本會計。

(丁)討論事項：

同人互保壽險保費保管委員會嵇委員秋成，劉委員稻秋劉委員益遠提：同人互保壽險保費收支狀況擬逐月編具報表油印分發各單位公佈，當否□請討論案。

奉總經理指示：帳務課經辦保費人員應自本月份起於逐月月終編具同人保費收支報告表提經保費保管委員會審核後油印分發本外埠各分支機構，每處兩份以一份存查一份公佈，不必另行備文至津、青、東北各廠，可彙寄當地分公司轉發。

第八十六次廠長會報記錄

卅六年十月二十二日(1947年10月22日)

(甲)出席者：	束總經理	劉文騰	黃季冕	戚海民	朱洪健
	劉益遠	李向雲	王毓傑	許學昌	吳永恆
	黃雲騤	方玉卿	高公度	范本煒	陳賢凡
	蔡　謙	劉稻秋	王世勛	顧鉅仁	吳襄芸
	嚴仲簡	陸紹雲	錢子超	邱　陵	夏恩臨
	鄭彥之	王子宿	嵇秋成	唐偉章	吳德明
	王海安	傅銘九	王君明	李敏齋	張昂千
	錢健庵	吳欣奇	龔滌凡	陸芙塘	吾葆真
	朱仙舫	章長卿	李致一	駱仰止	章兆植
	張方佐	董德乾	秦德芳	錢世傑	

(乙)缺席者： 周典禮

(丙)總經理指示：

(一)物料消耗比較統計表各廠用料均超過標準，應速改善，統計室應將各項物料何廠消耗超過標準最多列表呈核，又物料消耗不合理之原因何在，工務處應指派總工程師研究具報。

(二)工務處所呈羅拉速度生產量比較表及布機速度生產量比較表經核有少數廠不甚合理，應即油印分發各廠以資取鑑。

(三)會計處所呈九月份盈虧一覽表第十一廠及第十八廠虧本原因何在，應由工務處、業務處、會計處研究具報。

(四)第一、二、三機械廠出品成本應求減低，工費應使不高於原料費，并應力求生產大量化，種類單純化，前部、後部工作應使銜接配合，各種工作標準、攷核方法由黃總工程師樸奇速為擬定呈核。

(丁)討論事項：

(一)第十四紡織廠提：自各廠自結盈虧以來，紡織、印染三部門計祘成本之間不無矛盾，擬請改善以求確實案。

奉總經理指示：由會計處召集工務、業務、稽核三處商討改善。

(二)第十九紡織廠提：消費合作社向業務處中申請成品有交款後延至一星期以上方能取到機單者，擬請改善案。

奉總經理指示：由稽核、業務、會計、財務四處與第十九廠、第一廠、第七廠、第四廠、第十四廠廠長會同查明原因具報。

(三)第十九紡織廠提：請提高短程出差誤膳費案。

奉總經理指示：人事課擬訂呈核後通函各廠。

第八十七次廠長會報記錄

卅六年十一月五日(1947年11月5日)

(甲)出席者：	束總經理	劉文騰	黃季冕	陸紹雲	高公度
	方玉卿	王毓傑	劉益遠	范本烇	嵇秋成
	秦德芳	嚴仲簡	鄭彥之	顧鉅仁	蔡　謙
	徐維謹	王君明	吳德明	吳永恆	傅銘九
	王子宿	張方佐	章長卿	唐偉章	黃雲騤
	許學昌	戚海民	吾葆真	周典禮	劉稻秋
	張昂千	錢健庵	夏恩臨	龔滌凡	吳襄芸
	朱仙舫	錢子超	陳賢凡	吳欣奇	朱洪健
	蘇麟書	陸芙塘	李向雲	章兆植	王世勛
	李銘齋	駱仰止	程潤生	錢世傑	

(乙)缺席者：邱　陵

(丙)總經理指示：

(一)各廠職員宿舍有無外人居住情事應由各廠廠長查明具報。
(二)分發各廠轉業軍官各廠長應多予指導，並應告誡同人勿予歧視。
(三)各廠警衛人數多寡不一，應由警衛大隊擬定調整辦法呈核。
(四)物料添置困難，各廠保全工作應特別注意。

(丁)討論事項：

(一)勞工福利委員會提：滬東西國、民營各廠工人代表向六區公會提出各項要求正由社會局調解中，請各廠長提供意見案。

討論結果：A. 挨停工不應給半工。 B. 國定例假第一夜適逢停電工資不應給一工半。 C. 分娩津貼之給與可與民營廠一致辦理，惟如改採每禮拜结發即不能再有借支。 D. 停電工資給與辦法過去已屬優厚，不宜再增。

(二)第十二紡織廠提：紡織廠工人領用各種工具可否免費供給□抑照原值扣回或津貼一部□擬請統一辦法案。

(三)第十二紡織廠提：工人饭单及便帽擬請規定式様統一辦理案。

奉總經理併案指示：由駱副處長仰止將本公司決定原則洽詢六區公會後通函各廠照辦。

(四)第十五紡織廠等提：查本公司各廠每月修繕費及每次汽車修理費前於十月份各增加百分之五十，惟以物價增漲仍感不敷，擬請再予增加案。

奉總經理指示：准各再增百分之五十(即照九月份規定數增壹倍計，甲等廠每月修繕費應增為弍仟肆佰萬元，乙等廠壹仟弍佰萬元，丙等廠陸佰萬元，汽車修理費每次弍佰肆拾萬元。)

第八十八次廠長會報記錄(密件)

卅六年十一月十九日(1947年11月19日)

(甲)出席者：	束總經理	劉文騰	吳欣奇	邱　陵	范本煃
	王毓傑	陸芙塘	黃雲騤	張昂千	傅銘九
	高公度	張方佐	吾葆真	李向雲	許學昌
	顧鉅仁	王君明	蘇麟書	戚海民	錢子超
	黃季冕	吳永恆	劉稻秋	鄭彥之	方玉卿
	唐偉章	嵇秋成	嚴仲簡	錢健庵	周典禮
	秦德芳	朱仙舫	章長卿	劉益遠	陳賢凡
	王子宿	駱仰止	李銘齋	吳襄芸	高越天
	蔡　謙	陸紹雲	龔滌凡	王世勛	夏恩臨
	朱洪健	吳德明	徐維謹	程潤生	錢世傑

(乙)缺席者： 無

(丙)總經理指示：

(一)各標準廠視察報告已閱悉，即將油印分發，希各參閱，以資糾正缺點。

(二)毛紡及印染廠孜核標準尚欠詳盡，應予增訂。

(三)核閱統計室人事統計表，各機構工役人數稍多，應注意。統計室並應將工役人數統計表油印分發各廠。

(四)上海各廠七、八月份紗布產量均趨低降，不及津、青分公司之逐有進步。統計室應將各項統計數字分別通知有關工廠以資改善。(例如紗之產量以何數廠最低，或用棉量以何數廠最高，即將是項數字通知各該廠)

(五)倉庫棉花磅餘應予列帳，不能迳入車間，以致統計數字無法準確，各廠應注意。

(六)用煤量各廠參差甚鉅，工務處應予訂定標準，以便稽核。次布太多亦應改進。

(丁)討論事項：

(一)勞工福利委員會提：選擧期中各廠工人因參加選擧而請假者依法淂作公假論，但以不影響工作為限，夜班不淂請假，選擧期中適有休息日者不必給假，當否□請討論案。

討論結果：照辦。

(二)第一機械廠提：前奉總座指示，各機械廠製品應求大量化與單純化，玆值本公司各紗布廠大宗修配漸減之際，應否即日指派人員負責推進案□

奉總經理指示：工務處購料會調查，紗機、布機需要品名、數量與三機械廠分別洽合約呈核。機械廠承製品價格如高於市價百分之十五以內應採用自製品，不向外採購。會計處、財務處應注意機械廠資金，務使絕對獨立。

(三)第十七紡織廠提：楊樹浦警察局請滬東國、民營各廠合捐中型吉普車一輛，應如何辦理案□

奉總經理指示：由稽核處向警察局洽詢。

(四)工務處陸總工程師芙塘提：發電所燒爐子工人工作時間較長，能否按日加班案□

奉總經理指示：如所定工資過低淂酌增工資，但不淂加班。

第八十九次廠長會報記錄(密件)

卅六年十一月廿六日(1947年11月26日)

(甲)出席者：束總經理　吳副總經理　劉文騰　唐偉章　嚴仲簡
李銘齋　喻會孝　張昂千　黃雲騤　邱　陵
王毓傑　李致一　嵇秋成　秦德芳　范本烇
顧鉅仁　王君明　許學昌　劉稻秋　蘇麟書
陳賢凢　吳德明　吳永恆　方玉卿　錢子超
吳襄芸　戚海民　周典禮　陳思堯　傅銘九
王世勛　劉益遠　董德乾　蔡　謙　陸紹雲
陸芙塘　黃季冕　龔滌凢　鄭彥之　王子宿
吳欣奇　李向雲　駱仰止　朱洪健　吾葆真
高越天　徐維謹　錢健庵　夏恩臨　錢世傑

(乙)缺席者：張方佐　高公度

(丙)總經理指示：

(一)上海各倉庫棉花收進、付出均應過磅，業務處儲運課注意。

(二)接收紗布清理工作應從速完成，業務處速辦具報。

(三)自辦運輸應繼續籌備，早日成立。

(四)現有承辦運輸商行是否全部合於標準，業務處儲運課應將詳情表報。

(五)寶鷄重慶間之運輸工作應嚴加監督以防走漏而杜損失，業務處應擬定計劃呈核。

(六)以布向本公司易紗之織廠現有九家，何家承織最多，每月能織若干匹，應由業務處查明具報。

(七)員工出差借支旅費應於出差完畢一星期內列表報支，不淂延遲及拖欠。借支數額亦應估計日程覆實申請。總公司須經本人核准，本外埠分支機構須經各該機構主管人員核准。應由會計、稽核兩處擬定辦法呈核。

(丁)吳副總經理報告：

本人於每年收棉季節均赴產區視察收花情形，此次視察歷河南、陝西、湖北三大棉區，並紆道重慶一行，計往返二十一日，觀感良多，茲累述如次：

(一)陝西棉區集中於關中十馀縣，故其產量估計易於準確，今年產量約八十八萬馀担，以斯字棉四號為多，均為卅二支以上原料，市場風氣尚好，殊鮮攙水惡習。今年以隴海路中斷，運輸困難而風險較大，故收花者少，同時因軍隊集中關係麥價甚昂，棉價相形見絀，售價尚不及七與一之比，棉農重貨輕弊，棉花上市者不多，約十餘萬担，在該區收花廠家除本公司外僅雍與、大華、申新紗市、慶壹等數家。申幫棉商有十餘家之多，均以現紗缺乏不能放手收購。

(二)兩湖區今年棉產約二百二十餘萬担，計漢口區範圍一百四十萬担，沙市八十萬担，已上市者沙市不過十餘萬担，漢口不到五十萬担。價格方面沙市較漢口低六十至七十萬元，其主要原因以沙市資金較少，故棉價不易提高。兩湖區產量多而品質劣，攙水攙雜之風奇烈。本公司雖用種種方法獎勸仍鮮實效，尤因當地特種背景之游資投入棉市，互相抬價搶購，更為作偽之風推波助瀾。

(三)鄭州原為晉冀豫等地棉花之集散地，往昔集散量達百餘萬担，今年以隴海一帶戰事頻，仍可能上市之棉花不免大為減少，估計約僅三十萬担，該區攙水之風尚不甚烈，攙籽則不亞於兩湖區。

(四)重慶為陝棉繞運要道，惟現屆枯水時期川江運量甚有限，所能供裝運棉花之噸位尤不過佔全部噸位之極少數。

本公司原計劃本年收花三百萬担，惟迄今所收數量去目標尚遠，內地收花成本雖較低廉，惟如以運輸費用及損耗併計，為數亦甚可觀，且今年收花工作之艱難遠過去年甚，原因約為(一)軍事影響，(二)缺乏現鈔，(三)運輸困難，(四)攤派加多，(五)特種游資競購，(六)以及地方勢力之應付均使收花工作之展開處處受到阻碍，惟此行接觸各界對本公司兩年來之努力尚有好評，此則可以告慰於同人者耳。

(戊)討論事項：

(一)勞工福利委員會提：工人疾病、死亡津貼前於本年七月間經廠長會報決定酌給捌拾萬元，茲物價高漲可否酌予增加案□

奉總經理指示：工人到職滿六個月因病死亡酌給喪葬費一百五十萬元，其到工不足六個月者減半。

(二)第七紡織廠提：各廠自購機物料費用及修繕費用、汽車修理費用請酌予提高案。

奉總經理指示：自購機料費用准自即日起提高為：甲等廠每日四千萬元，乙等廠每日叁仟萬元，丙等廠每日二千萬元，修繕費准提高為甲等廠每月四千萬元，乙等廠每月二千萬元，丙等廠每月一千萬元，汽車修理費增為每次四百萬元。

(三)第五印染廠提：本廠現以電力關係僅能日夜工作十九小時，即日夜班各少做半小時，所有論日工及論件工工資應如何妥計案。

討論結果：依照停電給資辦法論日工少做之半小時淂不扣工資，但論貨工亦不必另加工資。

奉總經理指示：招辦。各廠有同樣情形者應一律照此規定辦理。

第九十次廠長會報記錄

三十六年十二月三日(1947年12月3日)

(甲)出席者:

束總經理	劉文騰	邱　陵	黃季冕	王君明
夏恩臨	王毓傑	吳德明	嚴仲簡	魏亦九
范本烇	張昂千	李致一	劉稻秋	陸紹雲
王世勛	陸芙塘	蘇麟書	嵇秋成	張方佐
黃雲騤	黃德乾	秦德芳	朱洪健	吾葆真
錢子超	吳襄芸	方玉卿	鄭彥之	陳賢凡
李銘齋	錢健庵	唐偉章	高公度	傅銘九
王子宿	馬鴻萬	朱仙舫	龔滌凡	顧鉅仁
吳欣奇	吳永恆	蔡　謙	劉益遠	高越天
周典禮	許學昌	徐維謹	李向雲	駱仰止
錢世傑				

(乙)缺席者：無

(丙)討論事項：

(一)業務處儲運課提：查本公司上海各紡織廠稅款向係由總公司彙總繳納，惟以各廠每月兩期應送稅表往往延遲二三天，經總公司複核後繳款需時恆在五天以上，已逾稅局規定之五天限期。嗣經商准稅局對本公司繳稅特予寬限五天實行以來頗稱便利，近接稅局來函須取消前項寬限，除由本課向稅局交涉並另函各廠外在交涉未解決，前務請各廠凡每月十日期之稅表必須於十一日送達總公司，廿五日期之稅表必須於廿六日送達總公司，希各紡織廠注意案。

奉總經理指示：各廠總務主任應負責如期趕送，並應將數字核𥚃準確俾複核，可以迅捷同時仍向稅局交涉恢復過去規定以利工作。

(二)秘書處提：准駐本公司審計辦事處函送修正審計機關稽核各機關營繕

工程及購置變賣財物辦法，并奉部令同前，因實行有無困難請討論案。
奉總經理指示：由秘書處召集有關處會室商討合理具體辦法，以憑與駐本公司審計辦事處洽辦。
(三)第十四紡織廠提：攄本廠工人方面要求，民食調配委員會配售工人食米油煤等項物品請由廠方負擔，可否□請討論案。
討論結果：由勞委會分向六區公會及民食調配委員會洽辦出品以備該社會委員大會舉行摸獎餘興可否□請討論案。
奉總經理指示：姑俟接到同樣通知，各廠報總公司後再行彙案核辦。

第九十一次廠長會報記錄

卅六年十二月十日(1947年12月10日)

(甲)出席者：束總經理　劉文騰　黃季冕　顧鉅仁　方玉卿
范本烇　黃德乾　蘇麟書　許學昌　李銘齋
劉稻秋　龔滌凡　朱仙舫　李向雲　高公度
黃雲騤　傅銘九　秦德芳　章兆植　吳永恆
張方佐　嵇秋成　李致一　周典禮　朱洪健
陸紹雲　吳欣奇　吳德明　王毓傑　吳襄芸
王子宿　戚海民　吾葆真　劉益遠　蔡　謙
嚴仲簡　錢子超　陳賢凡　夏恩臨　陸芙塘
鄭彥之　錢健庵　唐偉章　張昂千　王君明
邱　陵　駱仰止　徐維謹　王世勛　馬鴻萬

(乙)缺席者：程潤生　錢世傑

(丙)總經理指示：

(一)本公司發電廠之發電成本應如何計标，工務處、機電室應與會計處會同詳細核計具報。

(二)秘書處對公文處理手續應更求完善迅速。

(三)督導團報告書建議改善及糾正事項，各廠已否確實執行應予複查，惟事實上除工務處經常派員複查具報外，其餘有關處會室均未見具報，以後關於督導報告之執行情形各有關處室均應復查具報。

(四)本公司各廠合作社請購各廠出品零頭布，是否可由合作社聯合辦事處彙購分銷□可由該處擬訂辦法呈核。

(五)各廠所需染料以外匯問題迄未解決，逐月就市收購因難萬狀，購料會對外匯問題應與央行積極交涉，并以本人名義□□□□□□迅為核准，又海關提貨困難情形亦應以本人名義函丁貴堂先生請予改善。

(六)據秘書處□呈第七十一次至第九十次廠長會報未辦竣案件一覽表，應通知各承辦單位限期辦竣具報。

(丁)報告事項：

(一)勞工福利委員會報告：工人年終布代金業經協議決定，每工人發給四十六萬五千元，養成工、臨時工及到工未滿六個月者不給並應於本月十四日前發放。

(二)工務處、機電室報告：據滬燃管會稱開灤、秦皇島間交通狀況益形惡劣，秦皇島至滬水運亦因軍差時生問題，本月配煤全賴存煤應付，恐有青黄不接之虞等語，各廠用煤務希竭力撙節。

(戊)討論事項：

(一)第四印染廠提：奉建會字第12970號函，以成品物料調撥須憑公司正式調撥單辦理等因，惟廠與廠間遇染料不繼時往往先憑臨時借據互相借用，如必先請准正式調撥單勢必貽誤時機，應如何辦理案。

奉總經理指示：可先借用，但必須立即補辦手續。

(二)第二、三、四、七、八、十四、十九紡織廠提：工務人員調任成本會計工作後工務進行頗受影響，擬請免調或另聘人員抵補案。

奉總經理指示：工務處查調出人員各廠其人事配備確係不敷調度者具報憑核。

(三)第十七紡織廠提：查各廠每月計﨤成本時對於棉、毛等下腳估價尚無一定標準，擬請由總公司逐月規定標準價格通知各廠，以資一律案。

奉總經理指示：業務處每月廿五日通知各廠。

第九十二次廠長會報記錄

卅六年十二月十七日(1947年12月17日)

(甲)出席者： 束總經理 劉文騰 吳永恆 劉益遠 張昂千
吳德明 董德乾 李向雲 王毓傑 方玉卿
王君明 黃季冕 劉稻秋 顧鉅仁 吾葆真
戚海民 許學昌 王子宿 陸芙塘 秦德芳
陸紹雲 蔡 謙 范本烇 黃雲騤 嚴仲簡
吳欣奇 高公度 李致一 蘇麟書 邱 陵
朱洪健 嵇秋成 傅銘九 錢乾庵 吳襄芸
陳賢凢 錢子超 龔滌凢 周典禮 朱仙舫
鄭彥之 唐偉章 李銘齋 張方佐 徐維謹
王世勛 駱仰止 程潤生 馬鴻萬 高越天
夏恩臨 錢世傑

(乙)缺席者： 無

(丙)總經理指示：

(一)本公司擬舉辦專門技術研究班，希各廠保薦職員參加。

(二)印染廠用煤量甚鉅，可否採用較高級染料以節省燃料之處印染室應予研究。

(三)包工工程應規定工料費所佔成份之比例，并須規定完工日期，到期不能完工者不淂藉口物價工資高漲要求貼補，本公司機械廠亦應同樣辦理。

(丁)討論事項：

(一)第七紡織廠提：本廠為積極推進工作增加效率起見，擬實行個人工作競賽，分甲、乙、丙三等給付工資，當否□謹檢同工資等級表請討論案。

奉總經理指示：將是項理論及辦法油印交各廠研究後，各將意見提交工務處，再行討論。

(二)第十紡織廠提：查稅局增稅每於月之一日或十六日當天公佈，而本廠係逐日繳稅，亦即昨日之生產量今日始計數報稅，以致每值增稅其上一日之產品必須多繳稅款，如增稅之上一日適為星期則須多繳兩天產品稅款，似欠公允案。

奉總經理指示：業務處應向稅局洽商改善。

(三)第十二紡織廠提：本廠第一工房大部房屋先後被上海善後救濟分署及社會局移轉佔用不予歸還，而水電費用及需本廠負擔，為數不貲，擬請力予交涉收回案。

奉總經理指示：由廠方先將水電錶分開并向社會局交涉請其自行負擔水電費用。

(四)第十二紡織廠提：擬請總公司向電力公司商洽改訂早晨上工時間以利遠道工友進廠工作案。

奉總經理指示：限於電力困難之事實，各廠只能將實際困難向工人善為開導。

(五)第二紡織廠提：請增加筒管保證金，并規定返還空筒管期限，以免久假不歸致妨工作案。

奉總經理指示：業務處即予調整，以後須隨市調整，繳還期限亦應嚴格規定。

(六)第十七紡織廠提：楊樹浦警察分局請本廠及滬東該區內國、民營各廠合捐中型吉普車一輛，可否□請討論案。

奉總經理指示：應予婉却。

第九十三次廠長會報記錄(密件)

卅六年十二月廿四日(1947年12月24日)

(甲)出席者：	束總經理	劉文騰	黃季冕	王子宿	劉益遠
	秦德芳	張昂千	黃德乾	吳德明	高公度
	范本燵	蘇麟書	夏恩臨	張一枝	方玉卿
	王毓傑	邱　陵	吳永恆	王君明	許學昌
	嚴仲簡	吳襄芸	顧鉅仁	唐偉章	陸紹雲
	蔡　謙	吾葆真	錢健庵	戚海民	李致一
	李向雲	嵇秋成	朱仙舫	李銘齋	朱洪健
	龔滌凡	錢子超	周典禮	劉稻秋	陸芙塘
	陳賢凡	鄭彥之	傅銘九	吳欣奇	章兆植
	徐維謹	王世勛	章長卿	張方佐	駱仰止
	程潤生	錢世傑			

(乙)缺席者： 無

(丙)討論事項：

(一)第十二紡織廠提：各廠參加義警人員照警局規定須添製冬大衣，可否由公司支給之處請討論案。

奉總經理指示：義警冬大衣應由參加人員自備，又此期義警本公司各廠均曾派員參加，以後如再有舉辦，本公司應不再參加。

(二)第一毛紡織廠提：本廠工會函請撥交十一月十二日一工運動之工資以便運用生息，可否□請討論案。

奉總經理指示：由勞委會洽詢總工會，須該會同意後始可撥付，以免糾紛。

第九十四次廠長會報記錄

卅六年十二月卅一日(1947年12月31日)

(甲)出席者： 束總經理 劉文騰 戚海民 王子宿 嵇秋成
顧策方 王毓傑 方玉卿 黃德乾 范本烇
朱洪健 吳襄芸 蘇麟書 吾葆真 吳德明
傅銘九 王君明 劉稻秋 黃雲騤 劉益遠
顧鉅仁 錢健庵 高公度 吳永恆 陸芙塘
嚴仲簡 張昂千 吳欣奇 秦德芳 邱 陵
李向雲 黃季冕 龔滌凡 李銘齋 陳賢凡
周典禮 唐偉章 朱仙舫 駱仰止 錢子超
張方佐 鄭彥之 蔡 謙 夏恩臨 章兆植
徐維謹 程潤生 章長卿 王世勛 錢世傑

(乙)缺席者： 許學昌 李致一

(丙)報告事項：

(一)稽核處報告：關於盤存問題，在製品部份明日上午十時各組分別到廠盤存，同時點查筒管梭子及鋼蔻，請各廠注意。

(二)機電室報告：滬地存煤不豐，秦皇島情形如不改善，燃管會下月配煤或有減少之可能，請各廠用煤務勿超過標準用量。

(丁)討論事項：

第十紡織廠提：請從速舉行機目昇格攷試案。

奉總經理指示：管訓課擬定開始攷試日期并如期舉行。

第九十五次廠長會報記錄

卅七年一月七日(1948年1月7日)

(甲)出席者： 束總經理 劉文騰 傅銘九 方玉卿 蔡　謙
吾葆真 秦德芳 王毓傑 范本烇 王子宿
董德乾 陸芙塘 李致一 顧策方 蘇麟書
許學昌 張昂千 章長卿 鄭彥之 戚海民
李向雲 劉稻秋 吳永恆 錢健庵 吳德明
高公度 邱　陵 嚴仲簡 黃季冕 劉益遠
朱洪健 顧鉅仁 唐偉章 王君明 王世勛
夏恩臨 陳賢八 黃雲騤 嵇秋成 龔滌九
吳襄芸 錢子超 朱仙舫 吳欣奇 周典禮
駱仰止 張方佐 李銘齋 徐維謹 程潤生
章兆植 錢世傑

(乙)缺席者： 無

(丙)總經理指示：

(一)各廠卅六年度年終攷績希認真辦理并從速具報。
(二)外界向各廠調查時各廠應請其向總公司洽詢勿迳作答复或供給資料。
(三)日籍職員匯款贍家事經向各方交涉多時尚無結果，最近有以物資運日銷售就近撥付日員家屬之議，業務處應即繼續交涉。

(丁)討論事項：

(一)第四毛紡織廠提：擬請規定各廠衛生費，按全廠員工人數以每人每月二角為基數乘當月份職員指數，各廠淂在此標準內採購藥品及醫藥用具，當否□請討論案。
奉總經理指示：可照辦。余意藥品價格日漲，各廠似宜按此標準貯存三個月用量之藥品，並應集中採購俾價格可稍減低，又紗布似可設法自製，藥棉亦可以下腳交換統俟提本星期五總公司會報決定後通知各廠照辦。

(二)第二、五印染廠等提：各廠康樂會費原規定為甲等廠每月百萬元，乙等廠每月八十萬元，丙等廠每月六十萬元，久未調整，擬請酌予增加案。

奉總經理指示：原則可行。仍先由勞委會調查各廠康樂會費徵收及使用情形，擬定增加辦法呈核。

(三)第十九廠提：現屆年度終了，各廠消費合作社年終結под及盈餘處理辦法擬請由總公司消費合作社聯合辦事處統籌規定，以利進行案。

奉總經理指示：可依照社章辦理。合作社聯合辦事處倘有提供意見之處可通函各廠俾供社員採納。

第九十六次廠長會報記錄

三十七年一月十四日(1948年1月14日)

(甲)出席者： 束總經理 劉文騰 陸紹雲 李向雲 吾葆真 喻會孝 吳永恆 張昂千 嚴仲簡 吳襄芸 黃季冕 顧鉅仁 劉益遠 范本烇 邱陵 黃雲騤 王子宿 許學昌 陸芙塘 朱洪健 李銘齋 錢子超 秦德芳 王毓傑 李致一 嵇秋成 方玉卿 蘇麟書 張方佐 傅銘九 王君明 唐偉章 戚海民 吳德明 錢建庵 蔡謙 陳賢凡 鄭彥之 龔滌凡 章長卿 吳欣奇 駱仰止 高公度 夏恩臨 周典禮 徐維謹 王世勛 高越天 董德乾 程潤生 錢世傑

(乙)缺席者： 劉稻秋

(丙)總經理指示：

(一)印染廠染整損壞布疋應拠實具報，不能將拉幅後多出之另頭部作抵，工務處應予注意。

(二)各機械廠製造紗機應有一定目標，集中力量進行，不宜旁鶩。拠報第二機械廠尚在繪製李特式紗機本公司不擬採用，工務處應予糾正。

(三)購料委員會採購毛紡織廠所需之酸性染料時應事先與毛紡室接洽，購到後並應集中第三辦公處化驗。

(四)各廠承织軍布國防部對其品質時有訾議，各廠應注意，務必保持品質水準。

(五)核閱各印染廠成績統計表，多數廠成績較過去均有進步，惟大多數均未達標準，尚須力求改進。

(丁)報告事項：

統計室報告：花紗布管理委員會近頒發各種表報與各廠，務請各廠於填竣後先送總公司統計室，由統計室會同業務處彙編後再送該會，勿逕自編送，因本公司所存棉花及紗布有一部份係與聯總中央銀行及中信局等機關有代紡或物資交換關係，非完全屬於本公司所有，必須由本公司彙填方免舛误也。

第九十七次廠長會報記錄

卅七年一月廿一日(1948年1月21日)

(甲)出席者： 束總經理　劉文騰　黃季冕　黃雲騤　高公度
劉益遠　邱　陵　秦德芳　顧鉅仁　吳襄芸
徐維謹　傅銘九　范本煃　吾葆真　王毓傑
蔡　謙　方玉卿　王子宿　董德乾　張昂千
吳欣奇　蘇麟書　顧策芳　陳賢凡　劉稻秋
許學昌　龔滌凡　朱仙舫　李銘齋　張方佐
吳德明　周典禮　錢子超　嵇秋成　吳永恆
戚海民　鄭彥之　陸芙塘　駱仰止　唐偉章
嚴仲簡　夏恩臨　錢健庵　李向雲　高越天
章長卿　王世勛　錢世傑

(乙)缺席者： 王君明　朱洪健　程潤生　李致一

(丙)總經理指示：

(一)機電室實驗各廠細紗部份耗電量工作報告甚有價值，其他部份仍應繼續實驗。

(二)核閱統計表報，職員平均薪給以上海為最高，職員人數比例以青島為最多，工人人數比例以天津為最多，均應注意。統計室應將外埠各屬及本埠各廠應注意之點分別摘錄通知該單位，注意糾正。

(三)第二製蔴廠出品帆布帶存貨多有漏水之弊，業務處應從速處理，據報現在之出品已改善，工務處應予試驗究竟值得繼續織製與否，具報。

(四)業務處出售貨品不能專集中注意於紗布，本公司其他出品之出售事宜應指定專人負責辦理，又腳花應速售，以清堆棧。

(五)棉花供應前途未可樂觀，各廠斬刀花應儘量利用，前經一再指示在案，應由工務處負責督率，切實執行。

(六)各廠未送攷績表者應予三日內送齊，覆核人員希於限期內秉公複核，以憑獎懲。

(丁)討論事項：

(一)第十七紡織廠提：卅六年度各廠合作社提倡股之股息是否亦照普通股分配案。

討論結果：應保存，以備分配。

(二)第十七紡織廠提：近時物價高漲，各廠自購機料費及修繕費、汽車修理費規定限額又感不敷，請予增加案。

奉總經理指示：候核定後通知各廠。

經答奉總經理批准：自購機料費增為：甲等廠每日六千萬元，乙等廠每日四千五百萬元，丙等廠每日三千萬元，修繕費甲等廠每月六千萬元，乙等廠每月三千萬元，丙等廠每月一千五百萬元，汽車修理費每次六百萬元，自一月廿一日實行。

第九十八次廠長會報記錄

卅七年一月廿八日(1948年1月28日)

(甲)出席者： 束總經理 劉文騰 王子宿 劉稻秋 黃季冕
黃雲騤 陸芙塘 朱仙舫 高公度 吾葆真
戚海民 王君明 傅銘九 董德乾 蔡 謙
劉益遠 顧策芳 吳永恆 王毓傑 吳欣奇
錢子超 方玉卿 吳德明 蘇麟書 顧鉅仁
許學昌 錢健庵 范本烇 李致一 張昂千
陳賢凡 吳襄芸 程潤生 鄭彥之 秦德芳
朱洪健 張方佐 嵇秋成 李銘齋 龔滌凡
李向雲 邱 陵 唐偉章 嚴仲簡 夏恩臨
駱仰止 徐維謹 馬鴻萬 周典禮 章兆植
錢世傑

(乙)缺席者： 王世勛

(丙)總經理指示：

(一)余前飭留用日員對本公司一年來之工作情形提呈意見，茲據日員□具報告前來，核閱其指陳得失之處頗稱切真有見，例如：(1)本公司人員負責精神尚不夠(2)缺乏研究精神(3)業務處與工廠之聯繫不夠密切(4)業務人員一般對工廠知識均差，等項均切中國人通病。又如建議工廠應定期檢查，定期盤存，應勤於巡查等，余亦曾一再告誡，想見執行尚未澈底。此報告余將油印分發各廠，希諸同人借石他山，勤自惕勵，有則改之，無則加勉。
(二)煤斤來源缺乏，供應大成問題，各廠用煤切勿浪費，各廠長應嚴密注意。

(丁)報告事項：

駱副處長仰止報告：關於春節停工日期及工資給與辦法，六區公會已有決議，大致與去年相同，屆時仍憑公司通函為準。

(戊)討論事項：

(一)第十七紡織廠提：春節將屆，各廠對當地軍營機關例須稍致慰勞以酬其保衛守望之辛勤，此項慰勞費標準擬請規定案。
奉總經理指示：以甲等廠不超過壹仟萬元，乙等廠不超過捌百萬元，丙等廠不超過六百萬元為限。
(二)第十七紡織廠提：去年春節本公司循民營廠慣例，凢職員警役均於停工及開工時各備酒菜以示犒勞，并資聯歡，此屆春節可否循例辦理案。
奉總經理指示：值茲時艱，應力求節約，酒食應予取消，惟同人等於春節舉行同樂節目開支從簡，尚無不可。茲規定各廠均以其職員人數為標準，在每人二十萬元之範圍內動支，警役每人折發六萬元，以示犒慰。
(三)第八紡織廠提：本廠工人請將二月份第一期工資(一至八日0)提前於七日酌量大數發給以應春節需要，可否□請討論案。
奉總經理指示：可照辦。

第九十九次廠長會報記錄

卅七年二月四日(1948年2月4日)

(甲)出席者：

束總經理	劉文騰	許學昌	劉稻秋	朱洪健
嵇秋成	傅銘九	戚海民	范本烇	黃雲騤
唐偉章	吳永恆	王毓傑	李致一	陳賢凡
朱仙舫	錢子超	蔡　謙	王子宿	劉益遠
邱　陵	方玉卿	吳德明	顧鉅仁	陸紹雲
蘇麟書	張昂千	秦德芳	王君明	錢健庵
吳欣奇	周典禮	夏恩臨	章長卿	鄭彥之
龔滌凡	李向雲	黃季冕	李銘齋	張方佐
嚴仲簡	陸芙塘	王世勛	高公度	駱仰止
吾葆真	吳襄芸	程潤生	徐維謹	章兆植
董德乾	錢世傑			

(乙)缺席者：無

(丙)總經理指示：

(一)現值社會動蕩不安，各廠對消防、巡查、警衛各方面應特別注意，廠長切勿隨意離廠，如因公外出，必須將所赴地點告知代理人員以便聯絡。

(二)各廠對自購機料應與本公司購料會所購機料之價格互相比較，以免受商人之愚。

(三)煤源異常缺乏，各廠用煤務須力求節省。

(丁)報告事項：

(一)工務處機電室報告：據上海電力公司稱，現以年關將屆，開支浩大，擬請本公司各廠到期電費從速繳付，希各廠照辦，以資協助。

(二)秘書處報告：本公司各廠集中彙購三個月用量藥品一案，現已由第二醫院採辦竣事，一俟各廠存藥數字報齐即可分配，詳細辦法屆時另行通知。

(戊)討論事項：

(一)第六紡織廠提：查生產工人二月份工資已提前發給，約四分之一警役可否亦予同樣辦理案。

奉總經理指示：本公司及所屬本埠各機構警役等月計工，本年二月份工資准提前於本星期內(本月七月以前)發給四分之一(約計八天應淂之總數)。

(二)勞工福利委員會提：關於民食調配委員會配給工人之食米煤球等之運費應否由廠方負擔一案，經洽准社會局吳局長面告，以工人生活指數之米價、煤價均係根據配給價計祘，如無此項配給，生活指數必將增高，故所有運費還請廠方負擔，當否□請討論案。

奉總經理指示：自本年二月一日起，運費准由廠方負擔，并應列入業務費開支，以便計祘工繳。

(三)勞工福利委員會提：本公司各廠康樂會經費擬請規定基數按當月份職員生活指數計祘，於下腳變價之福利費項下列支，可否□請討論案。

奉總經理指示：可照辦。自本年二月份起實行，基數規定為甲等廠每月四十元，乙等廠每月三十元，丙等廠每月二十元。

(四)第二紡織廠等提：查各廠員役伙食原係按上月份職員生活指數計祘，惟以一月之間物價激漲，往往倍蓰，以致伙食費用時感不敷支配，擬請改按當月份職員生活指數計祘案。

奉總經理指示：可照辦，自本年二月份起實行。

(五)第一絹紡廠提：查每年春節停工三日，期內留廠員役午、晚餐均有添菜二色，本年應如何規定案。

奉總經理指示：總公司及各廠均以每桌每餐不超過十五萬元為限，按實際用膳人數列支。

(六)第五紡織廠提：近來工人每遇有所要求往往援引其他各廠已有成例為言，在未能查明事實以前每使廠方難於應付，應如何辦理案。

奉總經理指示：各廠如發生此類情事可提交本公司，工務處、勞委會會同派員至勞方所舉出之工廠調查，以明究竟。

第一〇〇次廠長會報記錄

卅七年二月十八日(1948年2月18日)

(甲)出席者：

束總經理	劉文騰	王君明	嵇秋成	黃雲騤
王毓傑	方玉卿	劉稻秋	董德乾	高公度
吳欣奇	邱　陵	吳德明	周典禮	秦德芳
陳賢凡	錢子超	蘇麟書	范本煃	王子宿
吳襄芸	錢健庵	黃季冕	魏亦九	吳永恆
傅銘九	李致一	許學昌	張昂千	陸紹雲
劉益遠	朱仙舫	朱洪健	張方佐	夏恩臨
嚴仲簡	龔滌凡	章兆植	吾葆真	章長卿
鄭彥之	顧鉅仁	唐偉章	駱仰止	蔡　謙
李向雲	李銘齋	陸芙塘	徐維謹	程潤生
錢世傑				

(乙)缺席者：王世勛

(丙)總經理指示：

(一)工房水電管理辦法應重行規定，力從節約並嚴格執行。

(二)東北分公司以業務緊縮，一部份人員須調入關內工作，各廠倘需增添人手，概儘東北撤退人員調配。

(三)余昨視察第十六紡織廠，發現第二機械廠所製O.M.B.式大牽伸尚有缺點，應即照指示改良。

(四)第十六紡織廠出品藍鷄細布品質較二蘇所出者為佳，而以牌子信譽低落售價不免吃虧，余意各廠出品牌子不宜龐雜，過去一廠出數種牌子及數廠製一種牌子均欠妥善，應由工務處、業務處會同研究改善，業務處對各廠出品進步情形尤應密切注意，以便將牌子信譽恢復，牌價亦淂以逐漸提高，至第十六廠所出細布可另標新牌以資識別。

(五)各廠對斬刀花多已設法利用，惟利用之方法應注意切勿將斬刀花所紡之紗織入牌子較好之布疋，致影響出品聲譽，最好紡一種二十支以下副牌紗支出售，可即由工務處研究後通知各廠照辦。

(六)業務處分配原棉尚未臻合理，棉花供應雖屬困難，惟各種棉花之配搭仍須適應各廠所需要，以免成品成色忽好忽劣致售價不能提高，因此損失甚鉅。茲為改進起見，決設立原棉分配小組專司其事，可由工務處、業務處擬定人選報核。

(七)各廠均已估價完竣，在估價以後一切機械、房屋之增置、修繕及損毀、撥出均應另立表冊，隨時登記，並每半年具報一次，以便將來售給民營時可以將增益部分加入另行估值。應由工務處及會計處會同擬定表式，通知本外埠有關各屬照辦。

(八)據報華孚行售與本公司之錠子油品質不佳，應予退貨。

(丁)討論事項：

(一)勞工福利委員會提：查上年十一月廿六日第八十九次廠長會報決定工人因病死亡，服務滿半年以上得一次給與喪葬費一百五十萬元，服務不滿半年者減半。茲以物價波動甚劇，為體恤工人起見，擬改為服務滿半年者核給一次喪葬費基數三十元乘上月份工人生活指數，服務不滿半年者減半核發，當否□請討論案。

奉總經理指示：照辦。

(二)第四紡織廠等提：現以物價日高，小票日少，每次發給工資時，凡不足壹萬元之尾數擬即派入下期工資內，俾資便利，當否□請討論案。

奉總經理指示：可通函各廠照辦。

第一〇一次廠長會報記錄

卅七年二月廿五日(1948年2月25日)

(甲)出席者：

束總經理	劉文騰	董德乾	黃季冕	嵇秋成
王毓傑	顧鉅仁	黃雲騤	陸紹雲	范本烇
秦德芳	張昂千	朱洪健	魏亦九	吳襄芸
高公度	劉稻秋	王子宿	傅銘九	李致一
吳德明	方玉卿	朱仙舫	蘇麟書	吳永恆
馬鴻萬	王君明	徐維謹	嚴仲簡	邱　陵
錢子超	錢健庵	陳賢凡	吾葆真	劉益遠
李銘齋	許學昌	吳欣奇	龔滌凡	張方佐
蔡　謙	陸芙塘	鄭彥之	駱仰止	李向雲
唐偉章	周典禮	章兆植	程潤生	夏恩臨
錢世傑				

(乙)缺席者： 王世勛

(丙)總經理指示：

(一)青島出品漿紗膏已有樣品運滬，可否用代牛油可由各廠試用具報。

(二)中央倉庫所存物料應盤查，不合用者予以出售，適於其廠應用者應即通知該廠領用。

(三)各廠積存下腳廢料應速標售，第三紡織廠所存木製織機及第十一廠所存製靴機件應請中信局敵產清理處速為售出，否則即由本公司代為處理。

第一〇二次廠長會報記錄

卅七年三月三日(1948年3月3日)

(甲)出席者：

束總經理	吳副總經理	劉文騰	陸紹雲	黃德乾
黃季冕	劉稻秋	秦德芳	范本烇	黃雲騤
嵇秋成	許學昌	劉益遠	張昂千	蔡　謙
朱洪健	傅銘九	邱　陵	吳德明	蘇麟書
方玉卿	吳永恆	王子宿	王毓傑	李致一
錢子超	顧鉅仁	李銘齋	吾葆真	龔滌凢
錢健庵	王世勛	戚海民	王君明	陳賢凢
馬鴻萬	李向雲	朱仙舫	周典禮	吳襄芸
高公度	吳欣奇	唐偉章	鄭彥之	駱仰止
夏恩臨	張方佐	陸芙塘	嚴仲簡	章兆植
程潤生	徐維謹	錢世傑		

(乙)缺席者： 無

(丙)總經理指示：

(一)各廠需用鋼絲針布現正洽購中，可望稍獲補充，各廠對換下之舊鋼絲針布務予保存入賬。

(二)各廠如有收到原棉品質不佳者，可檢樣送總公司俾查明係何處收進，飭其注意。

(三)斬刀花利用應訂定標準，以免和花率高低不一。

(四)第四紡織廠所紡十六支副牌品質尚佳，可供織公教人員布疋之用。

第一〇三次廠長會報記錄

三十七年三月十日(1948年3月10日)

(甲)出席者: 束總經理　劉文騰　吳襄芸　徐維謹　程潤生
吳德明　劉稻秋　王君明　張昂千　王毓傑
范本煃　吳永恆　方玉卿　吳欣奇　劉益遠
錢子超　陳賢八　嵇秋成　朱洪健　傅銘九
錢健庵　顧鉅仁　陸紹雲　戚海民　高公度
王子宿　蘇麟書　許學昌　秦德芳　李銘齋
黃雲騤　董德乾　龔滌凢　蔡　謙　嚴仲簡
張方佐　夏恩臨　邱　陵　黃季冕　駱仰止
王世勛　周典禮　陸芙塘　李致一　唐偉章
吾葆真　朱仙舫　章兆植　鄭彥之　李向雲
馬鴻萬　錢世傑

(乙)缺席者: 無

(丙)總經理指示：

(一)各廠用料超過標準者應予糾正，至原定標準如有過寬過嚴之處應寔地覆核後予以調整。

(二)接皮帶凢可用膠水之處應儘量採用膠水，勿用鈎子。

(三)第四毛紡織廠所製皮輥用白呢應撥各廠試用，以後仍應設法自製。

(四)本公司已自辦運輸，所有運往各廠煤斤如有磅餘磅虧，各廠均應於帳冊列明，以便攷核自辦運輸之成效。

(五)准中信局儲運處來函，以本公司第十四廠工人領米發生糾紛，請轉餘各廠以後勿再有同樣情事發生等語，希各廠注意。

(六)第三紡織廠擬請向日本訂製始再紡錠殼，余意應設法研究自製，茲第三機械廠既願承辦，可即交試製，一方面並應搜集舊錠殼加以修理。

(丁)勞工福利會報告：

工人所淂稅依照政府規定應予補徵，本年三月帶徵去年七、八兩月欠繳稅額，四月帶徵去年九、十兩月，依次類推，至本年六月帶徵本年一、二兩月欠繳稅額，舊逋完全清償時為止，請各廠查照本公司通函辦理。

(戊)討論事項：

第十七紡織廠提：勞工補習班每月經常費擬請改為規定基數按生活指數計祘以利工作案。
奉總經理指示：由勞委會調查寔際情形後擬訂呈核，惟各廠勞工補習班必須設於本廠，不淂借用外間房屋，又參加工人不足十五人者不淂設班。

第一〇四次廠長會報記錄

卅七年三月十七日(1948年3月17日)

(甲)出席者： 束總經理 劉文騰 嚴仲簡 吳德明 唐偉章
范本烇 錢子超 李銘齋 許學昌 劉稻秋
王毓傑 邱　陵 劉益遠 龔滌凡 方玉卿
蔡　謙 高公度 陸紹雲 董德乾 夏恩臨
吳襄芸 王子宿 蘇麟書 吳永恆 李致一
傅銘九 顧鉅仁 陳賢凡 嵇秋成 李向雲
戚海民 朱仙舫 錢健庵 朱洪健 秦德芳
吳欣奇 張昂千 章長卿 王君明 黃季冕
黃雲騤 鄭彥之 陸芙塘 王世勛 駱仰止
吾葆真 徐維謹 程潤生 章兆植 錢世傑

(乙)缺席者： 張方佐 周典禮

(丙)總經理指示：

(一)各廠紡紗支數應有合理規定，限工務處會同業務處擬定，本星期內呈核。

(二)原棉分配尚欠合理，原棉分配組限於本週內成立，以專責成。

(三)業務處所呈標準廠與比較廠攷核報告應油印分送有關單位參攷，又工務處攷核結果如何，應速編具報告呈閱。

(四)十二廠原棉進倉後撥到車間時不再過磅，每椿所懸登記卡品名欄內不註明等級、長度，又三廠、十一廠、十六廠國棉虧秤部份以美棉秤餘軋抵，均應注意改善。十二廠及各廠堆存腳花應速標售。

(五)一紡倉庫屋頂應於梅雨以前全部加以修理。

(六)各倉庫物料帳目尚有不完備欠準確者，會計處應注意糾正。

(七)原料推存方法以十六、十七廠為最佳，各廠應仿照辦理。

(八)第四毛紡廠花呢碼長有不足四十碼者，每碼重若干盎斯亦不一致，應注意改善。

(九)第六印染廠碼機不準確以致時有短碼情事，應速校正。

第一〇五次廠長會報記錄

卅七年三月廿四日(1948年3月24日)

(甲)出席者：束總經理　劉文騰　蔡　謙　吾葆真　顧鉅仁
王君明　劉稻秋　龔滌凢　黃季冕　吳襄芸
王世勛　范本烇　董德乾　戚海民　傅銘九
劉益遠　陳賢凢　顧策方　錢子超　錢健庵
嚴仲簡　周典禮　許學昌　朱洪健　邱　陵
方玉卿　吳德明　唐偉章　章長卿　李銘齋
李向雲　蘇麟書　高公度　吳永恆　黃雲騤
鄭彥之　嵇秋成　朱仙舫　李致一　陸芙塘
王子宿　秦德芳　張昂千　金煜章　駱仰止
程潤生　徐維謹　夏恩臨　錢世傑

(乙)缺席者：吳欣奇　張方佐　章兆植

(丙)總經理指示：

(一)各醫院收入藥費應隨時以之補充藥物，又各醫院可仿各廠衛生室例，躉購藥品一批，由秘書處與各醫院洽商辦理。

(二)上海各廠尚有未開錠機若干，應設法開齊，由工務處查明辦理。

(三)一號細紗頭可交由第十五紡織廠集中利用。

(四)第一製蔴廠第二、三機械廠二月份均虧本，應注意。

第一〇六次廠長會報記錄

卅七年三月三十一日(1948年3月31日)

(甲)出席者：	束總經理	劉文騰	秦德芳	李向雲	陸紹雲
	許學昌	邱　陵	金煜章	劉稻秋	朱仙舫
	嵇秋成	范本熣	黃雲騤	傅銘九	黃季冕
	王子宿	嚴仲簡	顧鉅仁	劉益遠	張昂千
	方玉卿	吳襄芸	周典禮	章長卿	王海安
	朱洪健	王君明	烏統昭	吾葆真	唐偉章
	李致一	董德乾	高公度	吳欣奇	吳永恆
	錢子超	李銘齋	戚海民	吳德明	錢健庵
	蔡　謙	夏恩臨	鄭彥之	龔滌凡	駱仰止
	陸芙塘	桂季桓	章兆植	程潤生	錢世傑

(乙)缺席者: 張方佐

(丙)總經理指示：

(一)工務處所擬各廠紡紗支數表應即油印分發各廠，如有意見可於下週三提會討論。

(二)余昨視察第十八廠，覺該廠機器太不完備，前後紡不能配合，機器排列亦欠佳，工務處應查各廠有無適當機器即予調撥該廠應用。

(三)本公司擬自造紗錠三萬枚，布機壹仟台，預定於明年年底前完成，關於製造技術方面，各同仁如有意見希儘量貢獻，各負責製造紗織機各機廠尤應時時與紡織工程師接觸，以期所製之紡機織機得臻完善。

(四)第一機械廠已製就之豐田式布機六台應從速裝排試用。

(丁)勞工福利委員會報告：

(一)民食調配委員會託售各廠工人用煤，希各廠於四月四日以前與該會洽辦。

(二)關於徵收工人所得稅以逐月扣繳當月份稅款不及趕辦，茲改為三月份扣二月份及去年七、八月份所淂稅，四月份扣三月份及去年九、十月份，五月份扣四月份及去年十一、十二月份，六月份扣五月份及本年一月份舊欠，扣清之後逐月徵扣上月份所淂稅。

第一〇七次廠長會報記錄

三十七年四月七日(1948年4月7日)

(甲)出席者：吳副總經理 劉文騰 傅銘九 陸紹雲 王君明
董德乾 劉稻秋 朱洪健 李銘齋 張昂千
黃雲騤 范本煃 吳襄芸 錢子超 蔡 謙
龔滌凢 顧鉅仁 王海安 烏統昭 秦德芳
吳欣奇 許學昌 王子宿 吳德明 章長卿
戚海民 朱仙舫 劉益遠 黃季冕 錢健庵
吾葆真 李致一 嚴仲簡 嵇秋成 方玉卿
吳永恆 金熤章 邱 陵 鄭彥之 李向雲
陸芙塘 駱仰止 唐偉章 夏恩臨 徐維謹
王世勛 程潤生 章兆植 周典禮 錢世傑

(乙)缺席者：張方佐 高公度

(丙)吳副總經理指示：

(一)本公司原棉供應時在恐慌狀態，現存棉品級雖不齊備，差幸免能維持，最近經多方接洽，外棉接濟可望稍趨充沛。

(二)聯合國遠東委員會為求國際間技術之交流起見，決由各會員國互派學生往他國實習，本公司為政府指定容納外人實習機構之一，茲擬以二十人為限，計棉紡織(包括印染)十二人，毛紡織四人，蔴紡二人，絹紡二人，俟正式決定後當再通知各廠(按已擔定人數為十名，分配上海第一、十二、十六、十七紡織廠，第一毛紡廠，第一印染廠，青島第一、二紡織廠，天津第一、二紡織廠均各一名呈部核示在案)。

(丁)第十七紡織廠報告：

茲以紡織廠各部門專門技術研究班織部準備組全體研究員行將來本廠

研究漿料等品，化驗他廠原料已為時間人力所不及，請各廠暫停檢送化驗品。

(戊)討論事項：

(一)勞工福利委員會提：工房水電管理辦法擬酌加修正以利實施，經召集各負責人商討擬定修正草案一份，可否之處請討論案。

討論結果：先交各廠主管工房水電人員研究，於下屆會報時提出討論。

(二)第十四紡織廠提：擬請購料會對於採購鋼珠培令牛油及棉紡廠使用最多之錠子油，特別注意其品質並規定黏度、耐溫度以及含酸、含水量之標準，每次購油須先經試驗合格，當否□請討論案。

奉吳副總經理指示：先將第二製蔴廠舊存好油檢樣送公司參攷，一方面由購料會即與德士古洽商擇優核配。

(三)第七紡織廠提：擬請提高自購機料費用、修繕費用及汽車修理費用以利生產案。

奉吳副總經理指示：自購機料費接甲等廠每日基數六百元，乙等廠每日基數四百伍拾元，丙等廠每日基數三百元，修繕費用按甲等廠每月基數六百元，乙等廠每月基數三百元，丙等廠每月基數一百五十元，汽車修理費每次基數六十元均乘上月份職員生活指數計祘，仍候總經理核定後實行。(經簽奉總經理批『提業務會報商討後再決定』)

(四)第十二紡織廠提：勞工補習班每月經費擬請規定基數改按生活指數計祘以利教育案。

奉吳副總經理指示：對於勞工之進修應規定獎勵辦法，補習班經費規定為每班每月十五元乘上月份職員生活指數計祘。

第一○八次廠長會報記錄(密件)

三十七年四月二十一日(1948年4月21日)

(甲)出席者：

東總經理	劉文騰	秦德芳	李向雲
陸紹雲	許學昌	邱　陵	金煜章
劉稻秋	朱仙舫	嵇秋成	范本煃
黃雲騤	傅銘九	黃季冕	王子宿
嚴仲簡	魏亦九	劉益遠	張昂千
方玉卿	吳襄芸	顧鉅仁	章長卿
王世勛	朱洪健	王君明	關德懋
吾葆真	唐偉章	李致一	董德乾
烏統昭	吳欣奇	吳永恆	錢子超
李銘齋	高公度	吳德明	錢健庵
蔡　謙	夏恩臨	鄭彥之	龔滌凡
駱仰止	陸芙塘	徐維謹	蘇麟書
朱衡石			

(乙)缺席者：張方佐

(丙)總經理指示：

(一)本公司各廠雖經政府決定出售百分之七十，而實際問題諸待研討，務望各同仁安心努力工作，方可博淂同情，各廠負責人必須督率同人照常努力工作，並應啟發同人自動研究之精神。

(二)據報各廠驗收人員仍間有留難情事，是否屬實，各廠負責人應注意攷察。不必完全假手於人，余以為本公司各處會及各廠負責人果能認真督率同人則此種現象定可避免。

(三)據原棉驗配會報告：

(甲)原棉混配已調整之廠為第一、十、十一、十二、十六、十七等六廠，調整後情形如何，請各廠隨時提供意見。

(乙)各廠倉存原棉與公司倉存原棉分級統計後參照目前各廠開錠支別，以20小時每錠最高生產量計标，再按長谷川氏擬訂各支和花成份所需各級原棉數量，發覺21支、23支、32支以及42支原料不足甚多。

(丙)按照各級原棉存數不能配合現在所紡各支錠

數之狀態下擬增紡20支以下之粗支紗約四萬錠，紡40支、42支約四萬錠。
決定：增紡20支以下粗支紗之廠及所增錠數如左：
第四廠增三〇〇〇錠
第五廠增六〇〇〇錠
第七廠增六〇〇〇錠
第八廠增六八〇〇錠
第十二廠增五〇〇〇錠
第十四廠增五〇〇〇錠
第十五廠增八〇〇〇錠
共　　計三九八〇〇錠

(丁)按照各級原棉存數宜稍加織時12P細布，減織普通十二磅細布。

(四)湘西煤品質太差，應由購料會向資委會迅速交涉，按照BTU高低作價計标。

(五)各廠產業公會慶祝本年五一勞動節費用由公司酌予補助，具標準決定如左：
甲：大型廠-- 補助壹仟萬元
乙：中型廠-- 補助八百萬元
丙：小型廠-- 補助六百萬元

(六)據第二廠提，逾期提貨單由代營處轉售後客戶名稱應與存廠副張同時重填以便對照一節，即由業務處照辦。

第一〇九次廠長會報記錄

卌七年四月廿八日(1948年4月28日)

(甲)出席者：	吳副總經理	王君明	秦德芳	戚海民	黃雲騤
	劉益遠	錢子超	范本烇	高公度	方玉卿
	邱　陵	金煜章	吳永恆	李銘齋	顧鉅仁
	傅銘九	陸紹雲	嵇秋成	唐偉章	蘇麟書
	許學昌	王子宿	劉稻秋	李致一	陸芙塘
	朱洪健	嚴仲簡	張昂千	黃季冕	章長卿
	徐維謹	錢健庵	鳥統昭	李向雲	吳欣奇
	蔡　謙	吳德明	鄭彥之	朱仙舫	夏恩臨
	王世勛	龔滌凡	駱仰止	程潤生	章兆植
	周典禮	董德乾	錢世傑		

(乙)缺席者: 劉文勝　張方佐　吾葆真　吳襄芸

(丙)吳副總經理報告：

(一)現以陝局緊張，川陝路斷，陝棉外運困難，原料供應問題愈趨嚴重，本公司存陝待運原棉約四千噸，現正積極設法疏運中。其他鄭州存棉已告搶運完成，鄂東及蘇北時在緊張狀態中，隨購隨運數量不多。外棉接濟尚有枝節困難，正逐步尋求解決。

(二)昨與美駐日紡織顧問泰脫視察第四、第十七紡織廠，渠對第四廠機器年齡甚老而能保全妥善，以及第十七廠設備之完美均有好評，至美對日本紡織業之政策據告現以動力原料機件等之缺乏實開二百萬錠。盟軍最高當局規定可開四百萬錠，約一九四九年底前可開足。去年日本出口紡織品佔全部生產額百分之八十，今年擬減至只佔百分之七十，明年仍需繼續減低，以提高日人之生活水準。然事實上紡錠數字增加，出口紡織品亦逐年□增，其銷售區域仍不外南洋一帶，美元集團國家範圍內難以問津，此殊堪吾人警惕者也。

(丁)討論事項：

第七紡織廠提：查本公司各廠自購機料等費自於本年一月廿一日調整迄今已逾三月，物價激漲倍蓰，原規定標準不敷甚鉅，擬請迅予調整以利工作而維保全案。

奉吳副總經理指示：俟本週業務會報商討獲有結果通函各廠。(完)

第一一〇次廠長會報記錄(密件)

卅七年五月五日(1948年5月5日)

(甲)出席者：

吳副總經理	顧鉅仁	許學昌	吳襄芸	吳永恆
嵇秋成	范本烇	方玉卿	邱　陵	金煜章
吳欣奇	吳德明	吾葆真	唐偉章	傅銘九
嚴仲簡	張昂千	劉稻秋	喻會孝	高公度
錢子超	張一枝	王子宿	朱洪健	王君明
秦德芳	蘇麟書	顧策方	烏統昭	戚海民
李銘齋	龔滌凡	錢健庵	李向雲	章長卿
夏恩臨	李致一	徐維謹	王世勛	駱仰止
劉益遠	鄭彥之	陸芙塘	周典禮	黃季冕
蔡　謙	程潤生	章兆植	董德乾	錢世傑

(乙)缺席者：劉文騰　張方佐

(丙)吳副總經理指示：

(一)經濟部委託中央大學師範學院與本公司合作調查職工教育概況，已有表格分送各廠，希各廠從速查填迳送本公司總工程師室。

(二)工務處向美孚所取較優之牛油樣品，既較合用，應由購料會從速申請購買。

(丁)討論事項：

勞工福利委員會提：查工房水電管理修正辦法草案前經油印分送各廠研究實行有無困難，玆各廠對此並無異議，可否即付實施之處，請討論案。

討論結果：通函各廠即予實施。

第一一一次廠長會報記錄

卅七年五月十九日(1948年5月19日)

(甲)出席者：	吳副總經理	劉文騰	黃季冕	吳欣奇	黃雲騤
	吳襄芸	傅銘九	王君明	顧鉅仁	朱仙舫
	陸紹雲	秦德芳	許學昌	劉稻秋	李致一
	徐維謹	陸芙塘	王子宿	戚海民	錢子超
	蔡　謙	高公度	錢健庵	李向雲	董德乾
	范本煃	劉益遠	李銘齋	龔滌凡	張昂千
	朱洪健	烏統昭	章長卿	周典禮	蘇麟書
	方玉卿	吳永恆	金煜章	吳德明	嚴仲簡
	嵇秋成	駱仰止	唐偉章	邱　陵	夏恩臨
	鄭彥之	吾葆真	章兆植	程潤生	錢世傑

(乙)缺席者： 張方佐　王世勛

(丙)吳副總經理指示：

(一)原棉驗配工作以倉庫原棉分級不清及原棉品類缺乏辦理尚未達理想，各廠如有意見請儘量提供。

(二)以下腳向日本交換紡織機器零件希望不大，下腳廢料處理會應加緊出售，可利用之下腳應儘量利用。

(丁)討論事項：

第一紡織廠提：本廠因電力供應關係上工放工時間未隨夏令時間而提早，現日班九時半上工，夜班十一時上工，似欠合理，倘電力公司對電力供應無法改變，可否改為日班□□小時，夜班九小時□請討論案。

奉吳副總經理指示：由機電室勞委會分別與電力公司及六區公會洽辦。　(完)

第一一二次廠長會報記錄(密件)

卅七年五月廿六日(1948年5月26日)

(甲)出席者：束總經理 吳副總經理 劉文騰 王子宿 傅銘九
吳襄芸 黃雲騤 戚海民 嵇秋成 吳德明
邱　陵 金煜章 吳永恆 范本煃 陸芙塘
朱洪健 唐偉章 嚴仲簡 劉稻秋 王世勛
顧鉅仁 吾葆真 董德乾 鄭彥之 錢子超
蔡　謙 方玉卿 高公度 鳥統昭 許學昌
黃季冕 朱仙舫 李向雲 李銘齋 章長卿
錢健庵 張昂千 龔滌凡 秦德芳 陸紹雲
蘇麟書 吳欣奇 王君明 夏恩臨 劉益遠
駱仰止 程潤生 章兆植 周典禮 徐維謹
錢世傑

(乙)缺席者：張方佐 李致一

(丙)討論事項：

(一)業務處提：奉部令准外交部轉駐馬尼剌總領事館呈報，當地中國紡織品□場業已萎縮，其原因由於：(甲)品質不及美貨而價格高於日貨(乙)時有缺碼。仰知照等因，提請注意缺碼情事案。

奉吳副總經理指示：各廠及各分公司對布疋缺碼情事務須注意避免，惟查菲島國貨聯營公司對吾國紡織品尚稱滿意，其缺點為：(甲)要什麼貨不能隨時供應(乙)外匯政策不合理引起走私猖獗，依法外銷者反而吃虧(丙)過去日紡織品運銷南洋先貨後款，現在貨款先付訖而以運輸等關係，尚不能即時出口。

(二)第八紡織廠提：查原棉進棧分級係照商場習慣，較之技術上分級差等為簡，以致原棉日報無法吻合，又驗收結果發生差異須經原棉驗配會復驗，頗須時日，應如何補救以免表報困難案。
奉吳副總經理指示：倉庫存棉只能照商業分級，調撥時驗有差異應將調撥單改正，復驗結果必須通知原料課，和花時仍須臨時復驗。

第一一三次廠長會報記錄

三十七年六月二日(1948年6月2日)

(甲)出席者：

吳副總經理	劉文騰	許學昌	吳襄芸
吳永恆	嵇秋成	范本烇	方玉卿
邱　陵	金煜章	吳欣奇	吳德明
吾葆真	唐偉章	傅銘九	嚴仲簡
張昂千	劉稻秋	陸紹雲	高公度
錢子超	顧鉅仁	王子宿	朱洪健
王君明	秦德芳	蘇麟書	黃雲騤
烏統昭	戚海民	李銘齋	龔滌凡
錢健庵	李向雲	章長卿	夏恩臨
李致一	徐維謹	王世勛	駱仰止
劉益遠	鄭彥之	陸芙塘	周典禮
黃季冕	章兆植	蔡　謙	董德乾
程潤生	張方佐		

(乙)缺席者：朱仙舫

(丙)吳副總經理指示：

(一)束總經理今日視察各廠，以天氣炎熱，機器間內溫度甚高，對職工工作困難甚表同情，擬加改善以維職工健康，增加工作效能。經召開總公司臨時業務會報商討，擬就各廠盈餘酌量提存，供各該廠作必須改進設備之需(如冷氣、通風添配、改良等)。

至提撥辦法，若一月一結盈餘為事寔所不可能，或按每件紗布作價定盈餘，俟年終再行扣還，刻正在研究中，各廠應急其所急，就下列範圍預為計劃：

(甲)機器保全必需設備

(乙)職工保健設備

(丙)增加生產之擴充設備

上列各項有賴於機械之協助者寔多，而國產零件難媲美舶來，應先從本公司各機械廠着手改良，購料會與各機械廠須密切聯繫，務使材料正確，工作精密，以臻完善。

(二)此次外匯政策之轉變，管制精神已放棄，僅餘手續之規定，外匯證明書可售差額，故進出口之利益相若，及於本公司之影響甚微，將來進出口貿易政策如有變更，則其影響當較大。

(三)國防部對本公司所撥軍用紗布欠款近已收回一部份，其餘仍在洽請撥付中。

(四)前次所用行總棉花早經紡成棉紗供應軍需，民用嗣囑以紗還棉，本公司以吃虧太鉅經一再交涉，迄至昨日除軍用紗外其他大致解決。

(五)駁運隊成立後成績尚稱滿意，仍盼各廠予以協助。

(六)原棉驗配會工作如何，希各廠予以批評或貢獻意見。

(丁)討論事項：

(一)第一絹紡廠等提：端節將屆，各廠對當地軍警機關例須稍致慰勞費，請規定標準案。

奉吳副總經理指示：以甲等廠不超過五千萬元，乙等廠不超過四千萬，丙等廠不超過三千萬元為限。

第一一四次廠長會報記錄

三十七年六月十六日(1948年6月16日)

(甲)出席者： 束總經理　劉文騰　黃雲騤　傅銘九　王君明
劉稻秋　范本烇　朱仙舫　李致一　陳賢凡
蘇麟書　李銘齋　高公度　張方佐　闞德明
秦德芳　吳欣奇　嵇秋成　錢健庵　方玉卿
吳永恆　邱　陵　金熀章　張昂千　戚海民
顧鉅仁　劉益遠　王子宿　錢子超　鄭彥之
章長卿　許學昌　吾葆真　嚴仲簡　陸芙塘
駱仰止　黃季冕　朱洪健　唐偉章　陸紹雲
李向雲　蔡　謙　龔滌凡　徐維謹　王世勛
程潤生　章兆植　夏恩臨　錢世傑

(乙)缺席者： 吳襄芸　董德乾　周典禮

(丙)總經理指示：

(一)皮輥用白呢應由毛紡室從速設法自製，余意我人應有不憚失敗積極研究之精神技術方有進步，否則此項白呢只能永遠仰給外洋，決無自給之望，希毛紡室努力進行為要。

(二)經查各廠紗錠生產效率尚佳，惟布機生產效能只有80%強，工務處應注意改善。

(三)日員長谷川近常隨同本人視察各廠，彼對廠房溫濕度標準異常注意，而一部份工廠確有對此點未能注意者，應從速改善，必要時并可開班加以訓練。

(四)第十八廠效率太低，出數太差，應特別注意改善。

(五)據漢口辦事處電呈，運漢四君子元府綢開箱點驗發現缺少，其情況不似中途走漏，究竟情形如何第一印染廠應即審查具報，對包裝部分尤應注意。

(六)各廠就成本內提存準備作改進設備之需應從速擬定辦法，務於六月份內寔行，紗暫可按每20支一件提二十元，布按每疋提四角，各乘當月份職員生活指數，至絹、呢、絨、印染、機械等項之提存標準亦應從速擬定基數，以憑辦理。

(丁)討論事項：

(一)第七紡織廠提：本廠倉存下腳過多，倉庫有告滿之患，其堆置露天者尤易損耗，請迅賜處理案。

奉總經理指示：下腳出口問題短期內既難望解決，應即行標售，又得標者應限期出貨，并訂定切寔可行之罰則，以資限制。

(二)第十紡織廠等提：請增設滬東、滬西中學各一所俾便員工子弟升學案。

奉總經理指示：目前無此經費，將來如辦中學似亦以先辦職業學校為宜，所請暫後緩議。

第一一五次廠長會報記錄

卅七年六月廿三日(1948年6月23日)

(甲)出席者：	束總經理	劉文騰	秦德芳	吳德明
	黃季冕	鄭彥之	王君明	黃雲騤
	范本煃	劉稻秋	王子宿	傅銘九
	顧鉅仁	高公度	陳賢凡	嚴仲簡
	吳襄芸	吳永恆	錢健庵	邱　陵
	金熤章	戚海民	方玉卿	蘇麟書
	章兆植	嵇秋成	李銘齋	張昂千
	周典禮	陸芙塘	張方佐	陸紹雲
	劉益遠	許學昌	駱仰止	夏恩臨
	董德乾	蔡　謙	龔滌凡	吳欣奇
	錢子超	章長卿	吾葆真	朱洪健
	唐偉章	朱仙舫	徐維謹	王世勛
	程潤生	錢世傑		

(乙)缺席者： 李向雲　李致一

(丙)總經理指示：

(一)嗣後購料會訂購大量機器，應與工務處聯繫，由工務處時時派人前往監工考察其工作進度及製品是否合格，並予以檢驗，以免事後發生問題難於補救。如該項機器係各廠交製者并應通知廠方派人監工。

(二)目前原料困難亟須籌謀對策，正與六區公會及有關機關洽辦中。

第一一六次廠長會報記錄

三十七年六月三十日(1948年6月30日)

(甲)出席者： 束總經理 吳副總經理 劉文騰 黃雲騤 顧鉅仁 周典禮 傅銘九 方玉卿 許學昌 范本烇 劉稻秋 鄭彥之 吳襄芸 陳賢凡 王子宿 朱洪健 邱 陵 章長卿 張昂千 董德乾 金煜章 吳永恆 嚴仲簡 錢子超 李銘齋 吳欣奇 陸芙塘 錢健庵 李致一 吾葆真 唐偉章 劉益遠 龔滌凡 蘇麟書 戚海民 張方佐 陸紹雲 嵇秋成 駱仰止 朱仙舫 李向雲 王君明 章兆植 程潤生 徐維謹 王世勛 錢世傑

(乙)缺席者： 無

(丙)總經理指示：

(一)技術研究會應予撤銷。

(二)第二印染廠運京布疋發生缺少，而箱子仍屬完整，殊屬可疑，嗣後各廠對裝箱務應嚴密監視，并應妥籌防範。

(三)運青津棉花之作價辦法應重行規定以免作價過低發生虛盈寔虧，由業務處、會計處會擬辦法呈核。

(四)各校學生前來寔習，應由總公司統籌分發各廠。

(五)查美援項下有專款美金一筆供國民營紡織事業添置設備之用，應由購料會、工務處速將本公司急需之機物料列表呈核以憑辦理。

(丁)工務處報告：

(一)紗管會送各廠填報之開工情形調查表希各廠從速填妥送總公司彙轉。

(二)各廠送化驗室檢驗之樣品務須密封以明責任。

(三)印染廠坯布不足，有停工之虞，希各廠從速供應。

(戊)討論事項：

(一)第十四紡織廠提：邇來物價暴漲，原定各廠自購機料等費不敷用，擬請酌予增加案。

奉總經理指示：自購料費准予增加為：甲等廠

每月六十四億元，乙等廠每月四十八億元，丙等廠每月卅二億元，機械廠增為每月一百億元，原規定每批限額壹億元，茲增為兩億元，機械廠原規定每批限額兩億元，茲增為五億元，同一機料每月限購次數仍為三次，惟機械廠增為五次，其餘一切均照原規定辦理。又房屋修繕費及汽車修理費均照原規定全額增加一倍，以上統自七月一日起寔行。

第一一七次廠長會報記錄

卅七年七月十四日(1948年7月14日)

(甲)出席者： 束總經理 吳副總經理 劉文騰 王子宿 嵇秋成

戚海民 嚴仲簡 邱　陵 黃季冕 范本煃

王君明 朱洪健 顧鉅仁 吳永恆 方玉卿

金煜章 錢子超 高公度 劉稻秋 周典禮

黃雲騤 吳德明 張昂千 章長卿 吳欣奇

吾葆真 秦德芳 蘇麟書 龔滌凡 吳襄芸

劉益遠 李致一 李向雲 鄭彥之 徐維謹

許學昌 傅銘九 錢健庵 陸紹雲 唐偉章

夏恩臨 蔡　謙 張方佐 陳賢凡 朱仙舫

李銘齋 陸芙塘 程潤生 章兆植 錢世傑

(乙)缺席者： 駱仰止 王世勛 董德乾

(丙)總經理指示：

(一)查本公司為提高技術人員水準時常舉辦各種訓練班，而各廠技術人員名額限於經管標準，調訓時恆恐影響日常工作有無法指派之困難，此次技訓經畢業生及昇格機目分發各廠後員額稍有增加，應於經管標準內改訂為正式技術人員若干名，預備名額若干名，以後如遇技術人員調訓時所遺日常工作自可不致停頓。又畢業學生缺少實際工作經驗而機目出身者則缺乏理論之認識，均應於實際工作中隨時因材施教，使機目出身者(不論文字之程度如何)淂有理論之瞭解，訓練畢業者均能動手實做。應由工務處擬定辦法實施。

(二)事務人員應絕對不淂超過經管標準，又事務範圍包括至廣，分別加以訓練。可由秘書處會同有關處室會研究訓練辦法呈核。

(三)各廠零頭布須注意整理，尤以第一印染廠規模最大，零布產量最多，整理成包，尤應由高級職員切實負責監督辦理。

(四)業務處應將承製軍布以布易紗，以紗易棉之條件速予擬妥，并與有關方面交涉具報。

(丁)報告事項：

(一)工務處報告：前以各印染廠坯布缺乏，經規定各廠改織染坯布機台數分別通知照改在案，如各廠均按規定改齊每日夜可產線嗶嘰直貢呢6800疋，又紗嗶嘰紗直貢3548疋，染坯困難問題大致可解決，惟各廠尚多未能照改者，務請從速改織。

(二)購料委員會報告：近日紡織廠對送貨簽蓋四單仍稍有耽擱，嗣後務請對本會臨時送貨單隨到隨予蓋章擲回因貨款並不付清，如有不符仍可追補或扣𥙷也。

(戊)討論事項：

(一)第一紡織廠等提：查各廠自購機料等費原規定分甲、乙、丙三等支給，惟工廠規模各不相同，均是甲等廠錠數獨尚懸殊，機器新舊更不齊一，而各廠自購機料費相等，以致工廠範圍愈大費用愈絀，擬請將自購機料等費就每一廠錠數等之多寡斟酌，其新舊程度分別訂定基數，俾符實際，又各廠附有發電所者并請將發電所自購機料費規定基數一併列入案。

奉總經理指示：可照辦。即由工務處購料會稽核處按各廠範圍分別擬訂，在新辦法未規定前應仍維原狀。

(二)購料委員會提：現市上滑石粉甚為缺乏，擬請工務處研究補救案。

奉總經理指示：由工務處召集有漿紗經驗人員及日籍人員研究有無代用品可用，購料會仍應就市儘量採購。

(三)第一絹紡廠等提：查近來物價飛漲，尤以食物類為甚，原現定員工伙食費按職員十五元，工役十一元乘當月份職員生活指數計𥙷，不敷甚鉅，擬懇予以調整，或仍恢復以食米八斗計𥙷辦法案。

奉總經理指示：暫准照原辦法將基數酌增三分之一左右，即職員伙食費基數為國幣弍拾元，工役伙食費基數為國幣拾五元，乘當月份職員生活指數，自七月份起實行。

(四)第十九紡織廠提：工人生活指數現改為每半個月發表一次，此後工資發給補給指數辦法應如何規定案。

奉總經理指示：候勞委會與有關方面洽妥一致辦法後再通函各廠。

第一一八次廠長會報記錄

三十七年七月廿一日(1948年7月21日)

(甲)出席者：

吳副總經理	劉文騰	秦德芳	傅銘九	錢子超
黃季冕	王子宿	范本烇	喻會孝	吾葆真
高公度	劉益遠	戚海民	周典禮	嚴仲簡
吳襄芸	陳賢凡	吳永恆	方玉卿	金熤章
李致一	章長卿	鄭彥之	董德乾	邱　陵
顧鉅仁	嵇秋成	陸紹雲	朱洪健	蘇麟書
錢健庵	吳德明	龔滌凡	陸芙塘	夏恩臨
黃雲騤	蔡　謙	唐偉章	李銘齋	王君明
張昂千	張方佐	高越天	徐維謹	程潤生
王世勛	吳欣奇	李向雲	錢世傑	

(乙)缺席者：駱仰止　許學昌

(丙)吳副總經理指示：

(一)核閱工務處所擬增開布機計劃表，各廠可擴充之布機尚多，計：

甲：第十一廠有210台在裝排中，已開者可速加開夜班，未開者應設法於兩個月內開齊存棧，布機144台可撥十七廠。

乙：第十二廠尚有帆布61台未開夜班，帆布現甚需要，應即開夜班。

丙：第十四廠尚有180台因無地點未裝，應速騰空房屋於三個月內裝齊，所缺地軸由工務處設法調撥。

丁：第十七廠尚有400台因缺紆管電線未開，問題並不困難，購料委員會應設法尅日予以解決。

戊：第十八廠尚有織氈機17台未開，應即加開，如原料有問題應即設法調撥。

已：第十九廠有397台未開夜班者，347台應於二個月內開齊。

庚：第二製蔴廠排裝未開者490台，所缺零件購料會應速為購辦。

(丁)討論事項：

稽核處提：各廠收到總公司代購機機物料後請將黃單子從速蓋章送回案。

討論結果：以有檢驗等項手續或廠家所送之貨品質不符等問題，各廠當儘速將黃單子蓋章送回，如貨品有問題當隨時與購料會洽商。

第一一九次廠長會報記錄

三十七年七月二十八日(1948年7月28日)

(甲)出席者：束總經理　劉文騰　陳賢九　戚海民　喻會孝
黃季冕　范本煃　吳欣奇　方玉卿　王君明
吳德明　張長卿　李致一　秦德芳　顧鉅仁
金熤章　李銘齋　吳襄芸　龔滌凡　吾葆真
鄭彥之　嵇秋成　蘇麟書　李向雲　朱洪健
蔡　謙　王子宿　邱　陵　周典禮　許學昌
陸紹雲　傅銘九　嚴仲簡　錢健庵　張昂千
劉益遠　吳永恆　夏恩臨　錢子超　高公度
唐偉章　張方佐　陸芙塘　黃雲騤　徐維謹
王世勛　程潤生　章兆植　錢世傑

(乙)缺席者：駱仰止　劉稻秋　董德乾

(丙)總經理指示：

(一)據紗管會本年二、三、四、五月份棉紗檢驗記錄，本公司出品紗質甚少進步，且有數廠反形退步，應注意改善。

(二)據日籍人員長谷川撰繕對本公司之批評一書所列意見甚有見地，即油印分發各廠以資改錯。

討論結果：同意。

(三)各分公司棉紗試驗情形既逐月向總公司報告，應檢送本人核閱。

(四)關於成本提成充作增進設備用途，應規定採購物品範圍，凡與擴充或改善設備無關之用途不淂動用此項專款，各廠擬購何項物品應先報總公司核准，由工務處、購料會、會計處、稽核處速會擬詳細辦法呈核。

(五)關於購料會對外訂製大批機物料應通知工務處派員隨時前往監工，其各廠託訂者應通知訂貨廠派員前往監工，以免交貨衍期及不符標準之弊一節應即切寔施行。

(六)過去購料因防商人得款後背信，是以向係採用繳貨付款辦法，惟近來物價波動日烈，商人談妥價格以後物價變動便不繳貨，責令履行諾言反無法律上之根據，以後購料會對購貨預付定金與否應斟酌市情及對方信用，機動辦理，以免商人施其狡展之技。又大批專門性之機物料國內廠商對製造技術尚無把握者應特約工廠保證其合法利潤，以鼓勵其研究製造，至本公司機械廠之出品既不必因顧慮成本而粗製濫造，尤應力求符合標準。

(七)燃管會有撤銷之說，在政府燃料管制政策轉變之過程中不免發生青黃不按時期，購料會及機電室應早為綢繆，務使煤斤供應銜接，各廠用煤亦應儘量節省。

(八)有日籍人員各廠對所有日員何人擬予留用，何人已無需要，又其本人之志趣如何，願否繼續服務在華，眷屬若干人，應即列表報總公司憑核。

(丁)報告事項：

工務處報告：審計處為調查本公司預祘，須調查各廠寔際員工、警役人數，已函請各廠填報在案，希從速造報，又人數如有超過或不足經營標準，均請將原因註明。

(戊)討論事項：

第十九紡織廠提：查過去發放工人工資原有萬元以下之數不發，轉入下期計祘之規定。茲以生活指數增高，為發放工資迅捷計，擬請拾萬元以下之數不發，轉入下期計祘案。

奉總經理指示：可照辦。

第一二〇次廠長會報記錄

三十七年八月四日(1948年8月4日)

(甲)出席者：吳副總經理　劉文騰　夏恩臨　顧鉅仁　吳襄芸
傅銘九　秦德芳　吳德明　嚴仲簡　錢子超
王子宿　朱洪健　戚海民　范本烇　王君明
吳欣奇　嵇秋成　張昂千　李銘齋　金煜章
方玉卿　邱　陵　唐偉章　黃雲騤　吾葆真
陸紹雲　吳永恆　李致一　陳賢凢　龔滌凢
喻會孝　章長卿　周典禮　陸芙塘　錢健庵
蘇麟書　黃季冕　高公度　張方佐　劉益遠
劉稻秋　張應元　程潤生　董德乾　徐維謹
王世勛　鄭彥之　蔡　謙　錢世傑

(乙)缺席者：駱仰止　許學昌　李向雲

(丙)吳副總經理指示：

(一)坯布甚為缺乏，各廠增開布機應照預定進度如期完成，所須添配機物料應由購料會從速購辦。

(二)原煤供應困難，購委會機電室應妥籌解決。

(三)到滬美援棉花連已裝船，即將到埠者已達二十萬包，將來大致照錠子平均分配，內地紗廠亦可領配。美方要求條件：A：紡出之紗須合規格 B：以半數內銷半數外銷 C：不能以之轉售，必須紡紗，因此內地紗廠以之與本公司交換棉花尚待再行洽商，至美援棉所紡之紗將設立聯營機構處理之，外銷部份由紡建主持，而以民營廠代表一人為副，內銷部份由民營方面主持，而以紡建代表一人為副。至國棉收花季節亦瞬將屆臨，本年湖南濱湖水災，湖北鐘祥一帶決堤，棉產損失，江浙區產量雖增加，但細絨品種不多，現農林部正擬與本公司合組原棉加工機構，於各產區分別設置鋸齒軋花機，以利收軋而輕成本。現在天津分公司已以缺棉減工五成，青島存棉亦極恐慌，前預訂撥供津青美援棉花各兩萬包，月底運到後困難始可解決。

(四)本公司購存香港羊毛一五〇萬磅，已蒙行政院特准進口，毛紡廠原料問題可望稍紓困境。

(五)吾國自製紗錠三萬枚現正着手進行，聞中機公司製造織機成績頗優，本公司各機械廠應注意競爭。

(丁)討論事項：

(一)工務處提：本處鑒於各廠棉布品質不能經常維持固定水準，為求觀摩研究起見擬成立織物評審會檢，附辦法草案提請討論案。

奉吳副總經理就討論意見歸納指示：(一)可分設棉紗、棉布、印染、毛紡織四評審組，每組每月評審一次。(二)每一評分項目須先定一標準，樣品評分庶有依據。(三)評審員除各出品廠負責工程師外，業務方面專門人員亦有人參加。(四)應將辦法修正並擬定各項評審表格分發各廠備用。

(二)工務處提：本公司為求協助各廠改善保全工作，增進運轉效能，並解決特種問題起見，特組織棉紡織技術促進組檢同組織規定提請討論案。

討論結果：同意。

第一二一次廠長會報記錄

三十七年八月十一日(1948年8月11日)

(甲)出席者：束總經理　劉文騰　王子宿　李向雲　王君明
范本煃　黃季冕　嵇秋成　傅銘九　朱仙舫
許學昌　周典禮　鄭彥之　劉稻秋　吳欣奇
李銘齋　陳賢九　荊公壽　李致一　戚海民
高公度　吳襄芸　蔡　謙　顧鉅仁　吳德明
陸紹雲　龔滌九　嚴仲簡　蘇麟書　朱洪健
方玉卿　金煜章　吳永恆　吾葆真　張昂千
黃雲騤　章長卿　陸芙塘　夏恩臨　邱　陵
秦德芳　唐偉章　錢子超　章兆植　徐維謹
王世勛　徐占三　董德乾　程潤生　錢世傑

(乙)缺席者：張方佐　劉益遠

(丙)總經理指示：

(一)拠報一紡織廠送至機械廠之樣子每為用舊者，角度尺寸已與原製不符，难資依據一節，嗣後各紡織廠配件悉應繪製圖樣請製時作為根拠，如紡織廠不能自購繪圖樣，可由機械廠代繪後會同紡織廠比照寔樣，核對無訛各在圖樣上蓋章，並將配件寔樣封存以便日後核對而明責任。

(二)布機配件頗多不合標準，應加改善。又紗機中如羅拉鋼喉之類需要甚繁，工務處購料會應即洽籌預為大量製造。

(三)大路貨之五金用品例如洋元里铁管之類，又其他可以大量採購之物料，購料會應蔓批購貯。

(四)各廠以後申請購料除填申請單送購料會外，應多複寫一份迳送稽核處以憑查對，而杜稽延。如有久請尚未購到，而未將理由復知請購廠者，廠方亦應催詢。

(五)本公司各項章則時有增修廢止，章則彙編應加整理。

(六)六底盤存結果稽核處應隨時逐案具報，不必俟全部彙齊後再送核。

(七)向外界工廠訂製大批機器或機料應由購料會通知工務處派員前往監工，其由各廠託訂者并應通知該廠派員監工以杜工廠取巧偷工減料或延不交貨等情事。前經

指示有案，務必切寔執行。

(八)本公司出品紗布牌子不同，售價頗有上下，茲經成立評審會訂定標準，以資比較而利改善，如其兩種牌子品質相等而售價互異，則其咎不在技術、業務處，應即於營運上設法提高該牌之信譽，使售價躋於公允。

(丁)討論事項：

(一)第十四紡織廠等提：奉頒自購機料費限額以基數過低寔感不敷應用，僅打包材料一項需款已近限額，擬請予以補救案。

奉總經理指示：基數可予酌增，打包材料費准予另撥備用金，由工務處、購料會、稽核處重行擬定呈核。

(二)第十二紡織廠等提：查各廠庶務周轉金原規定限額為壹仟六百萬元，茲以物價日漲不敷週轉，請酌增案。

奉總經理指示：增為甲等廠弍億元，乙等廠壹億五千萬元，丙等廠壹億元。

第一二二次廠長會報記錄

卅七年八月十八日(1948年8月18日)

(甲)出席者： 束總經理　劉文騰　黃季冕　王君明　邱　陵
方玉卿　喻會孝　吳永恆　黃雲騤　王子宿
顧鉅仁　劉稻秋　范本煃　荊公壽　傅銘九
吳德明　朱洪健　高公度　金煜章　許學昌
李銘齋　蘇麟書　陳賢凡　徐維謹　劉益遠
吳襄芸　戚海民　吾葆真　嚴仲簡　吳欣奇
李致一　王世勛　秦德芳　陸紹雲　嵇秋成
李向雲　周典禮　夏恩臨　鄭彥之　張昂千
蔡　謙　錢子超　章長卿　陸芙塘　張方佐
唐偉章　章兆植　董德乾　程潤生　龔滌凡

(乙)缺席者： 無

(丙)總經理指示：

(一)坯布送達印染廠時應至少以十分之一加以丈量，如有短碼應即通知出品廠予以扣款轉帳。

(二)各廠添配重要機物料應檢同藍圖請購，否則不予辦理。

(三)現以原棉缺乏，自本週起應即停開廠禮拜夜工。

(四)督導團應加緊工作，隨查隨送報告書，如發現各廠措施有欠善之處，應立即派員前往糾正。

第一二三次廠長會報記錄

卅七年八月廿五日(1948年8月25日)

(甲)出席者： 束總經理　劉文騰　夏恩臨　高公度　范本烇
喻會孝　黃雲騤　陸芙塘　王君明　劉稻秋
錢子超　陳賢凡　章長卿　黃季冕　嵇秋成
秦德芳　王子宿　李致一　龔滌凡　戚海民
張昂千　許學昌　劉益遠　方玉卿　李銘齋
吳襄芸　金煜章　荊公壽　傅銘九　吳欣奇
邱　陵　吾葆真　吳德明　朱洪健　李向雲
蔡　謙　徐維謹　王世勛　陸紹雲　蘇麟書
周典禮　吳永恆　顧鉅仁　唐偉章　嚴仲簡
鄭彥之　章兆植　程潤生　董德乾　錢世傑

(乙)缺席者： 張方佐

(丙)總經理指示：

(一)外銷布之坯布其長濶度應如何規定一節，應由工務處決定辦法具報，并可諮詢澤井之意見。

(二)本公司各牌紗布必須能源源供應市面，如一種牌子時常斷貨必致影響信譽，又兩廠同織一種牌子紗布如品質不能一致尤是減低售價，應指定一廠專責檢驗。

(三)保全工於廠禮拜日以不做工為原則，如以不加班即將影響明日之工作時，則報經總公司核准後渀做禮拜工，惟不渀超過全部長日工人數四分之一。

第一二四次廠長會報記錄

卅七年九月一日(1948年9月1日)

(甲)出席者： 束總經理 劉文騰 吳德明 朱仙舫 傅銘九
黃季冕 劉稻秋 吳欣奇 朱洪健 范本煃
黃雲騤 劉益遠 吳永恆 章長卿 嚴仲簡
李向雲 張昂千 方玉卿 章兆植 許學昌
李致一 蔡 謙 吾葆真 嵇秋成 戚海民
吳襄芸 唐偉章 王君明 高公度 荊公壽
金熤章 王子宿 王世勛 秦德芳 邱 陵
夏恩臨 周典禮 龔滌凡 顧鉅仁 蘇麟書
張方佐 李銘齋 陸芙塘 陸紹雲 鄭彥之
錢子超 陳賢凡 程潤生 徐維謹 董德乾
錢世傑

(乙)缺席者： 無

(丙)總經理指示：

(一)經營紡織機物料等之廠商往往有滬、津、青三處均設字號者，因此一家可向三處報價而擇其最有利者成交，購委會應妥籌防止。

(二)上海各紡織廠之出數、用棉率、工作效率均不及津廠，其原因何在□工務處統計室應即查明具報。

(三)臨時工工資應照八月上期工人指數折合金圓結付。

第一二五次廠長會報記錄

三七年九月十五日(1948年9月15日)

(甲)出席者：

吳副總經理	劉文騰	王子宿	吳欣奇	朱仙舫
吳德明	王君明	黃季冕	劉稻秋	黃雲騤
高公度	秦德芳	蔡　謙	傅銘九	顧鉅仁
章長卿	鄭彥之	周典禮	吳襄芸	錢子超
范本烇	邱　陵	吳永恆	金煜章	唐偉章
陳賢凡	荊公壽	戚海民	嵇秋成	劉益遠
陸芙塘	朱洪健	張昂千	李向雲	方玉卿
李致一	嚴仲簡	蘇麟書	李銘齋	吾葆真
王世勛	龔滌凡	許學昌	夏恩臨	章兆植
高越天	張方佐	程潤生	董德乾	徐維謹
錢世傑				

(乙)缺席者：無

(丙)吳副總經理指示：

(一)本年國內棉產一般情形良好，陝西區細絨可有九十萬担之產量，江浙兩省雖粗絨產量稍差，而改良棉之收收穫情形良好，兩湖區以受水災影響產量稍低，國外則美棉豐收，為十五年來所未有，棉價已低至政府貨款規定價格之內，巴西棉欠收尚不足七成，價亦較美為昂，將來如以紗布出品交換美棉，以每元區物資豐富推銷比較困難。

(二)國棉聯購工作現正籌設委員會，由國民營各廠合作進行。

(三)蘇產本年有顯著增加，蘇紡原料可無虞匱乏。

(丁)攷核委員會報告：

據巡迴攷勤人員報告：各廠職員有請假逾期而未向總公司呈報者，間亦有在外兼職平日不切實簽到者，前者應請各廠人事課認真辦理，後者應請廠方專案報核。

(戊)討論事項：

(一)第十紡織廠提：查工人服務規則對於工人每年請假天數並無規定，以致因重症請假者其所遺工作雇用臨時工擔任，但臨時工滿三個月者須補正式工，而請病假之工人於三個月後病愈復工，工人人數勢必增加，於處理上殊感困難，應如何辦理請討論案。

奉吳副總經理指示：提六區公會討論。

(二)秘書處提：查各廠房屋修繕費擬請改訂為甲等廠每月四百金圓，乙等廠每月二百金圓，丙等廠每月一百金圓，汽車修理費擬請改訂為每次五十金圓，均自九月份起實行，可否□請討論案。

奉吳副總經理指示：可照辦。

(三)秘書處提：查各廠康樂會經費擬請規定為甲等廠每月四十金圓，乙等廠每月三十金圓，丙等廠每月二十金圓，勞工補習班經費改訂為每班每月十五元，各廠衛生費每人每月二角，可否□請討論案。

奉吳副總經理指示：可照辦。